intelligent way of influencing perception sharpens the viewer's metaphorical contemplation of the world.

In 2011, at the invitation of the parish priest Thomas Braunstein, Strumbel completely redecorated the Catholic church of Maria, Hilfe der Christen (Mary, Help of Christians), in Kehl-Goldscheuer. Among other things he designed a Madonna six metres in height wearing the local "Maschenkappe" bonnet complete with two large bows. Together with the infant Jesus she is enthroned on the gallery above the entrance. Strumbel bathed the apse in the radiance of a monumental dusky pink gloriole, at the centre of which Jesus on the cross is given a corona of various luminescent substances. There are also speech bubbles for the prayers and wishes of the faithful, as well as a striped decoration flanking the entire church interior.

Strumbel's makeover represents a balancing act between confusion and suggestion, and fathoms the instant of the church visitors' vacillation between recognizing the manipulation implanted in the object by the artist and their own unconscious attempt to correct it. Strumbel has succeeded not only in saving the church (built in 1961) from demolition but also in enabling the sacred space to speak once more, thus facilitating its resurrection. Through the aesthetic experience that it offers, this new pilgrimage destination in the Ortenau region makes those who visit it cease to be merely passive and adopt an active stance.

Heimat

Man created an inner paradise called *Heimat*, one's homeland or native region. It is the neurotic middle-class person's hellish punishment for being unable to create the utopia of a shared world without borders. *Heimat* is the dictatorship that cannot see history and progress as anything but barbarism.

Engaging with the group of themes contained in the term *Heimat* is part of the essence of Stefan Strumbel's work. Here *Heimat* must be understood as a metaphor for experiences of socialization and the factors that create identity, though in a globalized and increasingly digital world it has an anachronistic feel. In prints, objects and installations, Strumbel explores the *Heimat* concept and transforms folkloric clichés with the aid motifs and English-tinged wordmarks borrowed from pop art and everyday culture.

Strumbel has girls in traditional Black Forest pom-pom hats injecting a fix of *Heimat* into their veins, or he speaks of the "*Heimat* whore". He confronts the *Heimat* concept, associated with a feeling of safety and belonging—the landscape of nostalgic Romantic yearning, or the surface onto which nationalists project their conception of an ideal, unspoilt world—with a vivid image of violence, that traumatic image of the Other, who is excluded from this love of *Heimat*. They are the ones who don't belong, the alien elements of reality, the rigorously excluded, the innocent victims of the violent excesses committed in order to maintain the ethnic purity of the fatherland.

The classical philosophy of perception is based on Plato's threefold division of the perception of the world into the original (*idea*), the likeness (*eikon*) and the semblance (*phantasma*). The original is the abstract pre-existing concept, in other words the "idea" of something. The likeness is better the more similar it is to the original. The semblance is the perfect superficial (but deceptive) similarity, which Plato termed "demonic". And in his works, Strumbel shows us where the demonic is to be found in our conceptions, which have become a world of images. *Heimat* is the location of the truth I have to learn to live with.

Cuckoo clock

The icon of the Black Forest is the cuckoo clock, an embodiment of the feeling of *Heimat* that is exported all over the world. By subjecting it to an aggressive reworking of its traditional attributes, Strumbel challenges the traditional expectations placed on materiality and its economy of perception as a technique of cultural attribution.

A wide array of high-gloss animals and objects in neon colours goggle with vacant and paralyzed stares at a world that now displays only the absence of what is desired and shows us the "why" of alienation inherent in every experience of the present. It is only through the symbolic quality of the cuckoo clock that a reflective confrontation with one's own self becomes possible: Strumbel's glossy surfaces act like a mirror in which the viewer finds an image both of himself and of his conception of the object he is viewing. The cultural construct *Heimat* thus becomes a metaphor, and the cuckoo clock—as a folkloric alien object—becomes a transitional object (Jacques Lacan) of existential questions about one's own identity: what defines me, spatially, temporally, socially and culturally, and how? And every hour we are ritualistically greeted by a small cuckoo piping out into the world the melancholy of failure. Strumbel's aesthetic defines itself on the basis of the lack of difference between art and craftsmanship. He dissolves the lofty distinctions between avant-garde and mass culture and unmasks the culture industry's mechanisms of meaning. Few artists of his generation process the capitalist stock of images in a manner so apparently value-free—but in fact highly critical—as does Strumbel, whose affirmation nevertheless always reveals his estrangement owing to the technical and serial methods he uses. Each neon-coloured accent in his works is the "Messianic light" that garishly illuminates the horror.

On the cross

Immanuel Kant once remarked that reason was nothing more than a store of useless knowledge relating to images and concepts, not to reality. And in Kant this leads to a doubt which in times of transcendental homelessness is once again gaining significance: doubt about the self. After all, there is no object called "I" that we can experience.

Religion cannot be conceived of without images. God created man in his own image, but through the Fall man has lost this similarity, while retaining the image. But what if it is precisely the other way round—if we have lost our aesthetic existence and the moral one never existed?

Christ was moreover only able to sacrifice himself because he thought that would break the vicious circle of never-ending sacrifices—this Jesus, who allegedly died for our sins without asking us. Everything turned out differently, of course, and Christians venerate a metaphor of which their own way of living makes a mockery. What this means, in other words, is that we can yield to our desires, since Jesus has already footed the bill. So when Strumbel adapts crucifixes, enhances them with neon and presents them serially, he is contradicting Jesus's statement that he was the last human sacrifice. Strumbel's idolatry does not lie in his "processing" of Jesus, but in the fact that he rebuts the belief that behind the Man of Sorrows there is a hidden content.

The power of images works towards the total hollowing-out of political content. Strumbel does not lose himself in the "fog of indifference" identified by Baudrillard, but illustrates his critique. Symbols can be hollowed out, but not their content. Anyone who continues to call what Adorno characterized as a "context of blindness" by that same name is engaging in a kind of criticism that to this day cannot be defeated and silenced.

Conclusion

Stefan Strumbel's artistic practice offers us a chance to break free —at least occasionally—from the dominant exploitation mindset and its mechanisms of inclusion and disenfranchisement, and an opportunity to create a critical awareness of those processes that determine meaning. Ideally, capitalist value production is interrupted and critical spaces emerge for something quite different: the generation of symbolic use values. The production of imagery thus represents the attempt to understand a system well enough to be able to transcend it.

Florian Waldvogel

»what the fuck is heimat«

Stefan Strumbel arbeitet mit vorgefundenen Materialien, mit Kuckucksuhren, Ikonen oder Versatzstücken der Alltagswelt, die dem Betrachter vertraut und deren Funktion und Bedeutung ihm selbstverständlich sind. Damit steht er in einer langen künstlerischen Tradition, die mit Marcel Duchamp begann und bis in die Gegenwart reicht. Strumbel hat jenes Potenzial des Symbolischen erkannt, dass die einzige Möglichkeit autonomer Sinnerzeugung innerhalb der gesellschaftlichen Produktionsmaschine von Zeichen die Produktion eigener Zeichen ist.

Das Christentum als älteste Werbeagentur hat uns schon lange vorher gezeigt, dass unsere Erfahrungswirklichkeit aus der Produktion von Zeichen besteht, und hat deren Aufladung mit Bedeutungen zur zentralen Wertschöpfungspraktik gemacht. Erfahrungswirklichkeit im christlichen Sinne ist jene Realität, mit der sich das Individuum auseinandersetzt und in der es handelt.

Mit der brutalen Bildmarke des Christentums – dem sterbenden Jesus am Kreuz – lassen sich perfekt Projektionen, Ängste und Erwartungen erzeugen, anhand derer sich die Subjekte spiegeln, selbst erkennen, ent- oder verwerfen können. Damit wird die Zeichenproduktion über Bild- und Wortmarken sowie die symbolische Politik zum wichtigsten Motor wirtschaftlicher Wertschöpfung und politischer Machtakkumulation. Sie findet ihren Niederschlag in einer symbolischen Kolonialisierung der Lebenswelt, einer Okkupation des symbolischen Feldes durch die Freisetzung normierender politischer und ökonomischer Ideologien im Prozess der kulturellen Kommunikation. Der in der christlichen Logik geschaffene Zeichenkosmos und seine Herrschaft über das Symbolische stehen somit kausal nicht mehr mit der konkreten Realität in Verbindung.

Jesus, Maria, Arbeit, Freizeit, Heimat – alles wird unter diesen Bedingungen zu einem Zeichen, was nichts anderes heißt, als dass sie auf eine Verwertungslogik verweisen und sich gegeneinander austauschen lassen. All diese Begriffe besetzen Ideen, um sie schließlich zu ersetzen. Der Konsum annektiert Werte wie Gleichheit, Freiheit und Toleranz und produziert die Symbole, die das Soziale zunehmend strukturieren. Die für die gesellschaftlichen Verhältnisse relevante Produktion besteht heute primär im Konsum, das heißt, der Konsum wird zur wertschöpfenden Leistung. Diese Umschreibung nach einem bestimmten Code geht so weit, dass selbst vormals Nicht-Materialistisches wie Fantasie und Imagination zu Produktivkräften wird. Alles wird einem Code unterworfen, von ihm besetzt und dient ausschließlich der Hervorbringung von Zeichen der Wertschöpfung. Somit lässt sich nicht mehr zwischen autonomer Fantasie und transplantierten Wünschen unterscheiden. Alles wird zum Gottesdienst am Konsumenten.

Die Bedeutung des symbolischen Kapitals für das System bedingt gleichzeitig eine wachsende Abhängigkeit von einer Währung, deren Produktion weitaus weniger steuerbar ist als gedacht. Stefan Strumbel ist einer jener Künstler, die der bürgerlichen Rezeption der wirkungsmächtigen Simulakren einen diskursiven Schluckauf bereiten. Seine Arbeiten zu Heimat (Kuckucksuhr, Schwarzwaldmädel, Bollenhut) oder Glauben (Jesus, Maria, Beichtstuhl) verdrehen die Botschaft, und es entsteht eine kognitive Dissonanz, durch die die kommunizierten Werte des Originals infrage gestellt werden. Sein Ziel besteht darin, konservative und reaktionäre Memorabilien durch visuelle Eingriffe für gegenteilige Aussagen zu entfremden.

Maria, Hilfe der Christen

Durch die Modifizierung einzelner zentraler Aspekte des Vorgefundenen wird eine Situation hergestellt, die den Dingen eine neue ungeahnte Dimension und Sinnperspektive gibt. Strumbels künstlerische Arbeitsstrategie ist die »präzise Veränderung«, bei der der Alltagsgegenstand zwar seine Identität behält, der Konnotationsrahmen sich allerdings permanent erweitert und sich bisweilen von Komik bis zur Absurdität steigern kann. Es ist eine hochintelligente Beeinflussung der Wahrnehmung, die beim Betrachter den metaphorischen Blick auf die Alltagswelt schärft.

2011 gestaltete Strumbel auf Einladung des Pfarrers Thomas Braunstein die katholische Kirche Maria, Hilfe der Christen in Kehl-Goldscheuer komplett neu. Er entwickelte unter anderem eine sechs Meter hohe Madonna mit traditioneller Maschenkappe samt zwei großen Schleifen. Gemeinsam mit dem Jesuskind thront sie auf der Empore über dem Eingang. Die Apsis tauchte er in einen monumentalen altrosafarbenen Strahlenkranz, in dessen Mitte Jesus am Kreuz von verschiedenfarbigen Leuchtstoffen bekrönt wird. Hinzu kommen Sprechblasen für Gebete und Wünsche der Gläubigen sowie ein Streifenornament, das den gesamten Kirchenraum flankiert.

Strumbels Neugestaltung ist ein Balanceakt zwischen Irritation und Suggestion, der den Moment auslotet, in dem die Besucher des Gotteshauses zwischen dem Erkennen der vom Künstler in das Objekt implantierten Manipulation und ihrem eigenen unbewussten Versuch, diese wieder zu korrigieren, hin und her schwanken. Strumbel ist es nicht nur gelungen, die 1961 errichtete Kirche vor dem Abriss zu bewahren, sondern den sakralen Raum wieder zum Sprechen zu bringen und ihm so zu seiner Wiederauferstehung zu verhelfen. Dieser neue Pilgerort in der Ortenau führt mit seinem ästhetischen Angebot die Rezipienten aus einer passiven in eine aktive Haltung.

Heimat

Der Mensch erschuf ein inneres Paradies namens Heimat. Es ist die Höllenstrafe des neurotischen Mittelständlers für die Unfähigkeit zur Utopie einer gemeinsamen Welt ohne Grenzen. Heimat ist die Diktatur, die Geschichte und Fortschritt nur als Barbarei wahrnehmen kann.

Die Auseinandersetzung mit dem Themenkomplex »Heimat« gehört zum zentralen Leitthema in Stefan Strumbels Werk. »Heimat« muss hierbei als eine Metapher für Sozialisationserlebnisse und das Identitätsstiftende verstanden werden, die in einer globalisierten und zunehmend digitalisierten Welt allerdings anachronistisch anmutet. In Prints, Objekten und Installationen untersucht Strumbel den Heimat-Begriff und transformiert folkloristische Klischees mit Motiven und anglizistischen Wortmarken aus Pop-Art und Alltagskultur.

Bei Strumbel fixen sich Bollenhutmädchen »Heimat« in die Venen, oder er spricht von der »Heimat-Hure«. Dem mit Geborgenheit assoziierten Konzept als Sehnsuchtslandschaft der Romantik oder auch als Projektionsfläche für die heile Welt der Nationalisten stellt Strumbel ein buntes Bild der Gewalt entgegen, jenes traumatische Bild des Anderen, der von dieser Heimatliebe ausgeschlossen bleibt. Es sind die, die nicht dazugehören, die fremden Elemente der Wirklichkeit, die rigoros Ausgeschlossenen und die unschuldigen Opfer der gewalttätigen Exzesse zur Erhaltung der ethnischen Reinheit des Vaterlandes.

Die klassische Philosophie der Wahrnehmung geht mit Plato von der Dreiteilung der Wahrnehmung der Welt in »Urbild«, »Abbild« und »Trugbild« aus. Das Urbild ist das nicht bildhafte Vorher, also die »Idee« von etwas. Das Abbild ist also umso besser, je mehr es dem Urbild entspricht. Das Trugbild ist die perfekte oberflächliche Ähnlichkeit, die Plato als »dämonisch« bezeichnete. Und Strumbel zeigt uns mit seinen Arbeiten, wo in unseren bildweltgewordenen Vorstellungen das Dämonische zu Hause ist. Heimat ist der Ort der Wahrheit, mit der zu leben ich lernen muss.

Kuckucksuhr

Die Ikone des Schwarzwaldes ist die Kuckucksuhr. Auch dieser weltweit exportierte Träger des Heimatgefühls erfährt bei Strumbel eine aggressive Überarbeitung seiner traditionellen Attribute und stellt so die herkömmlichen Erwartungen an Materialität und deren Wahrnehmungsökonomie als kulturelle Zuschreibungstechnik infrage.

Allerlei hochglanzpolierte Tiere und Gegenstände in Neonfarben glotzen selbstverloren mit paralysiertem Blick in eine Welt, die nur noch die Abwesenheit des Begehrten zeigt, und uns das »Warum« der Entfremdung, das jeder Gegenwartserfahrung innewohnt. Das Symbolische der Kuckucksuhr ermöglicht erst die reflexive Konfrontation mit dem eigenen Ich. Denn Strumbels hochglänzende Oberflächen funktionieren wie ein Spiegel, in dem der Betrachter sich und seine Vorstellung vom rezipierten Objekt abgebildet sieht. Die kulturelle Konstruktion »Heimat« wird so zur Metapher, und die Kuckucksuhr als folkloristischer Fremdkörper wird zum Übertragungsgegenstand (Jacques Lacan) existenzieller Fragen nach der eigenen Identität: Was definiert mich wie räumlich, zeitlich, sozial und kulturell? Und stündlich werden wir von einem kleinen Kuckuck feierlich begrüßt, der die Melancholie des Scheiterns in die Welt pfeift.

Strumbels Ästhetik definiert sich aus der Indifferenz von Kunst und Handwerk. So löst er die vornehmen Unterscheidungen zwischen Avantgarde und Massenkultur auf und demaskiert die Bedeutungsmechanismen der Kulturindustrie. Nur wenige Künstler seiner Generation verarbeiten den Bildervorrat des Kapitalismus so vermeintlich wertfrei, de facto aber kritisch wie Strumbel, dessen Affirmation durch die technischen und seriellen Verfahren, die er verwendet, das Entfremdete doch stets erkennen lässt. Jeder neonfarbene Akzent in seinen Arbeiten ist das »Messianische Licht«, welches das Entsetzen grell beleuchtet.

Am Kreuz

Immanuel Kant bemerkte einmal, dass der Verstand nichts weiter als ein Speicher von nutzlosem Wissen sei, das sich auf Bilder und Begriffe beziehe und nicht auf die Wirklichkeit. Und so kommt Kant zu einem Zweifel, der in Zeiten der transzendentalen Obdachlosigkeit wieder bedeutend wird: zum Zweifel am Selbst. Schließlich gibt es keinen Gegenstand namens »Ich«, den man erfahren könnte. Religion ist nicht zu denken ohne Bilder. Gott schuf den Menschen nach seinem Bilde, doch durch den Sündenfall hat der Mensch die Ähnlichkeit verloren und das Bild bewahrt. Aber was, wenn es genau umgekehrt war, dass wir unsere ästhetische Existenz verloren haben und die moralische nie existierte?

Christus konnte sich auch nur opfern, weil er dachte, der Teufelskreis der ewigen Opferungen wäre damit durchbrochen. Jener Jesus, der angeblich für unsere Sünden, ohne uns zu fragen, gestorben ist. Natürlich kam alles anders als gedacht, und die Christen verehren daher eine Metapher, die ihre eigene Lebenspraxis verhöhnt.

Übersetzt heißt das, wir können uns unserem Begehren beugen, da Jesus schon die Zeche dafür bezahlt hat. Wenn Strumbel also Kruzifixe bearbeitet, mit Neon flankiert und sie in seriellen Reihen präsentiert, dann widerspricht er der Bekundung Jesu, dass er das letzte Menschenopfer sei. Sein Götzendienst besteht nicht darin, dass er Jesus bearbeitet, sondern dass er den Glauben widerlegt, dass es hinter dem Schmerzensmann einen verborgenen Inhalt gebe.

Die Macht der Bilder arbeitet an der totalen Entleerung von politischen Inhalten. Strumbel verliert sich nicht in Baudrillards konstatiertem »Nebel der Indifferenz«, sondern illustriert dessen Kritik. Symbole lassen sich zwar entleeren, nicht jedoch ihr Inhalt. Wer das, was Adorno als »Verblendungszusammenhang« bezeichnete, weiterhin als solchen benennt, praktiziert bis heute unvereinnahmbare Kritik.

Fazit

Stefan Strumbels künstlerische Praxis bietet uns die Chance, den Inklusions- und Entmündigungsmechanismen der hegemonialen Verwertungslogik zumindest punktuell zu entgehen und gleichzeitig ein kritisches Bewusstsein für diese Bedeutungsprozesse zu schaffen. Im Idealfall wird die kapitalistische Verwertungsproduktion unterbrochen und es entstehen kritische Freiräume der andersartigen Erzeugung symbolischer Gebrauchswerte. Somit ist das Bildermachen der Versuch, ein System so weit zu verstehen, dass man es überschreiten kann.

Florian Waldvogel

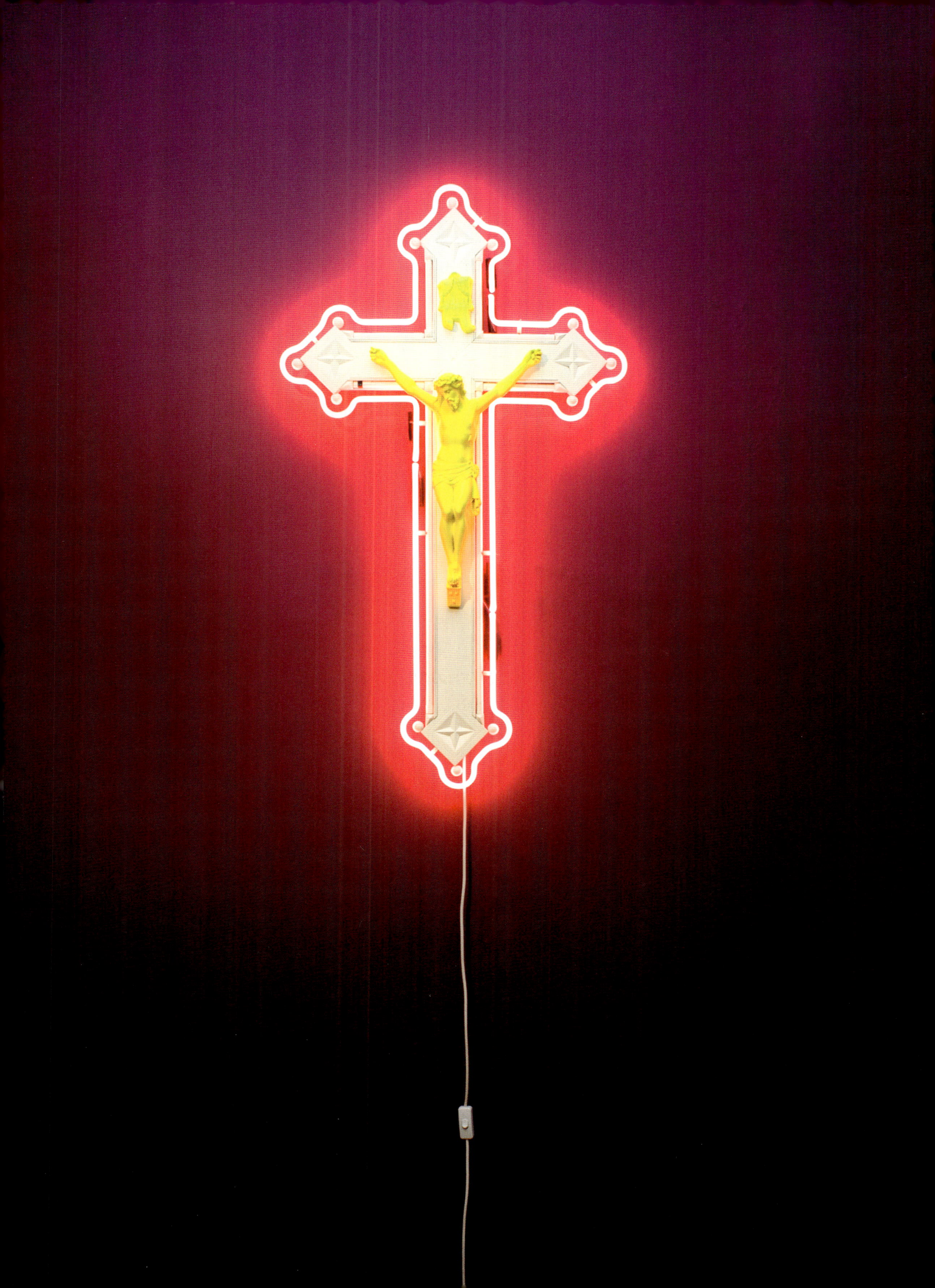

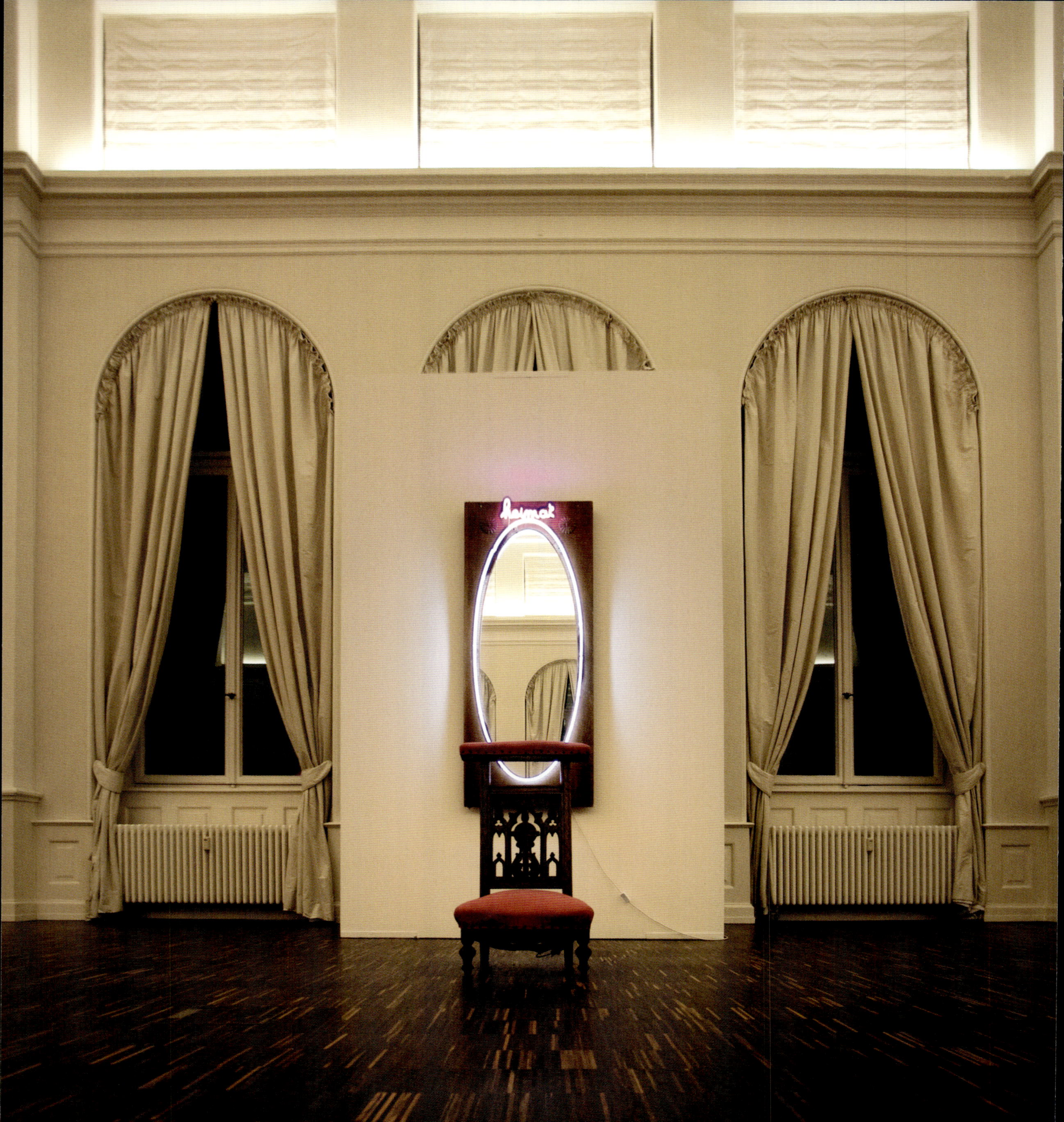
heimat

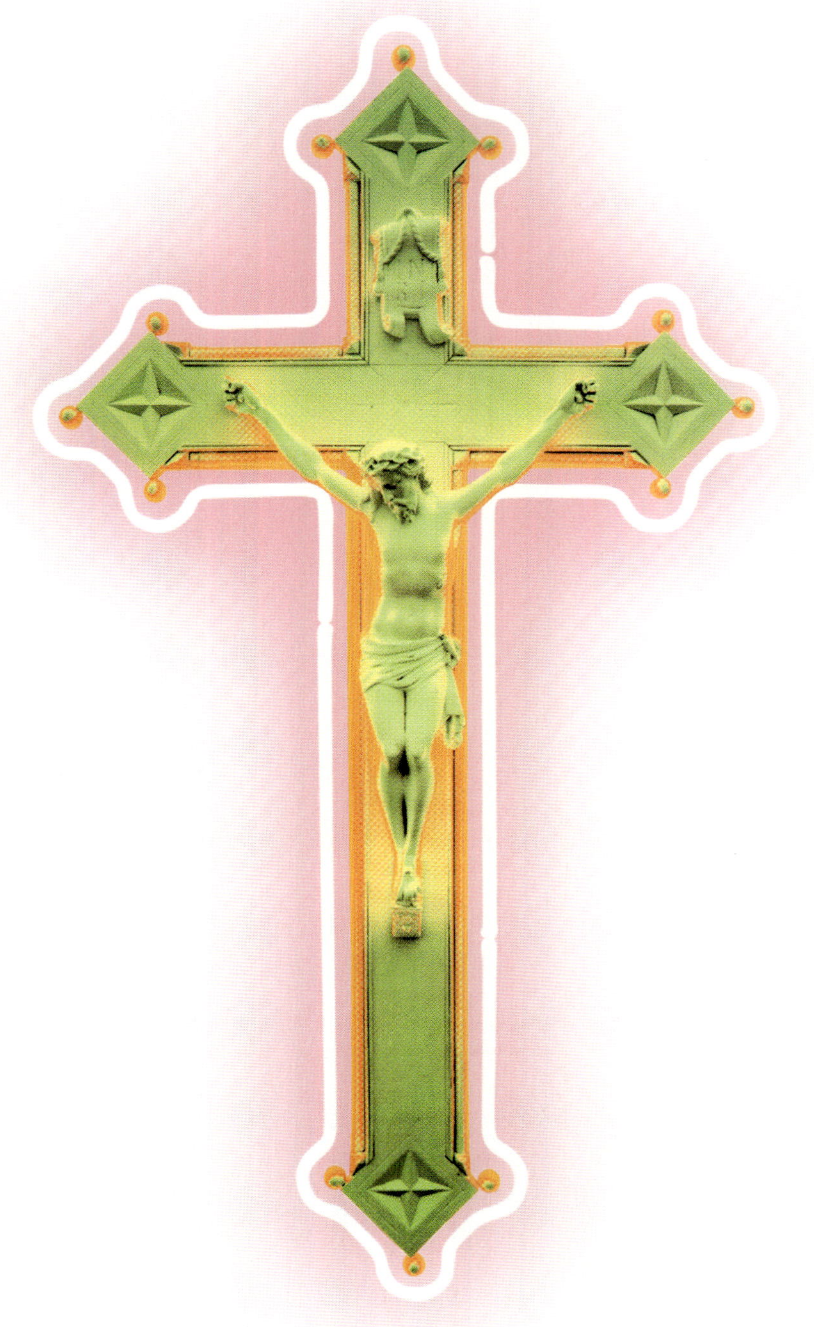

E.A

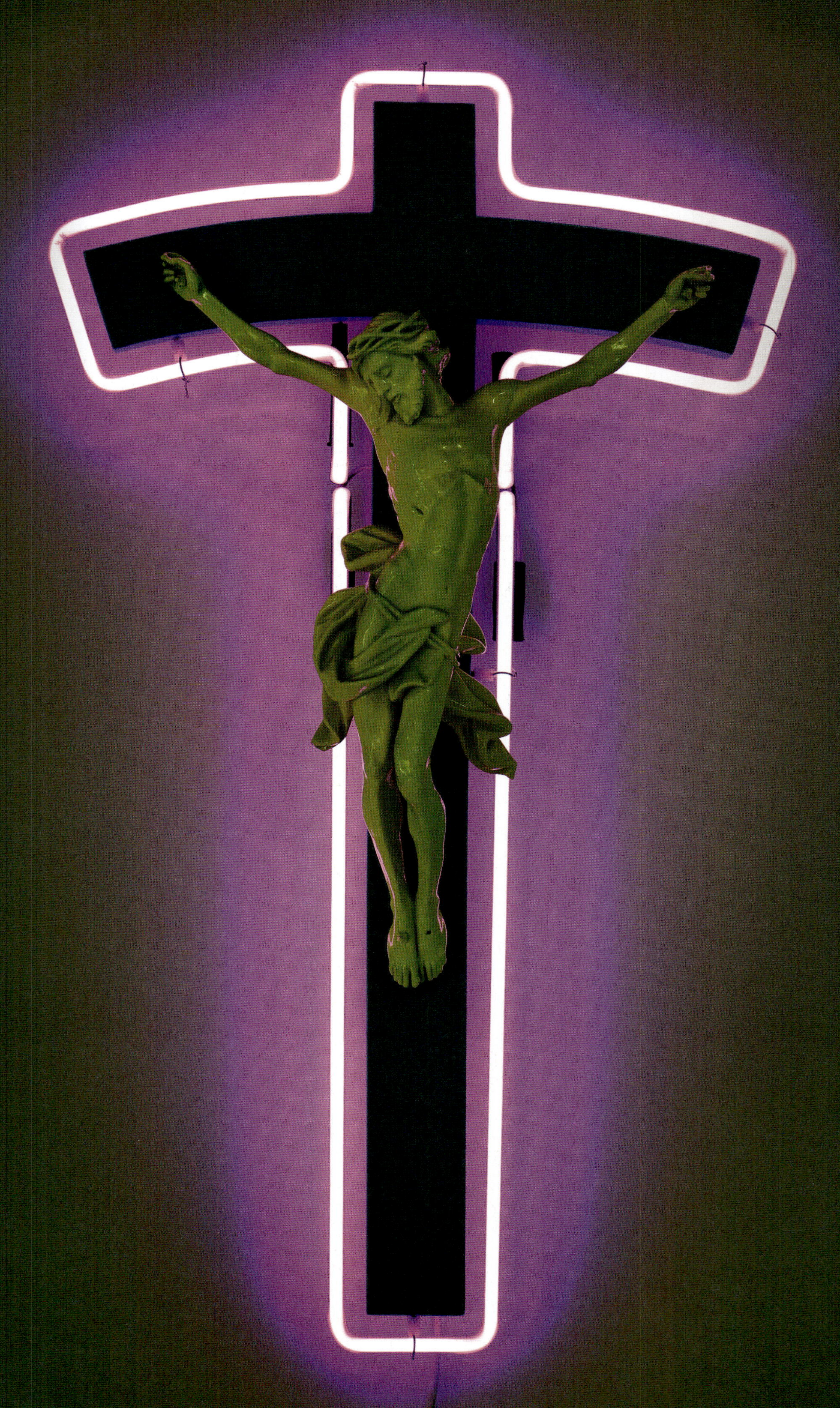

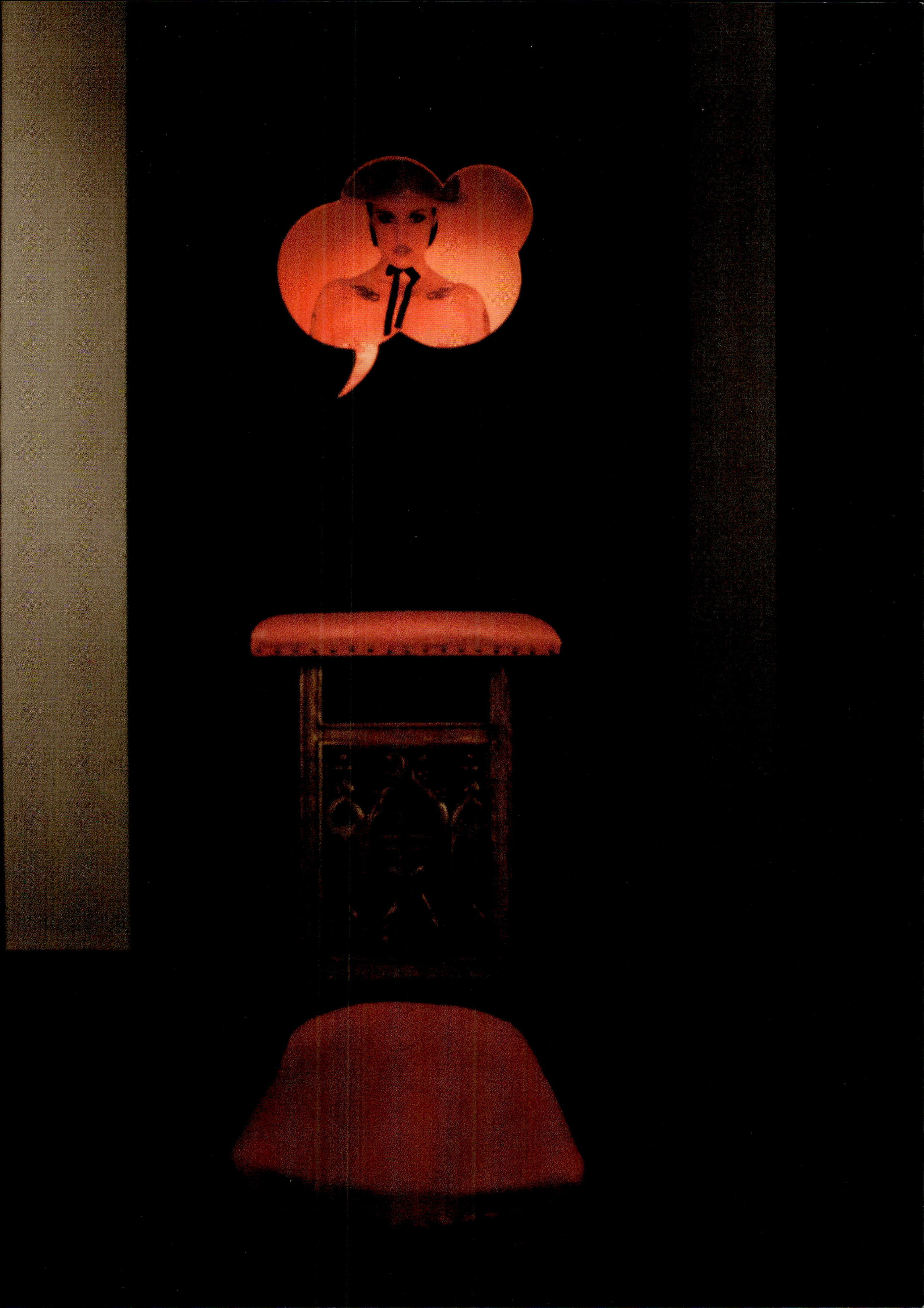

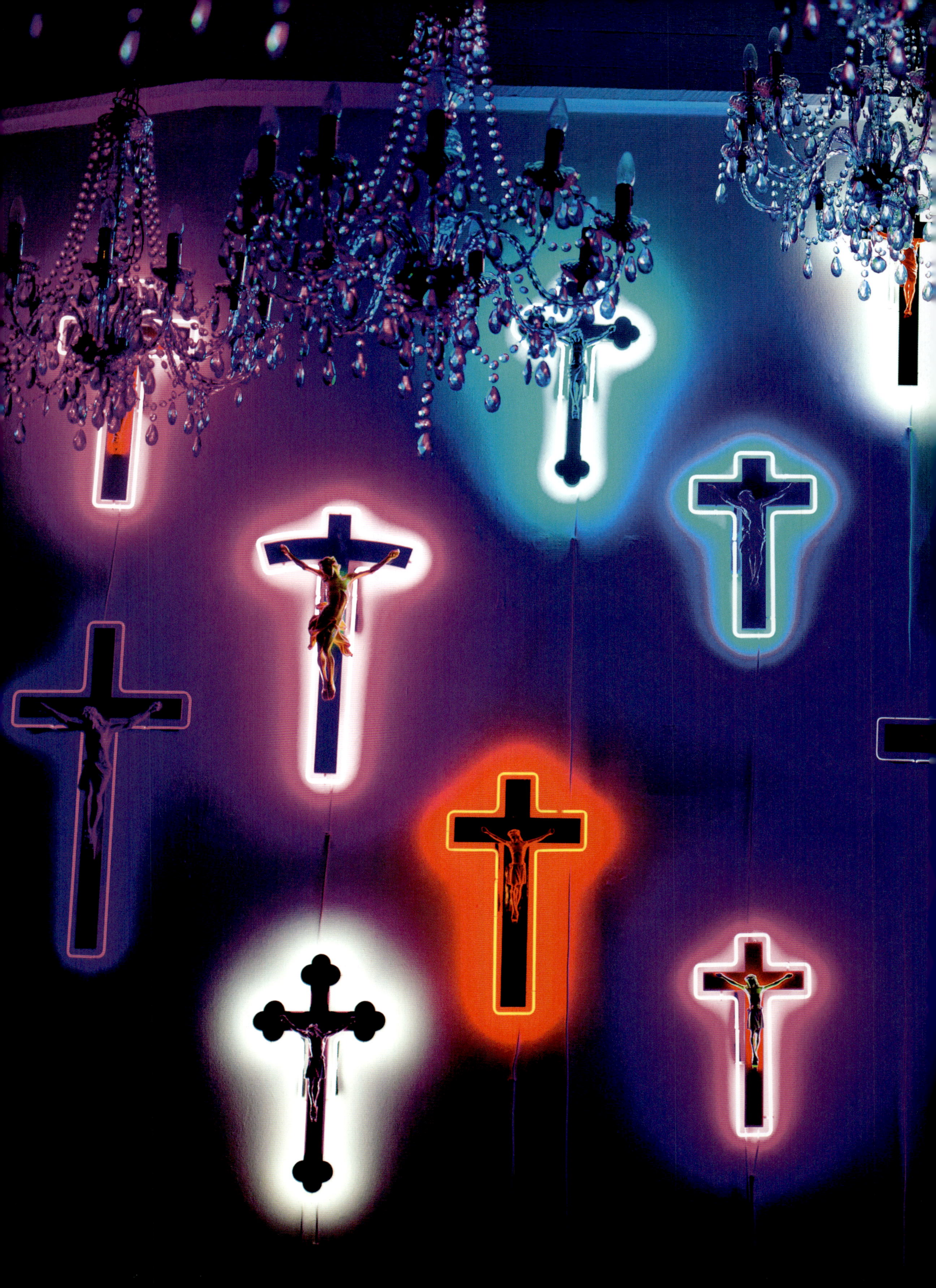

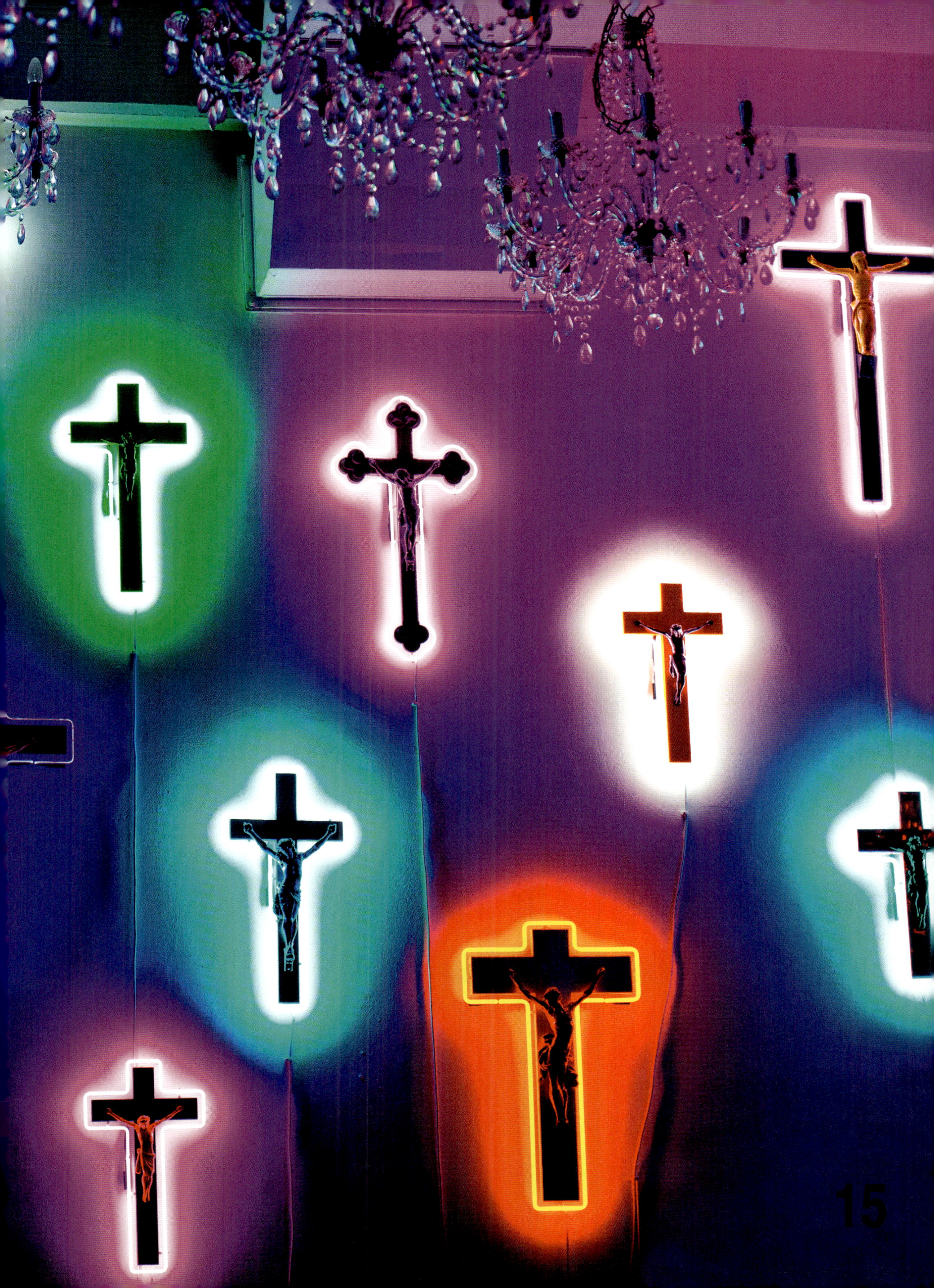

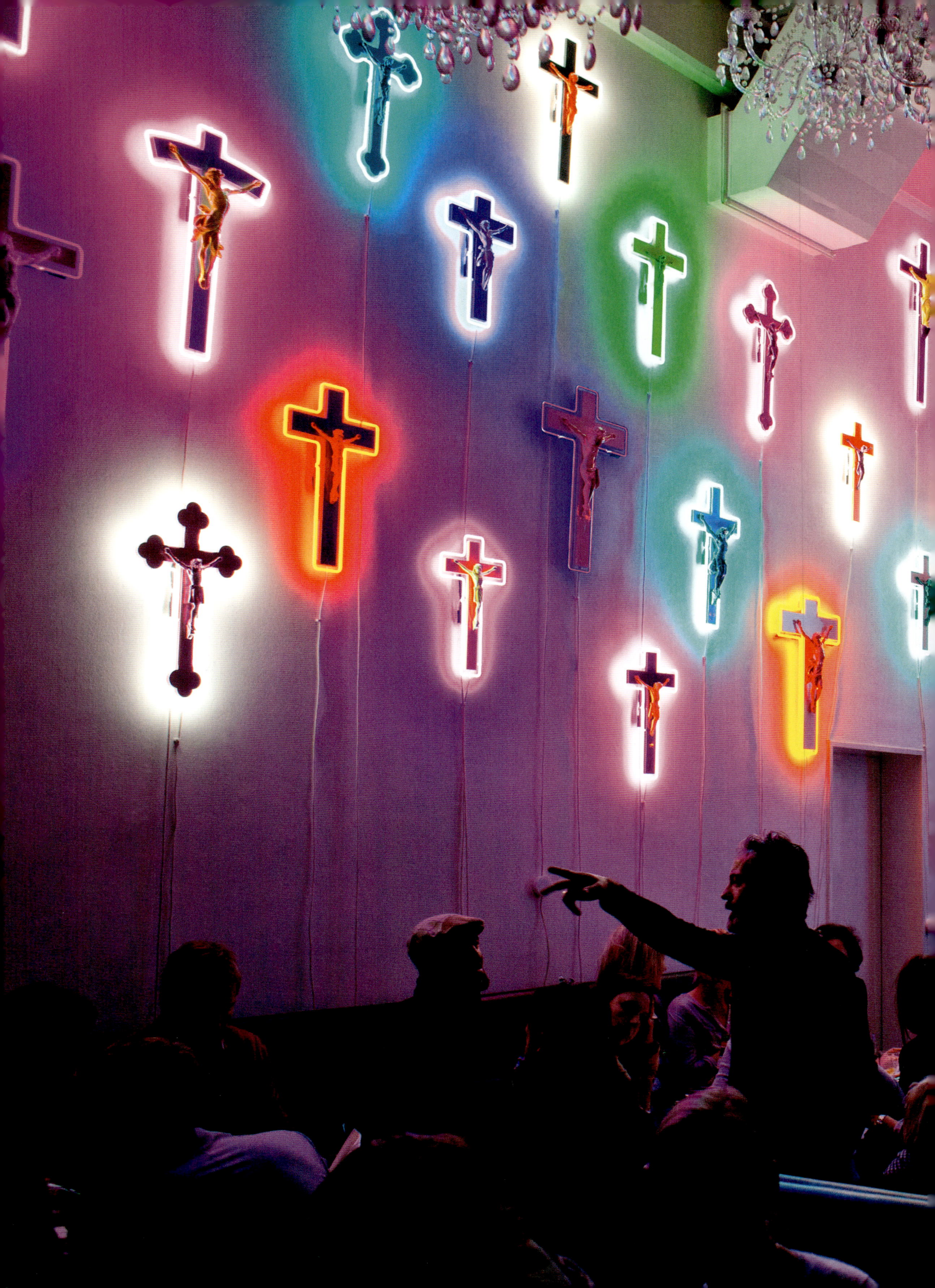

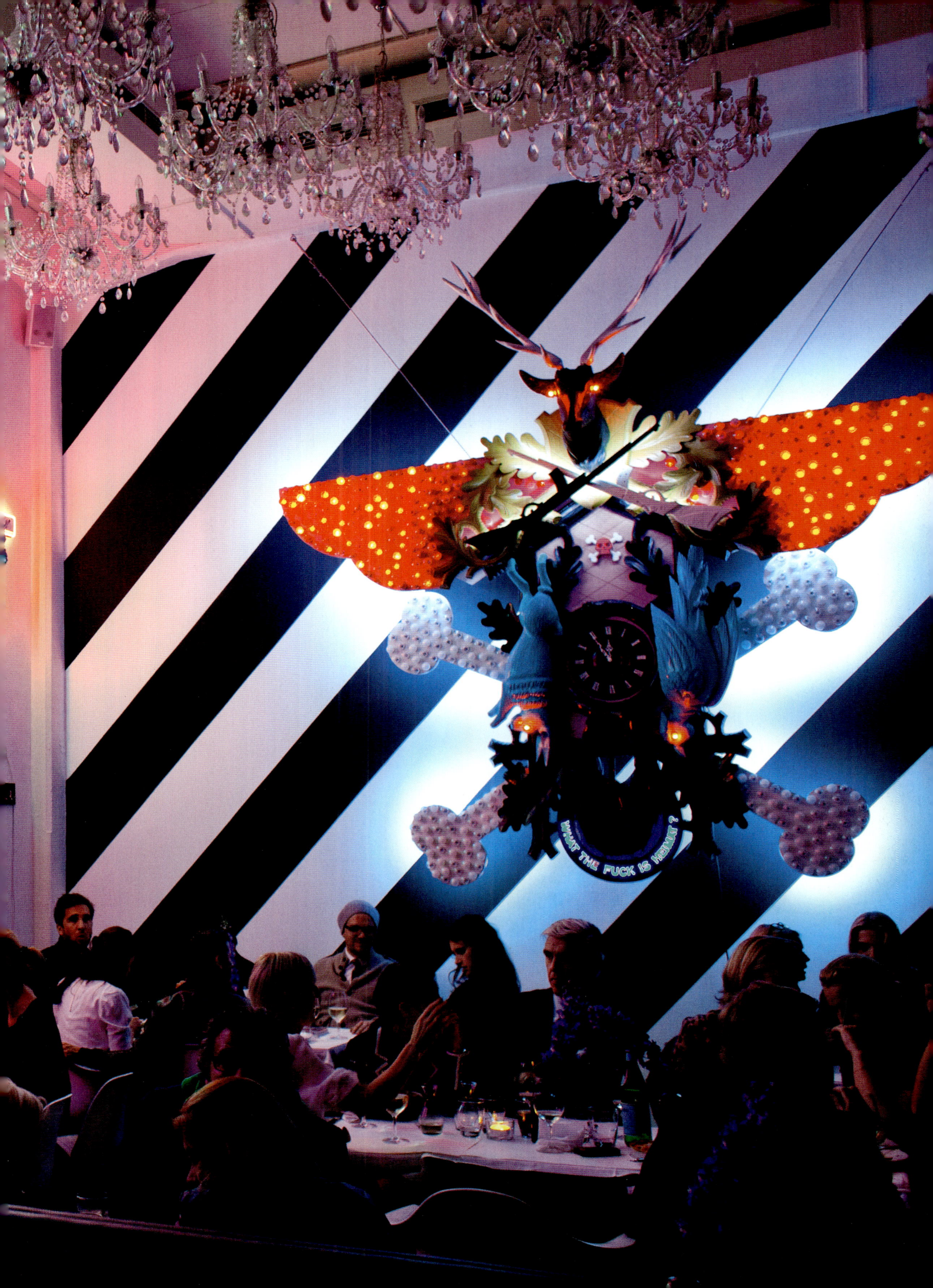
WHAT THE FUCK IS HEIMAT?

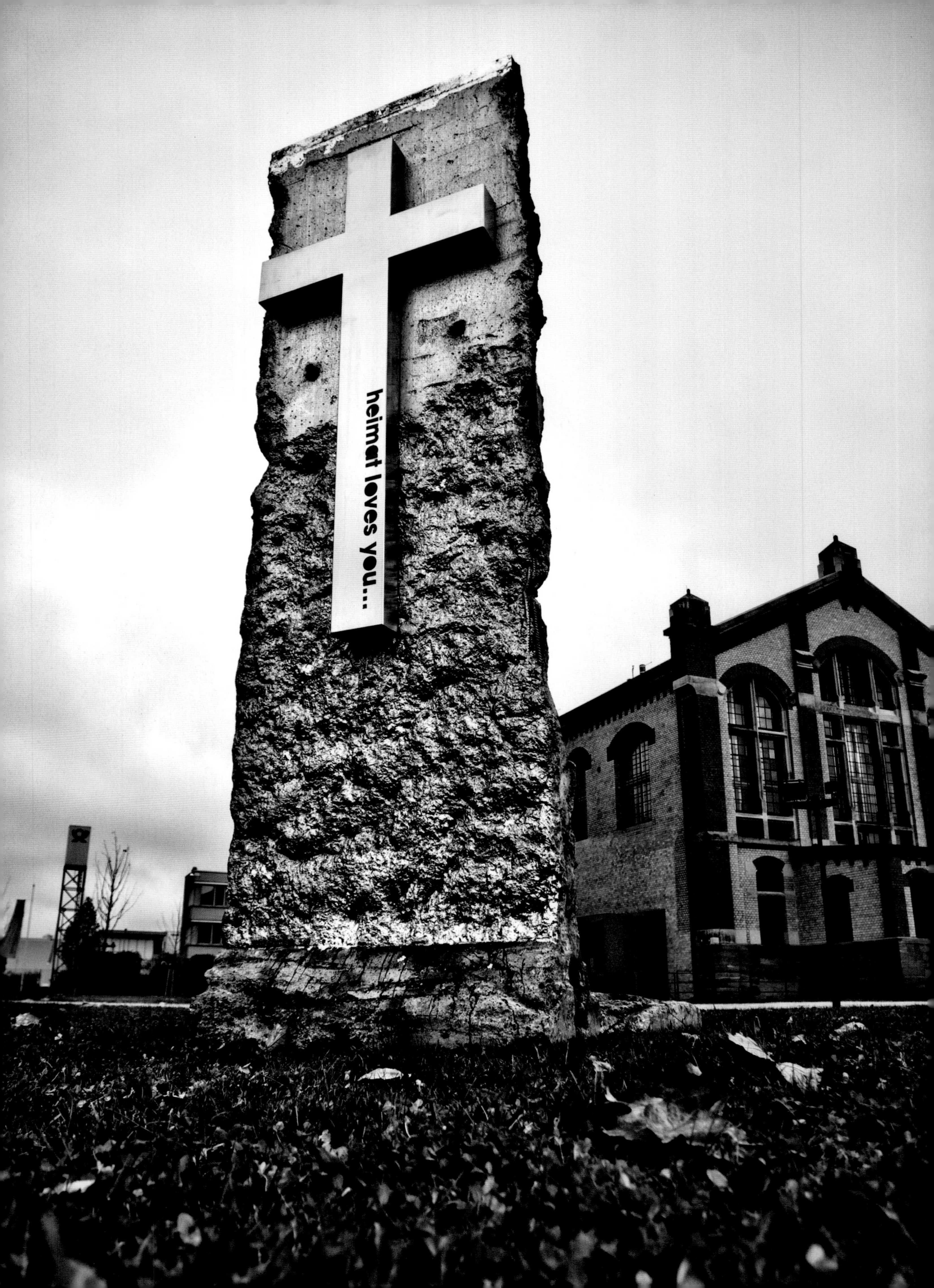
heimat loves you...

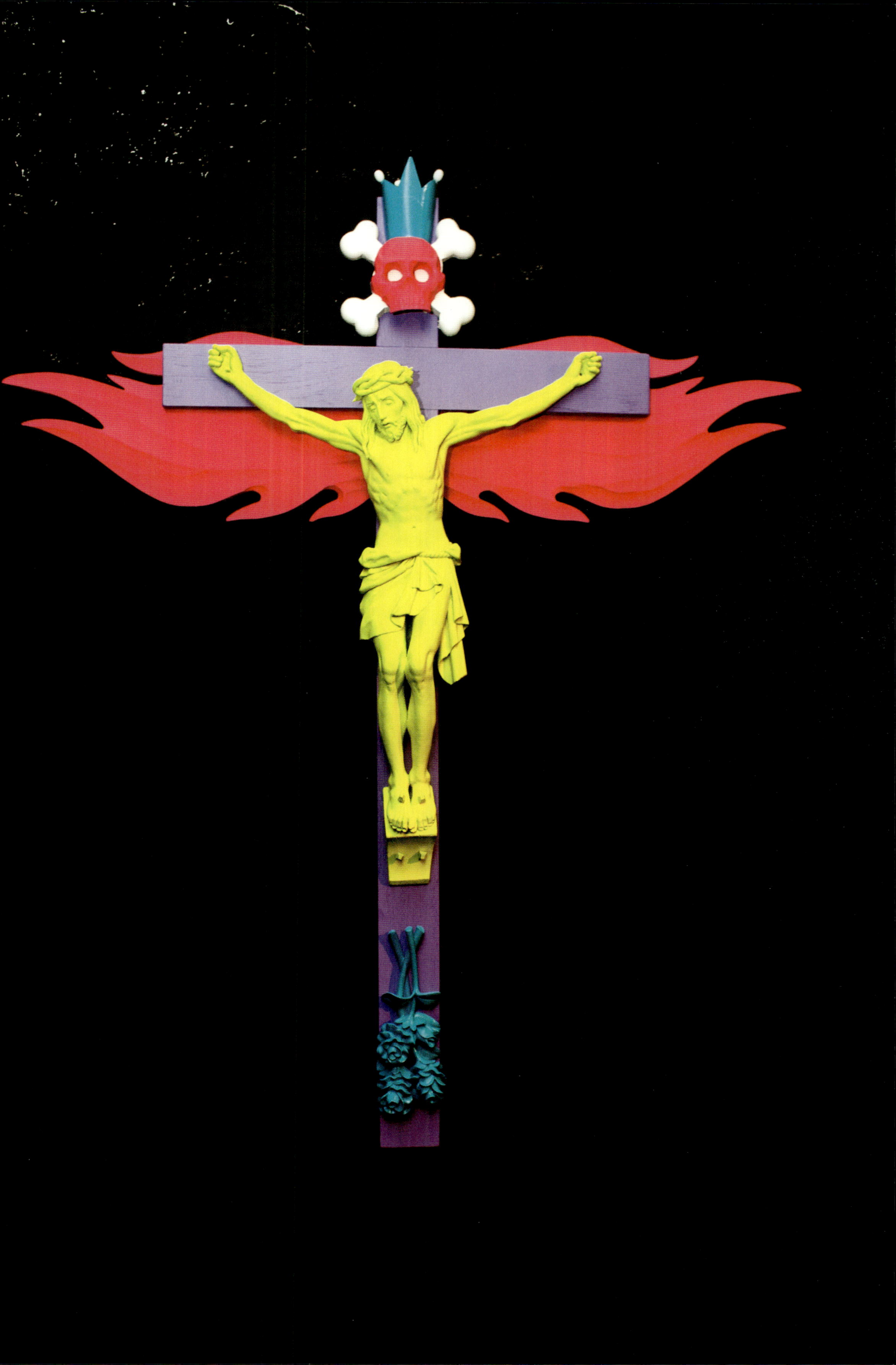

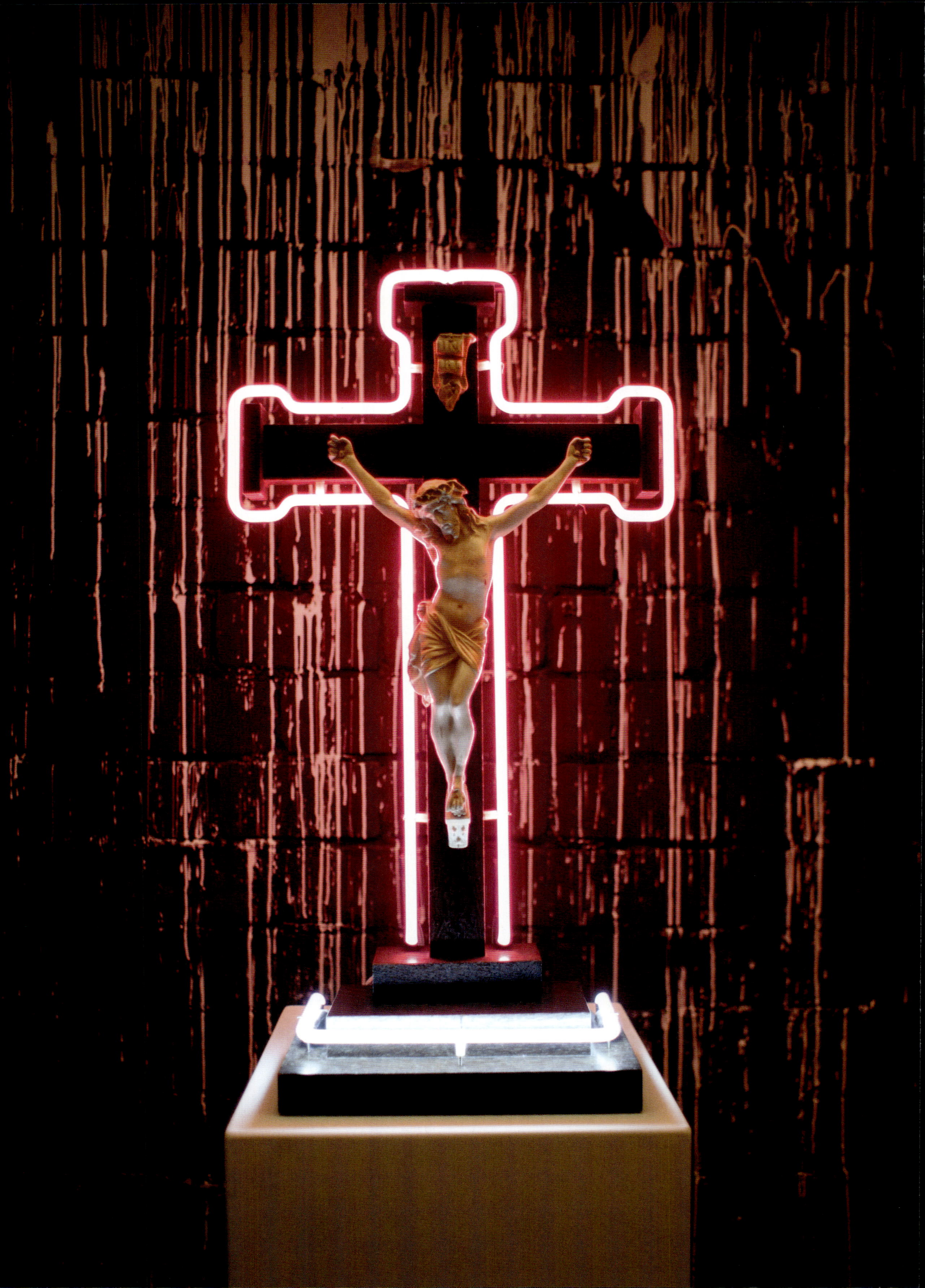

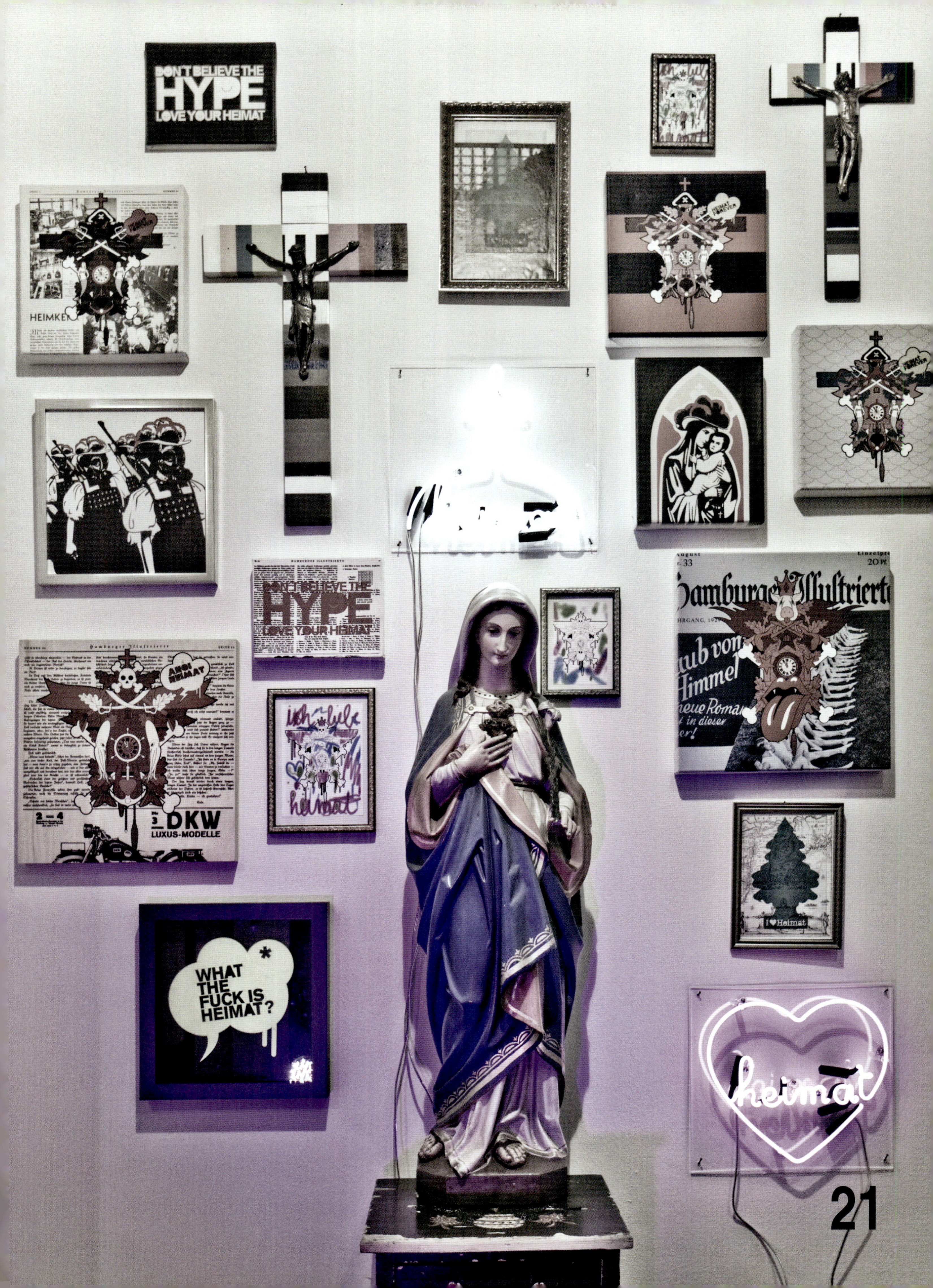
DON'T BELIEVE THE
HYPE
LOVE YOUR HEIMAT
WHAT THE FUCK IS HEIMAT?
DKW
LUXUS-MODELLE
heimat

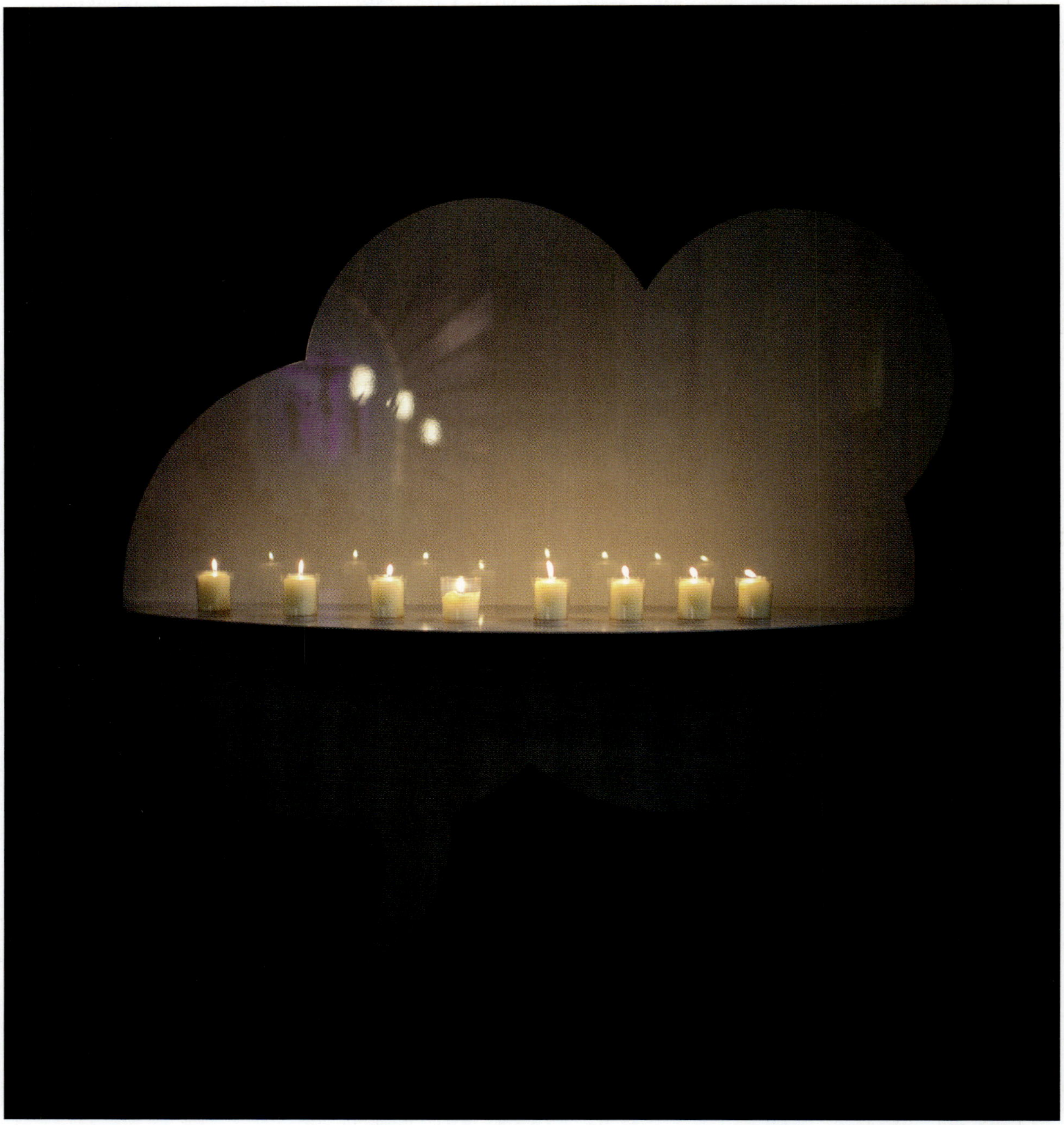

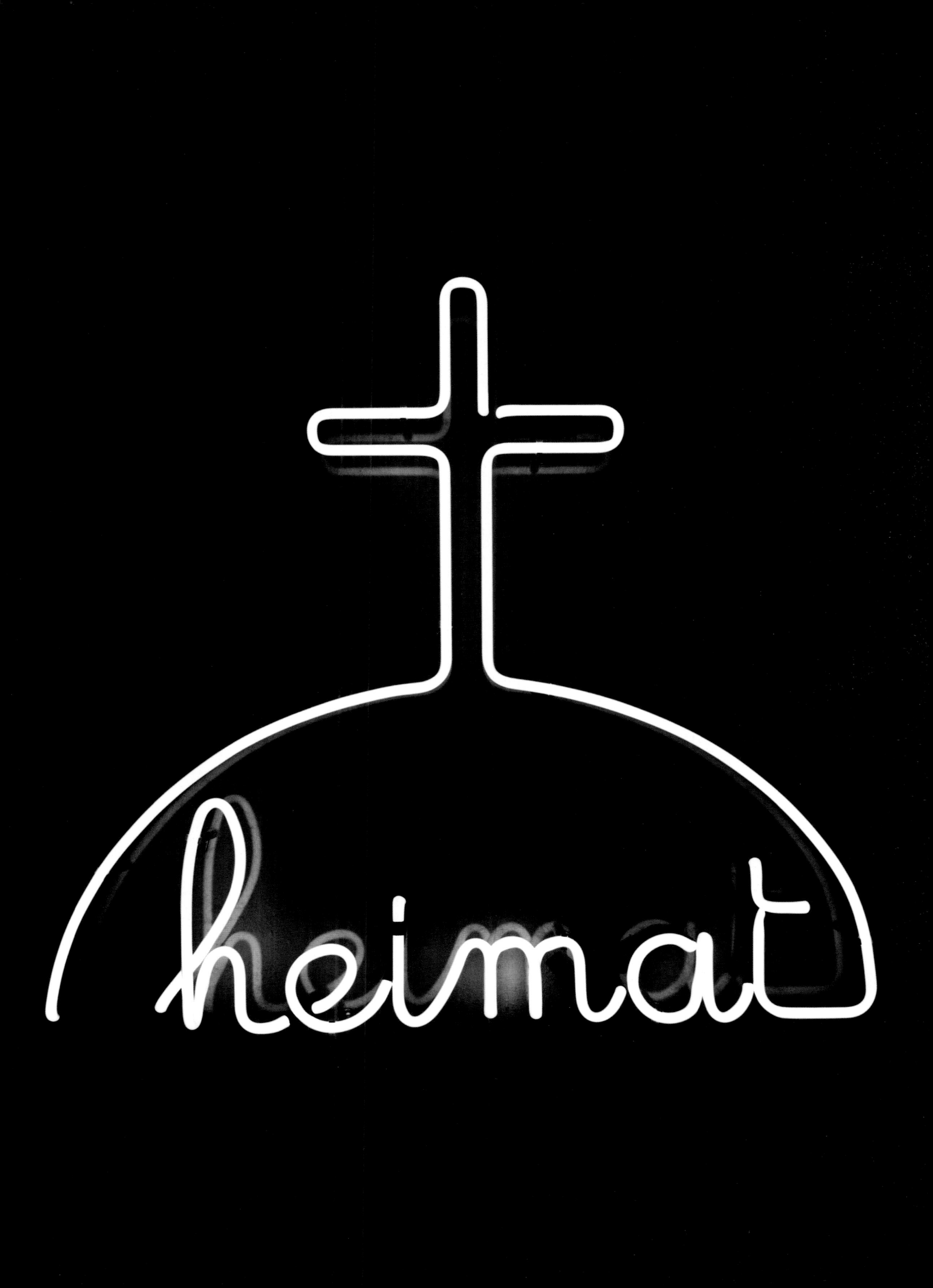
heimat

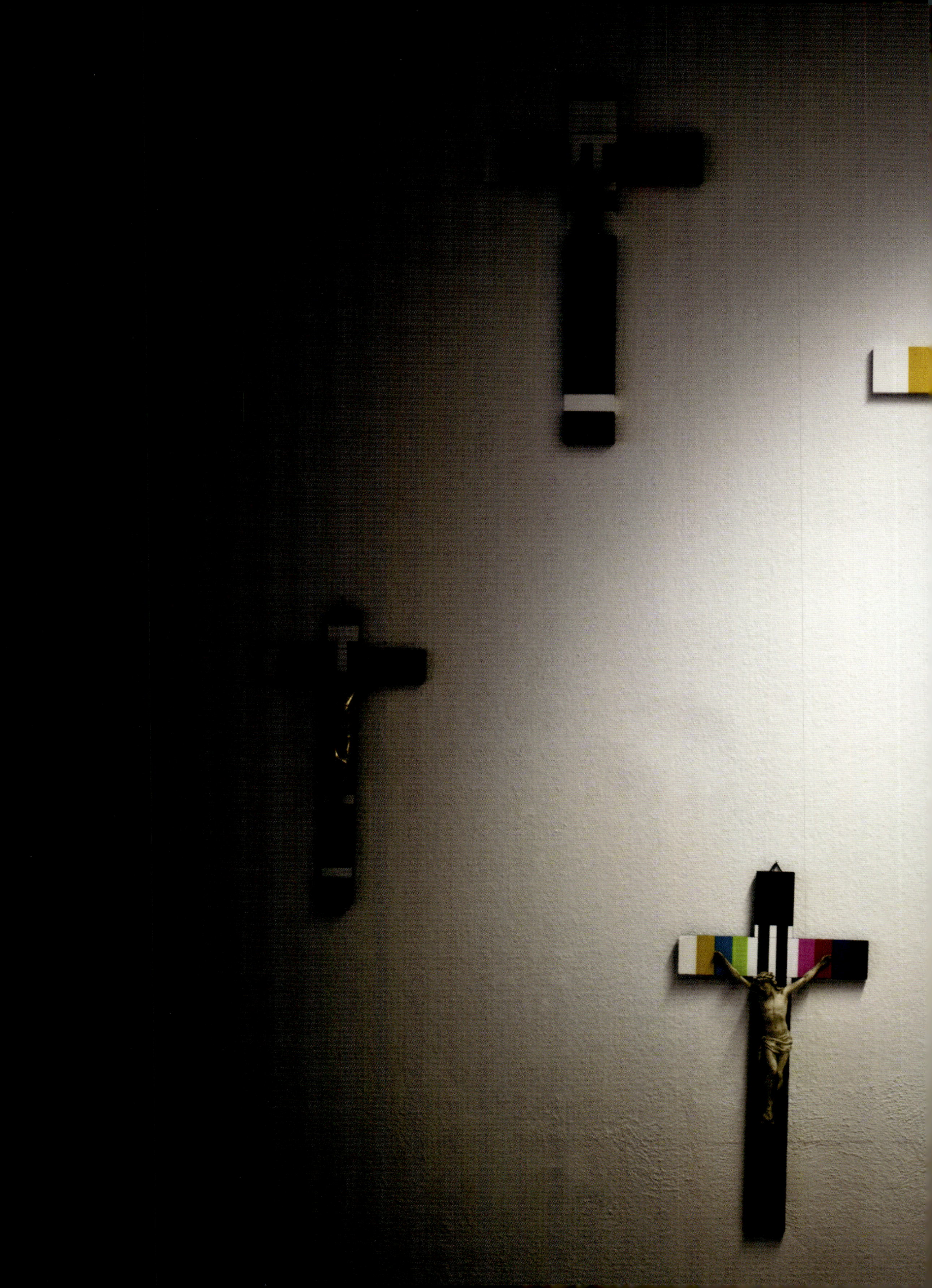

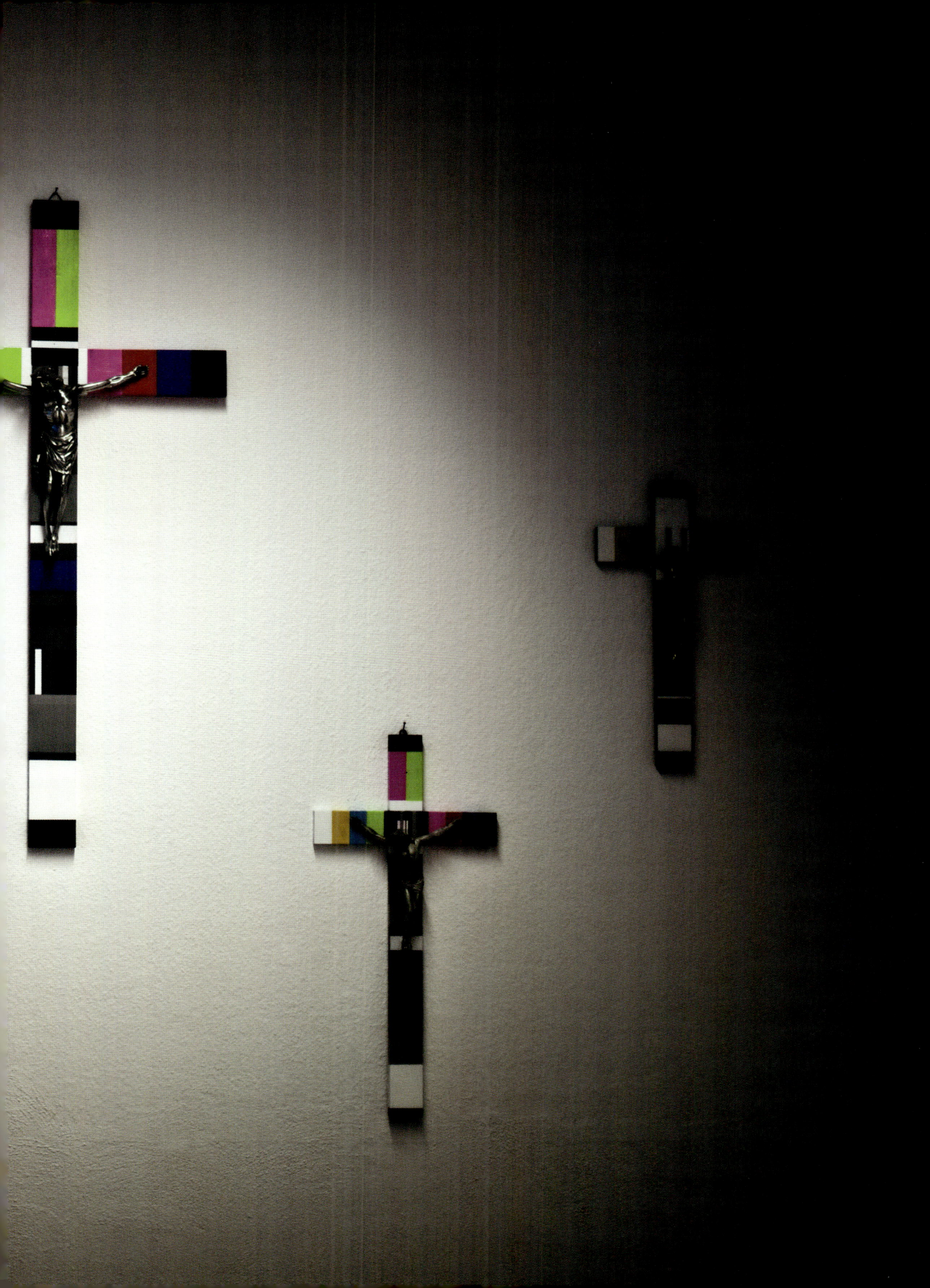

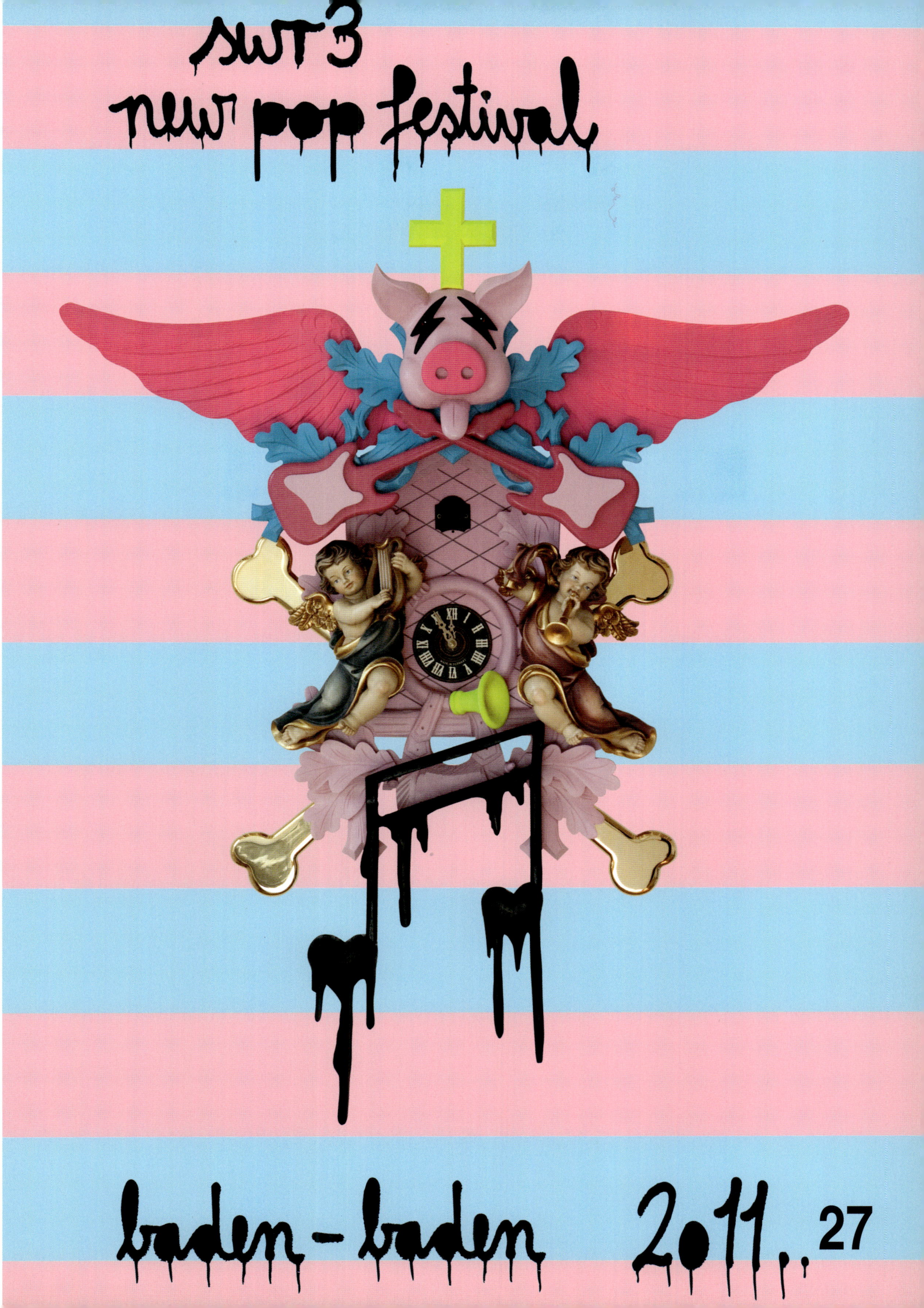
swr3
new pop festival
baden-baden
2011

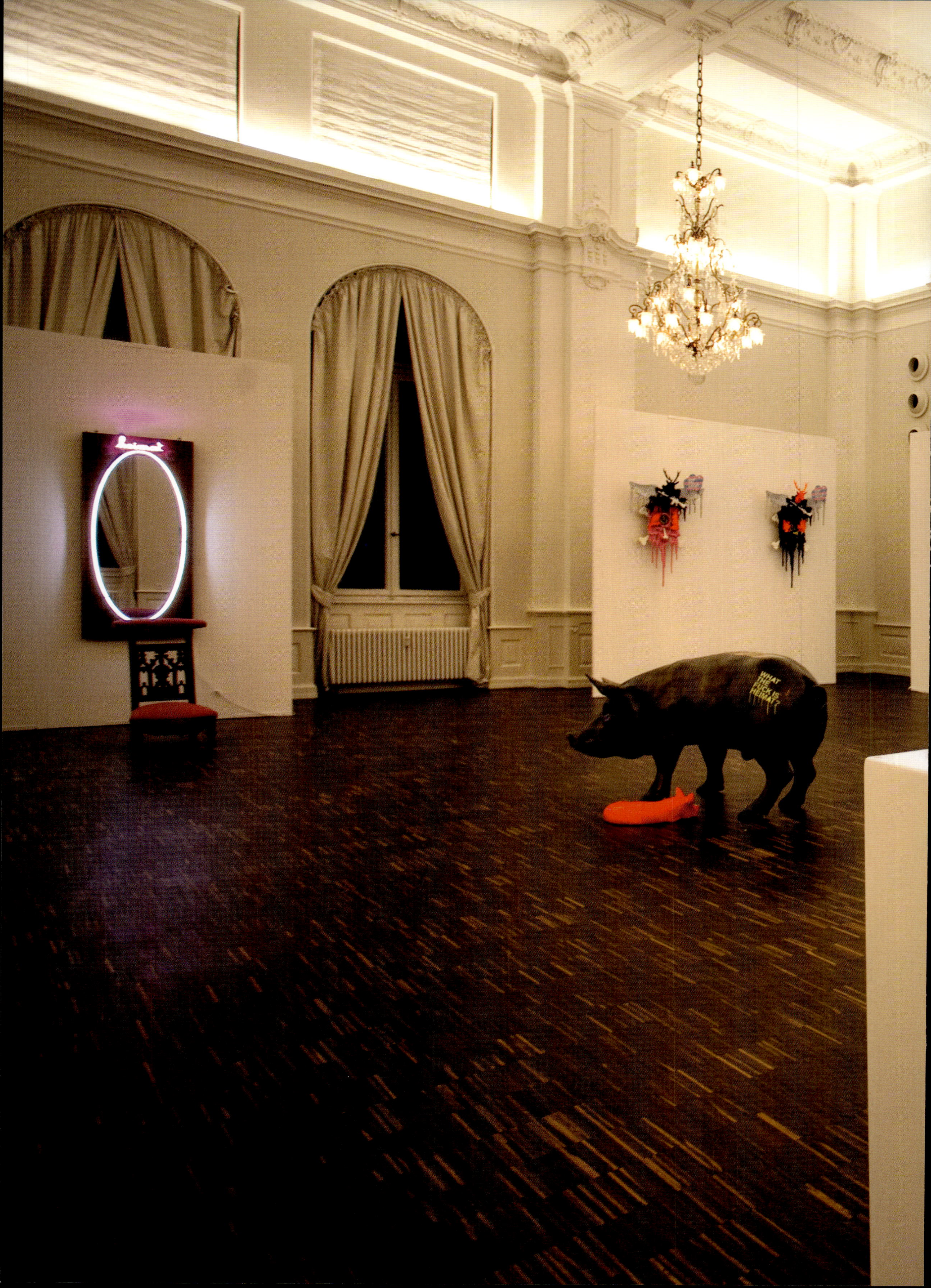
WHAT THE FUCK IS HEIMAT?

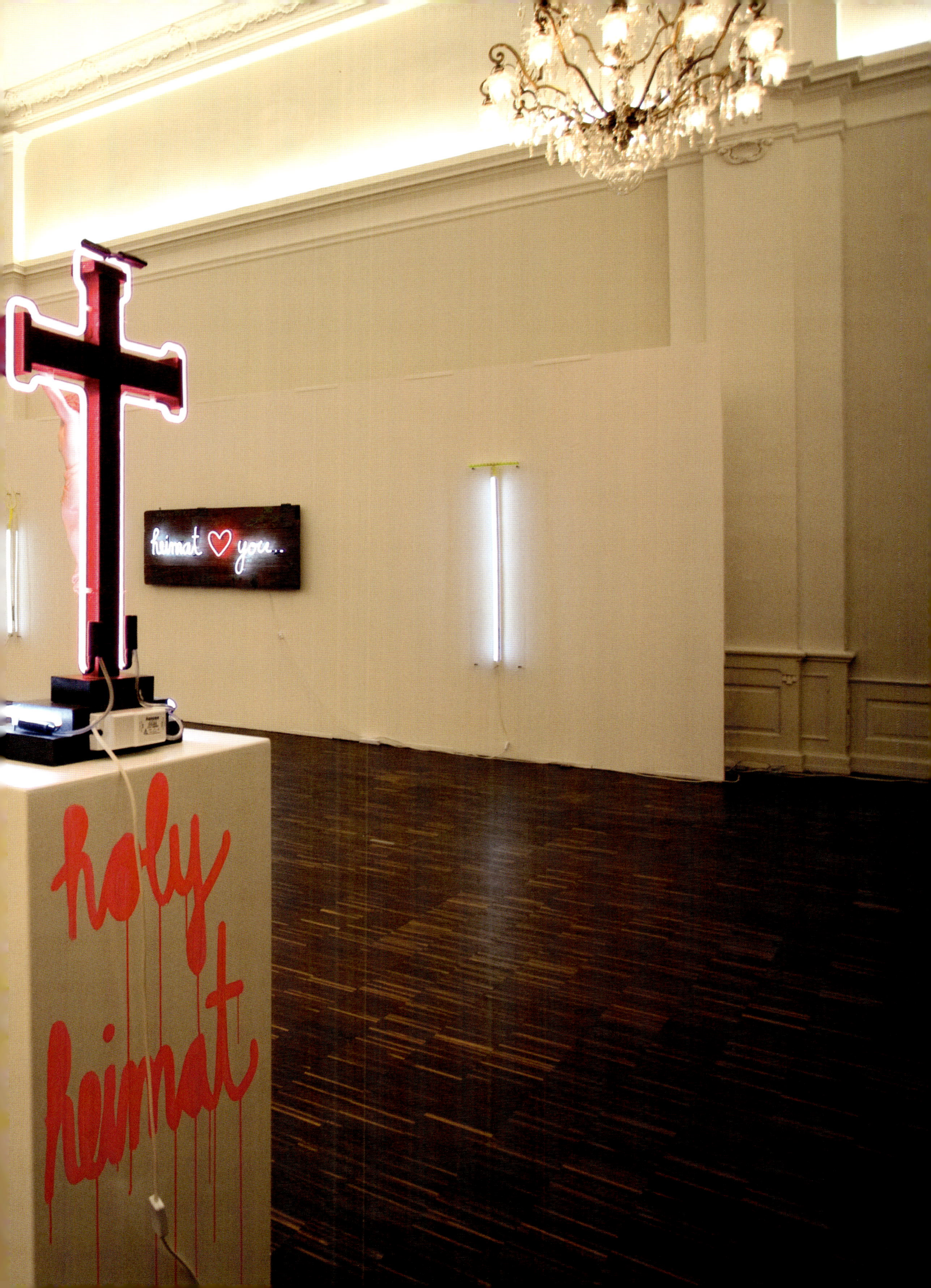
heimat ♡ you..
holy
heimat

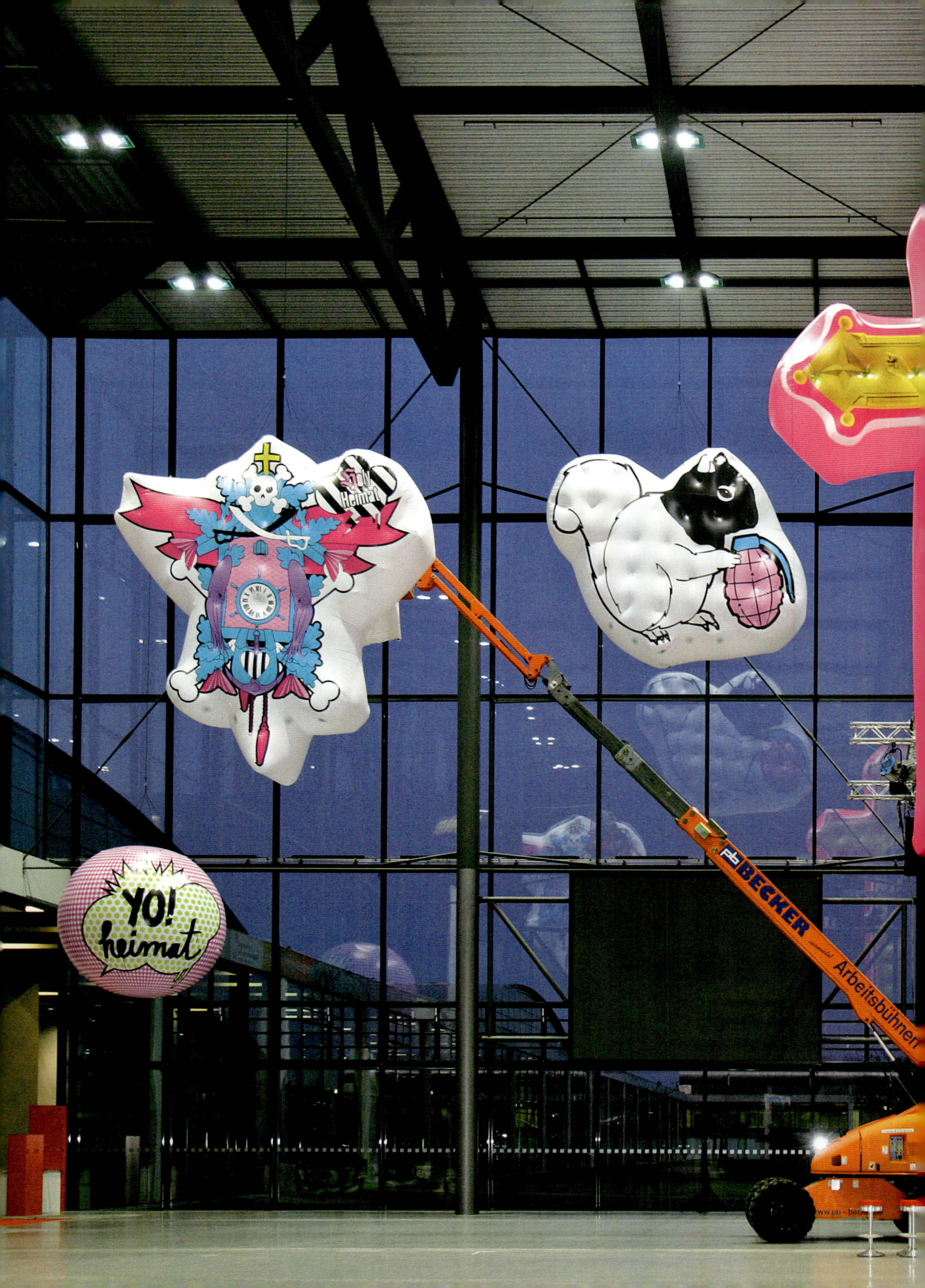
YO!
heimat
BECKER
Arbeitsbühnen

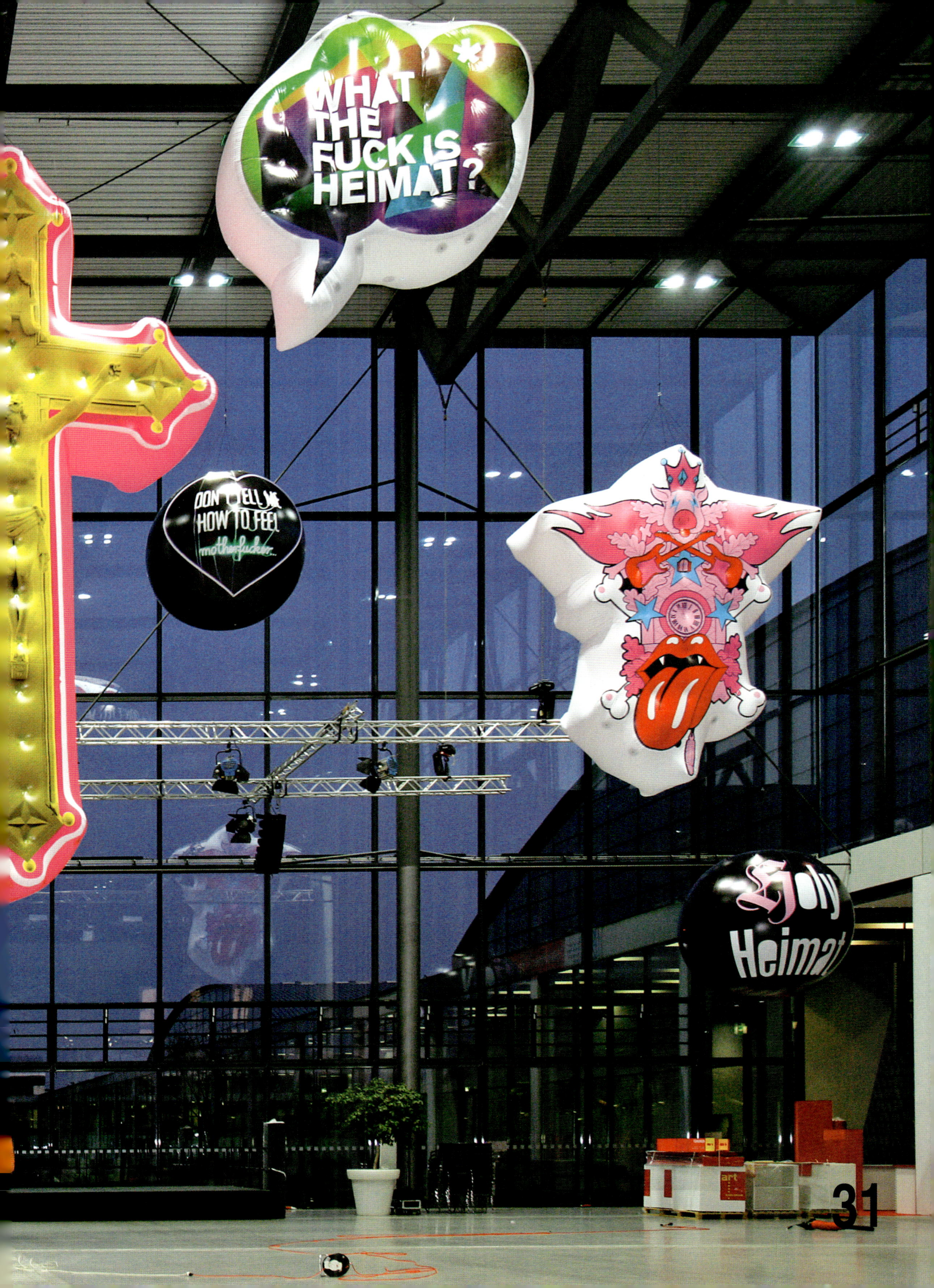
WHAT THE FUCK IS HEIMAT?
HOW TO FEEL
Holy Heimat

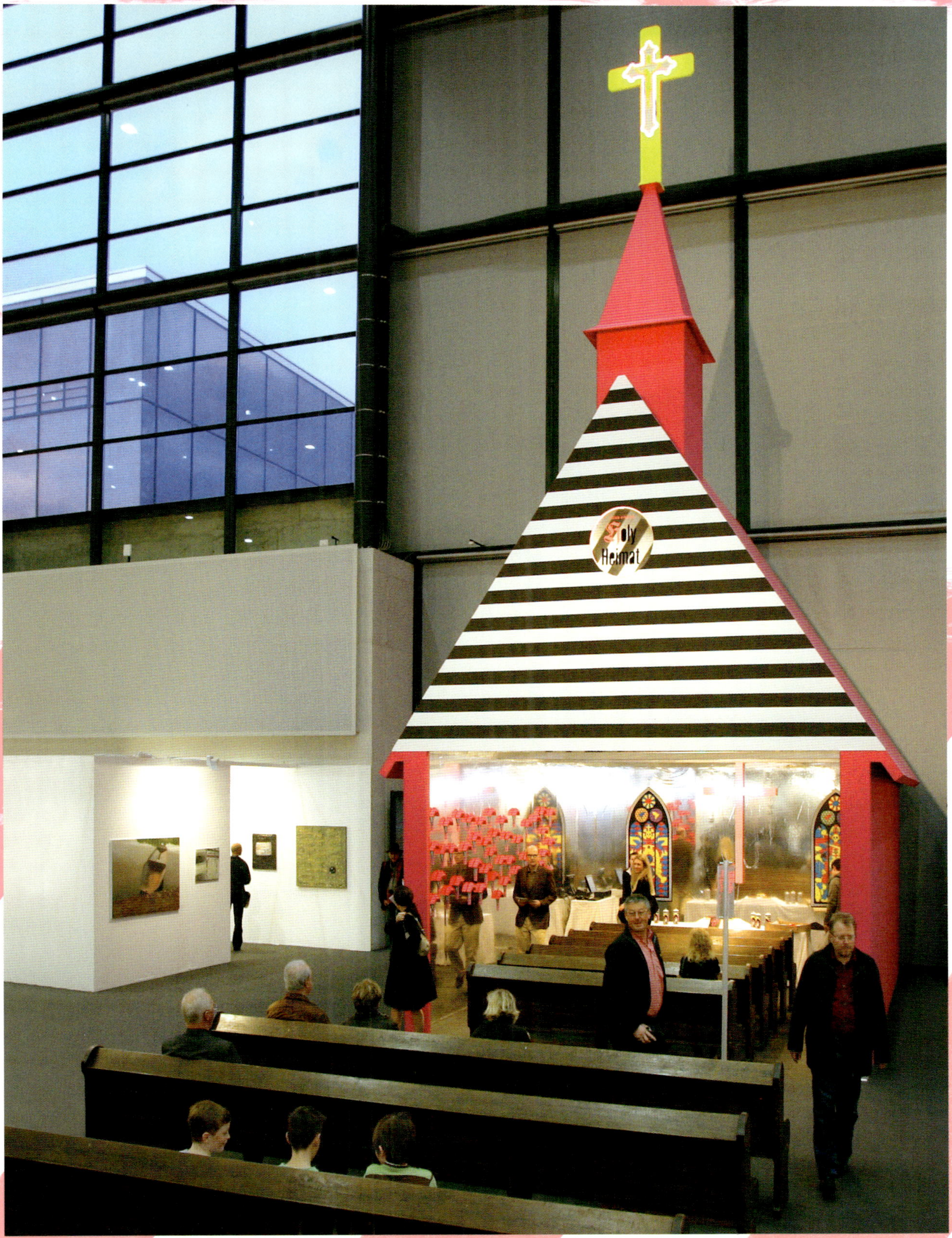
Holy
Heimat

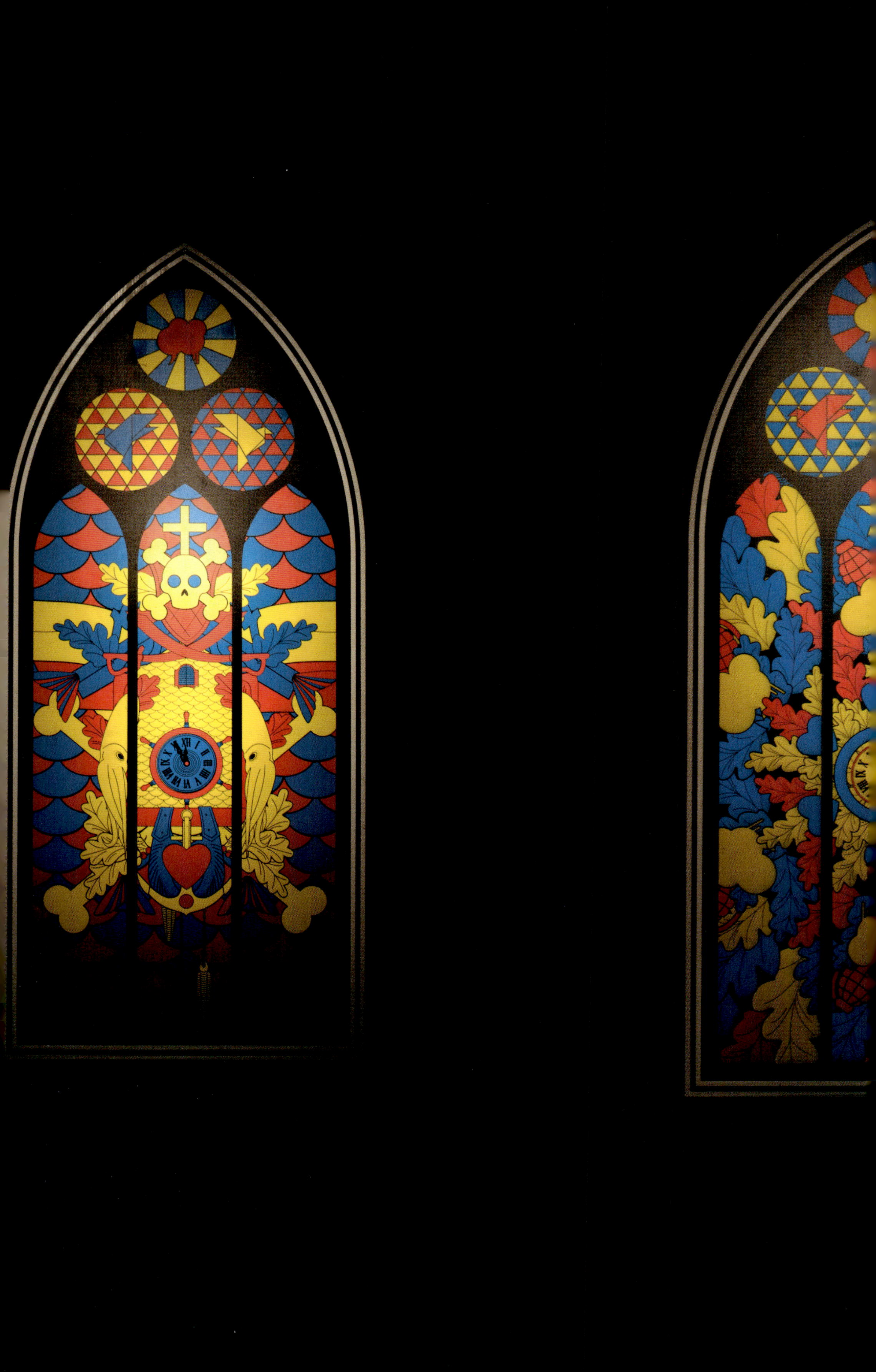

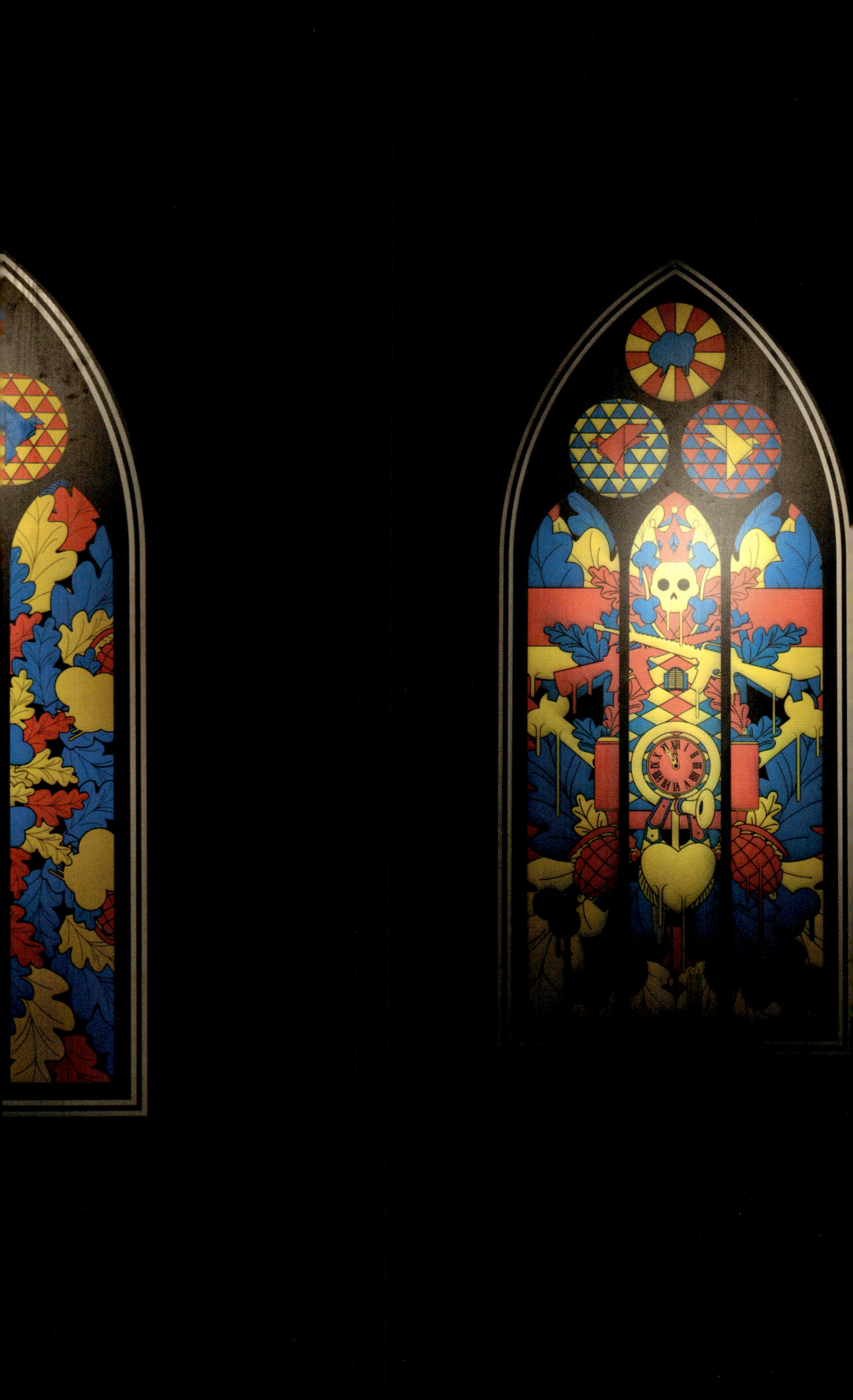

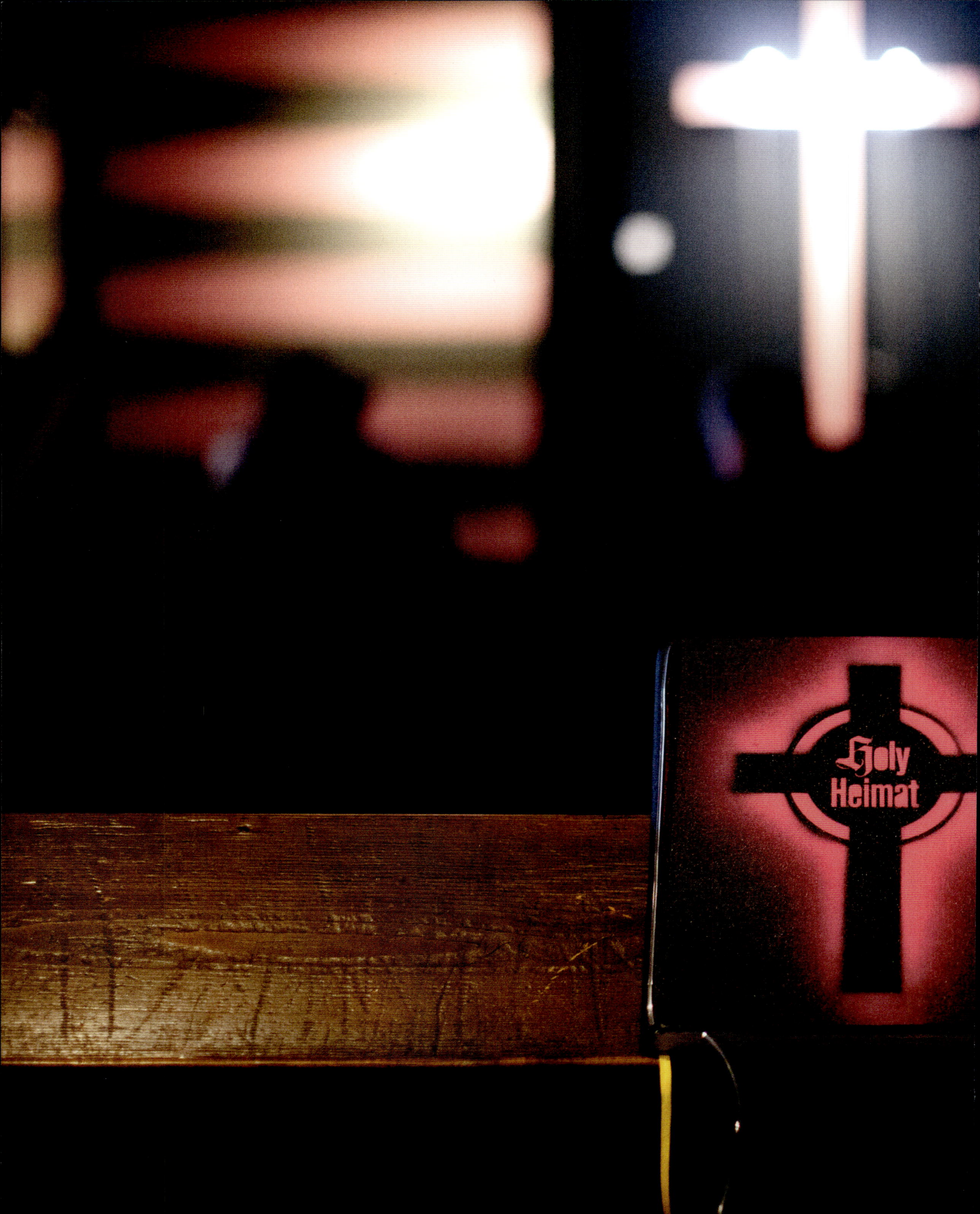
Holy
Heimat

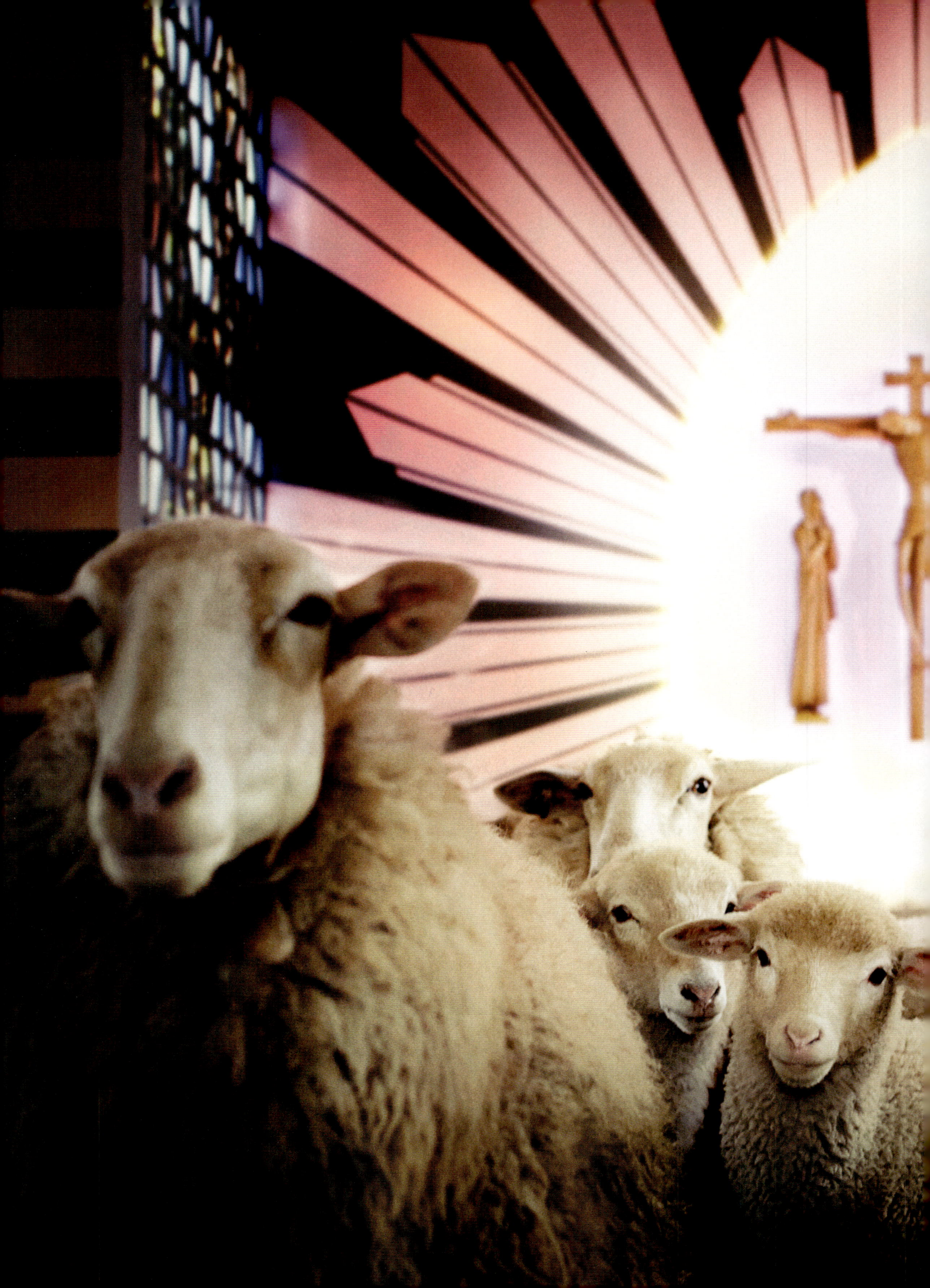

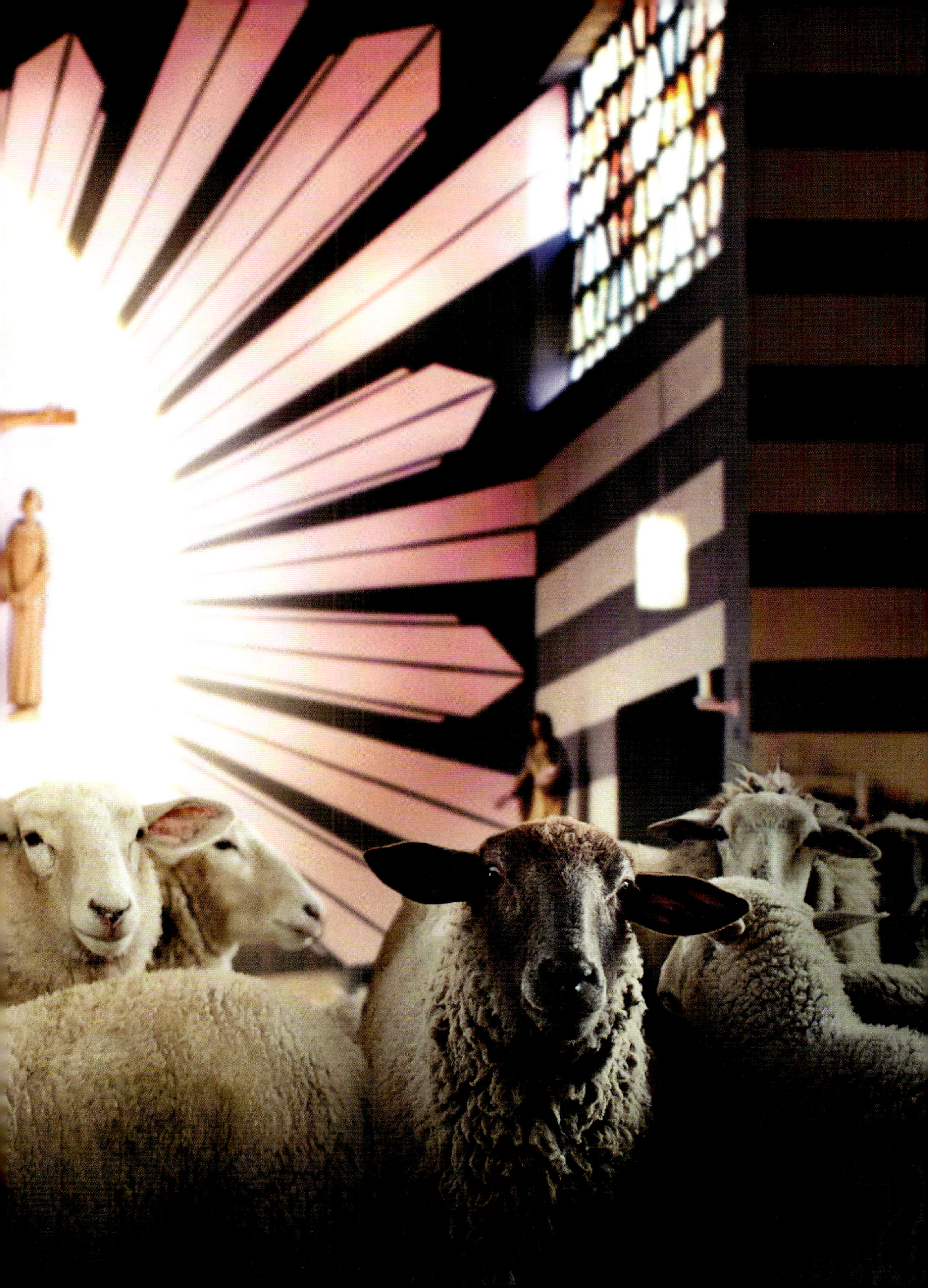

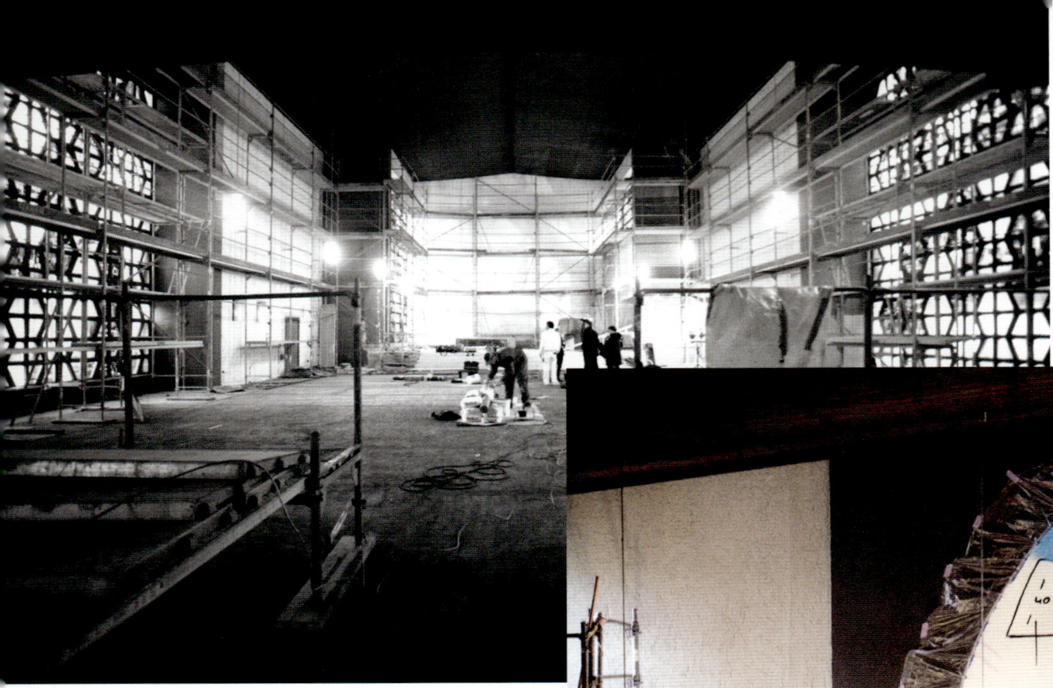
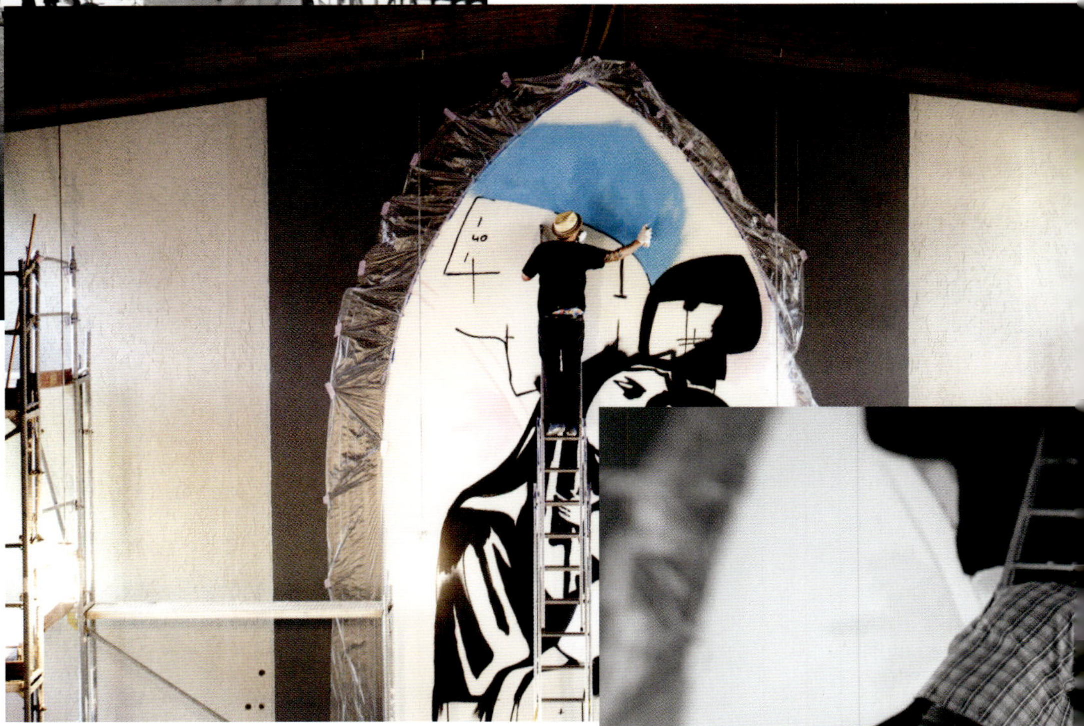
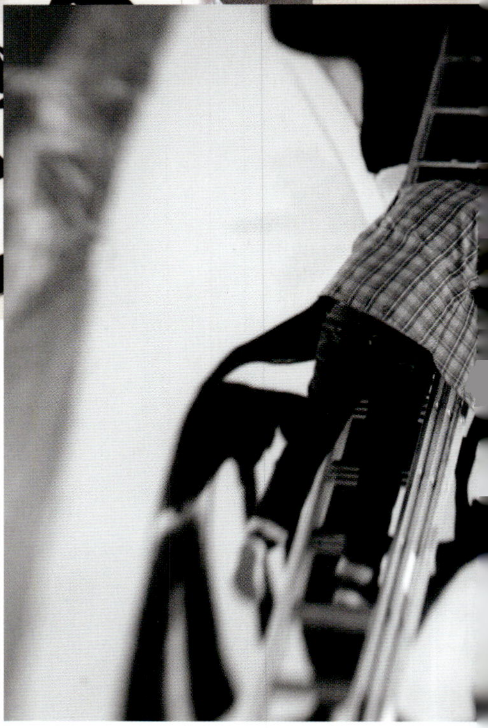

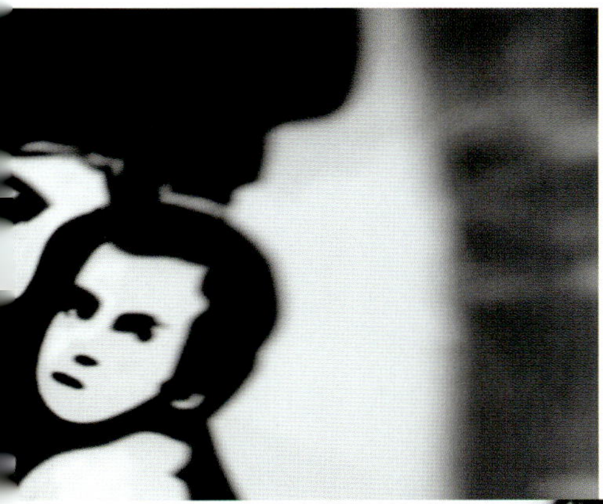
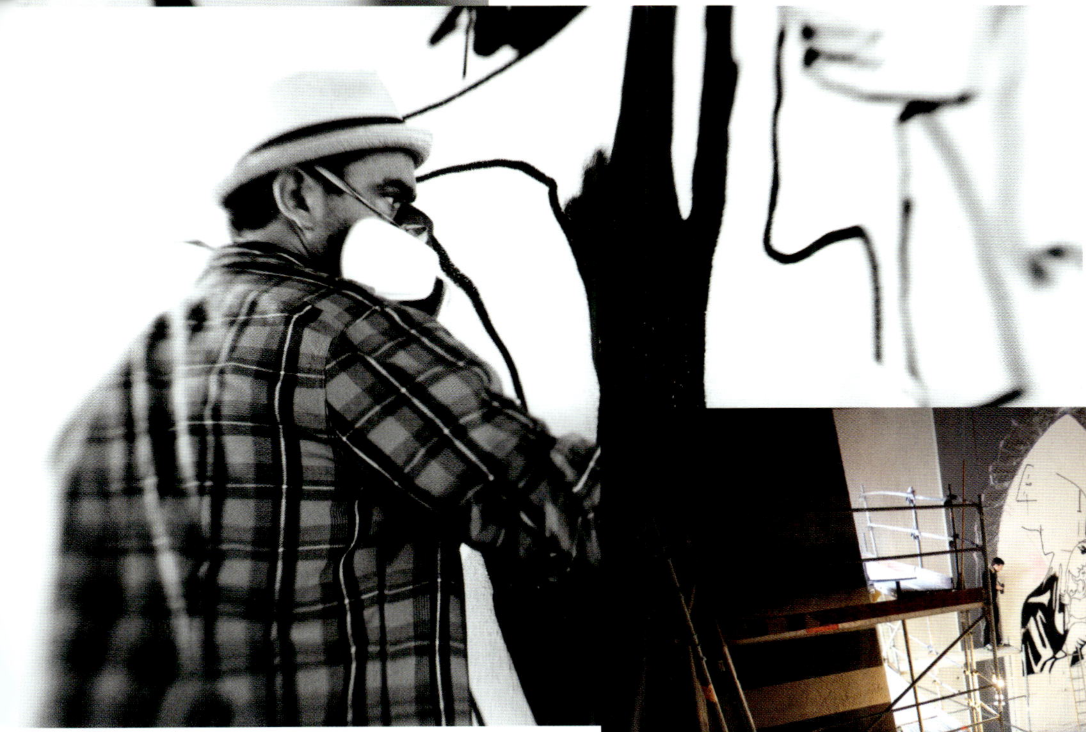
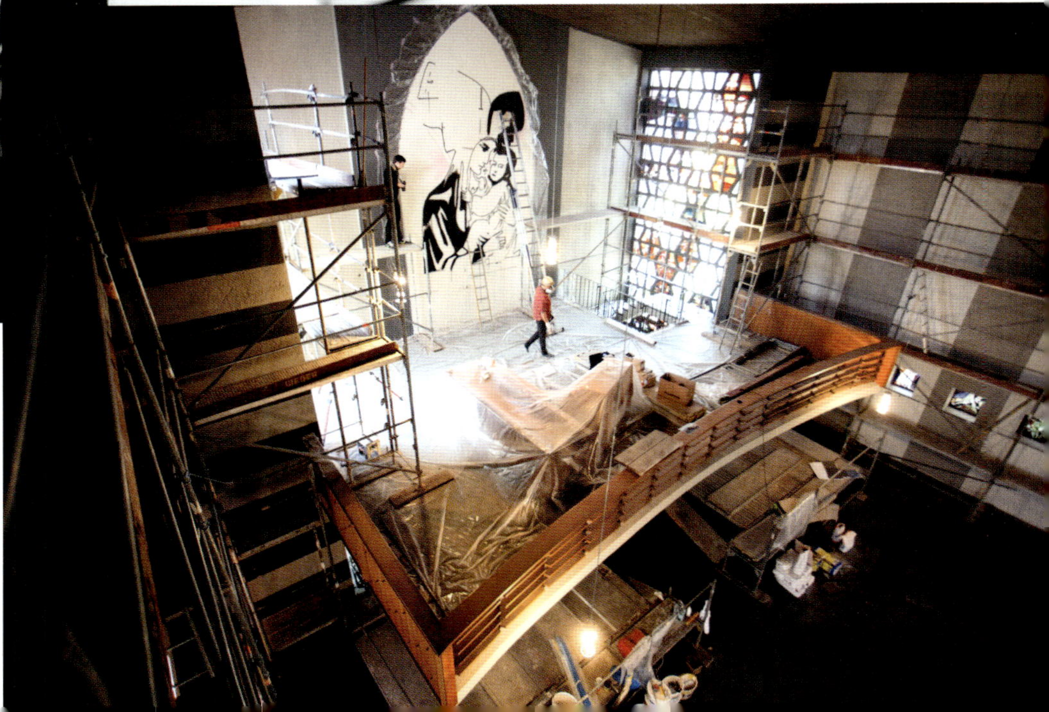

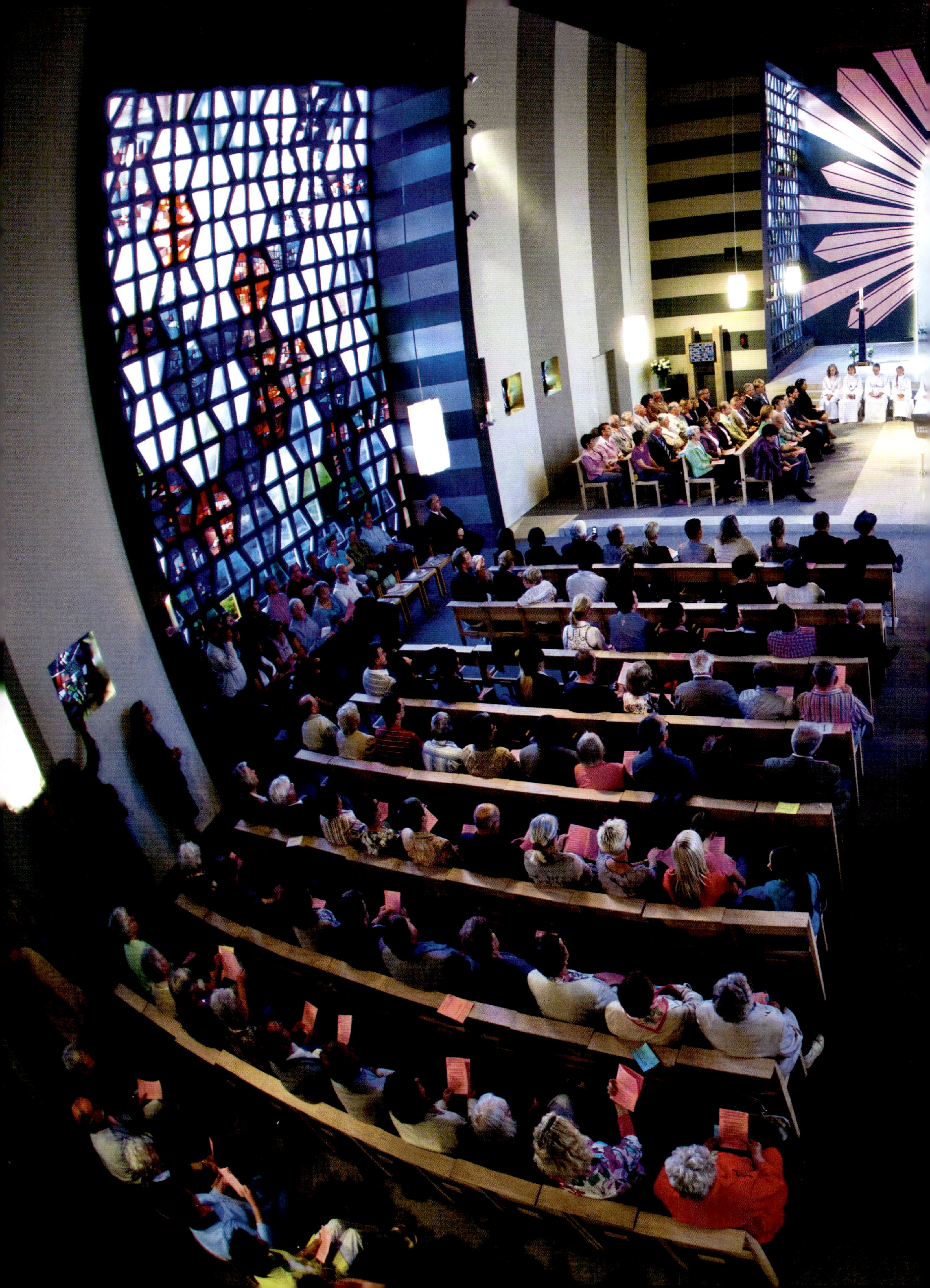

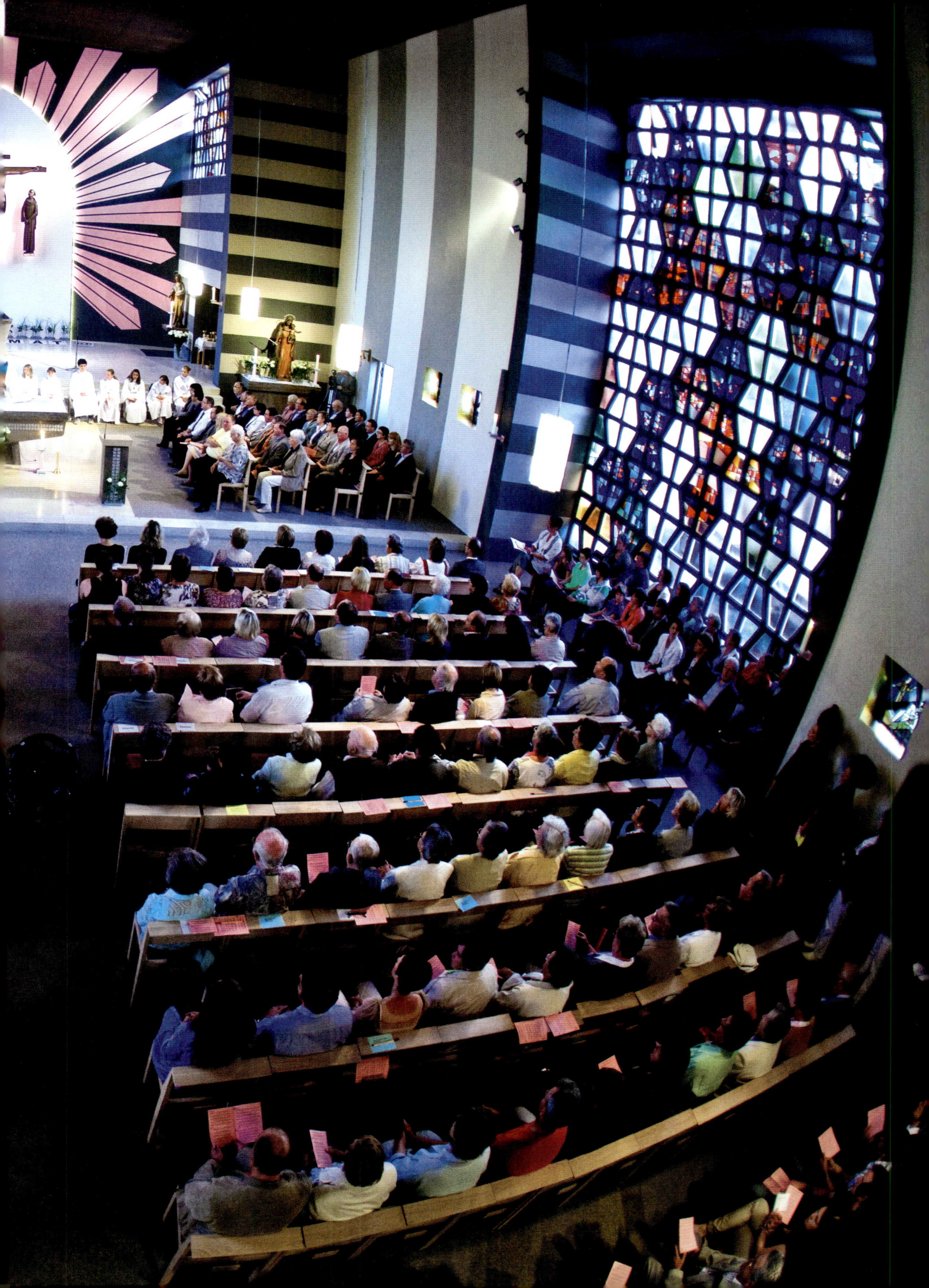

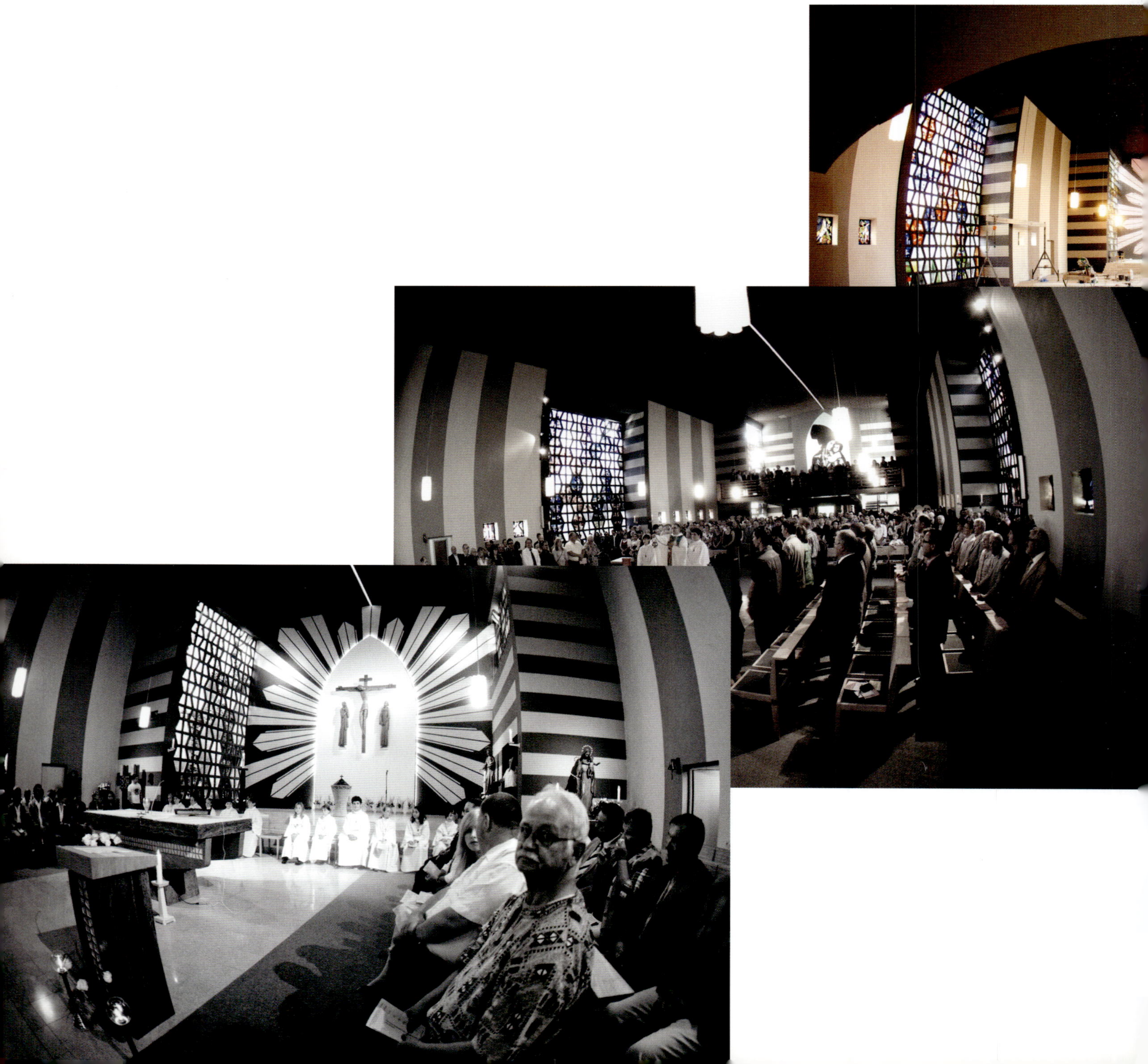

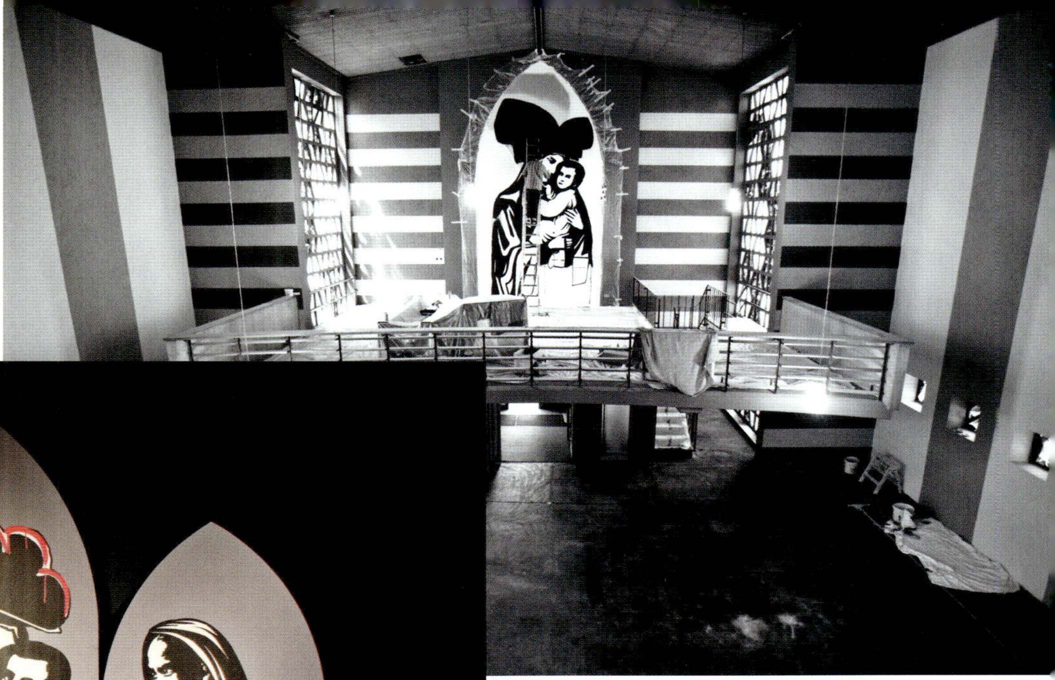

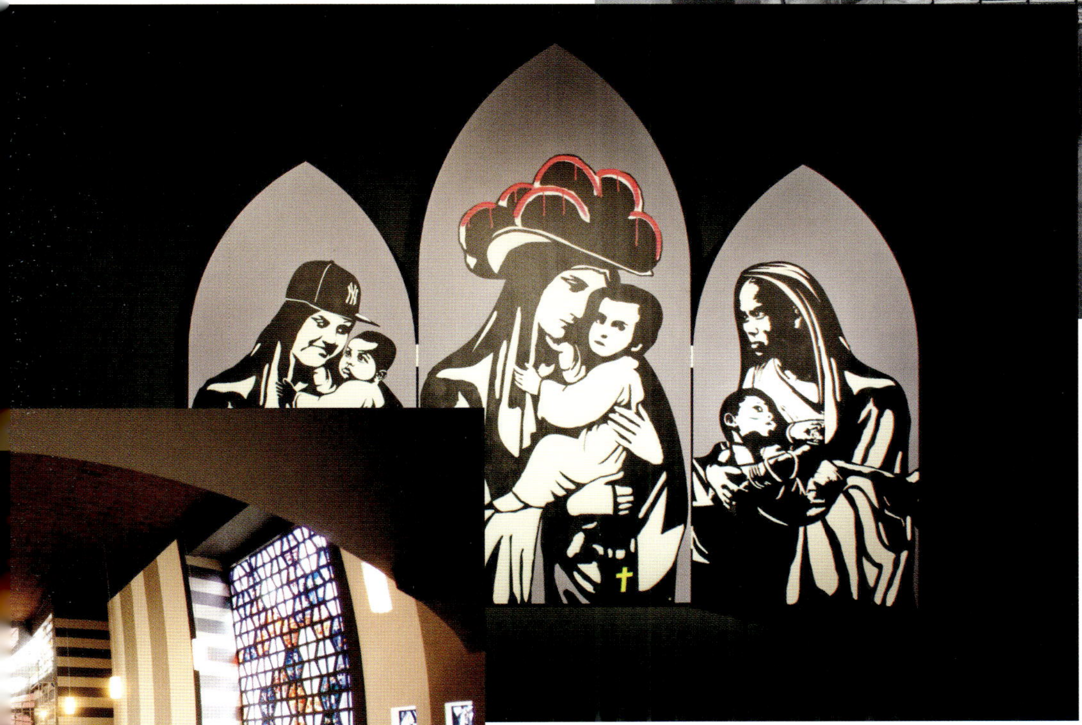

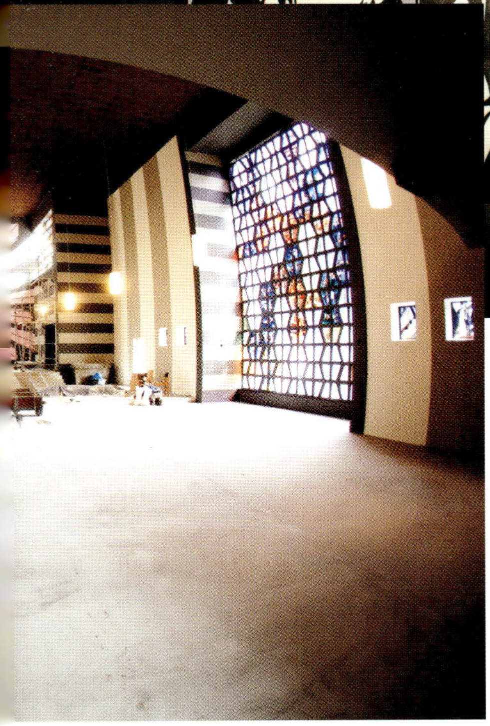

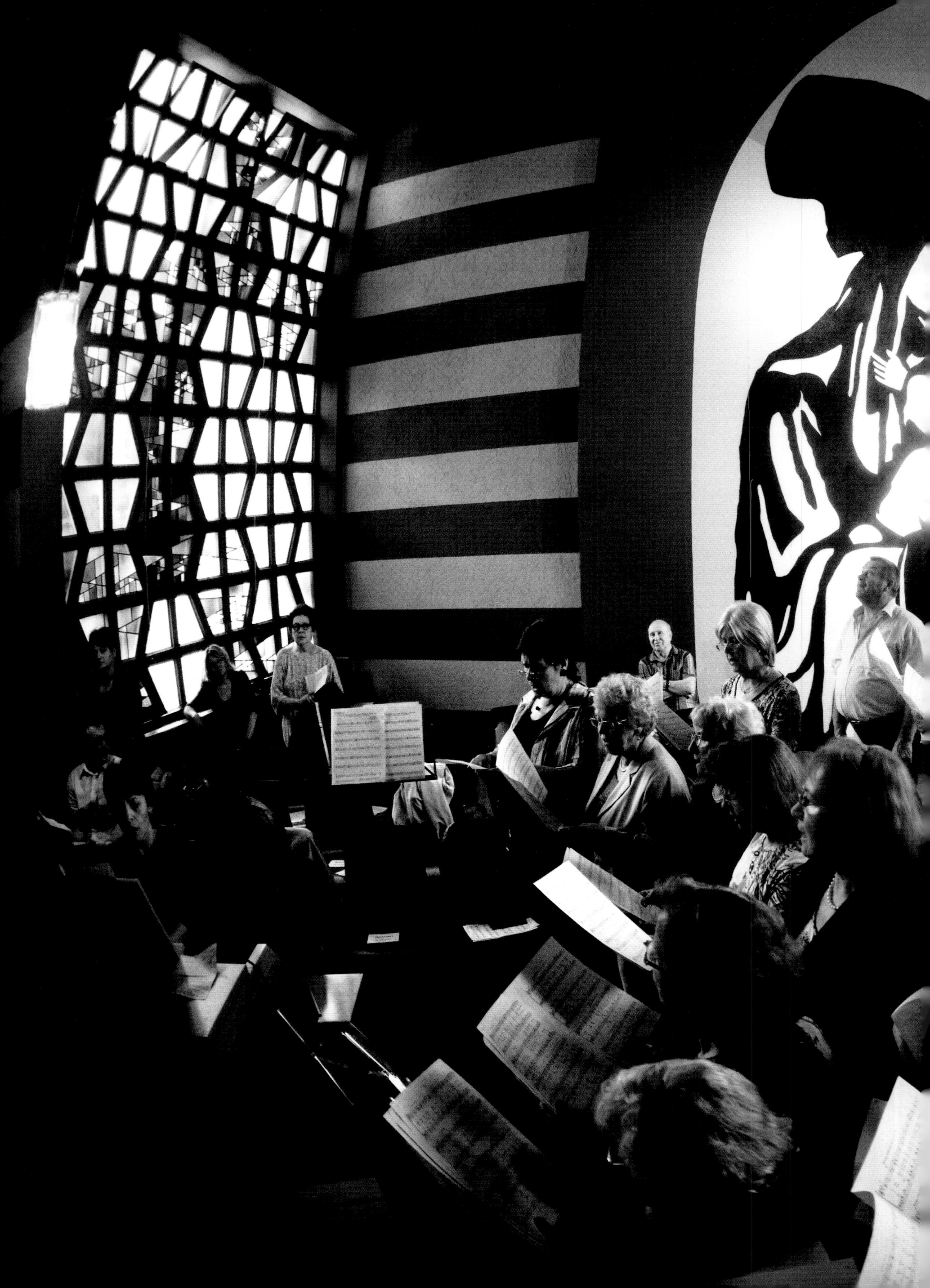

Impressum/Colophon

Diese Publikation erscheint anlässlich der Ausstellung »Stefan Strumbel: what the fuck is heimat« in der Circle Culture Gallery Berlin, 6. September – 1. November 2014/ This book is being published on the occasion of the exhibition "Stefan Strumbel: what the fuck is heimat" at Circle Culture Gallery Berlin, September 6 – November 1, 2014.

Herausgeber/Editor: Florian Waldvogel
Redaktion/Editing: Florian Waldvogel
Gestaltung/Graphic design: Christoph Steinegger/ Interkool
Texte/Texts: Raimar Stange, Florian Waldvogel
Übersetzungen/Translations: Helen Atkins
Lektorat/Copy editing: Katrin Sauerländer

Fotonachweis/Photo credits: Christoph Breithaupt: S./pp. 12, 76/77, 83/83; Circle Culture Gallery: S./pp. 99, 168; David Franck: S./pp. 80/81; Martin Grothmaak: S./pp. 14/15, 108/109; Karl Lagerfeld: S./p. 103; Christian Liedke: S./pp. 11, 101, 110–117; Donald Medina: S./pp. 60/61; Oliver Rath: S./pp. 9/10, 13, 15–25, 28/29, 34–47, 68/69, 74/75, 78/79, 85–91, 94–97, 104–107, 129–151, 154/155, 165; Jürgen Rösner: S./pp. 30/31, 33; A. T. Schäfer: S./pp. 156/157; Ulrich Siefert: S./pp. 92/93, 152/153; Stefan Strumbel: S./p. 27; Faruk Ünver: S./pp. 57–59, 62–67, 70–73, 158–163

Gesamtherstellung/ Production: Druckhaus Köthen

Vertrieb/Distribution:
Gestalten, Berlin
www.gestalten.com
sales@gestalten.com

ISBN 978-3-95476-087-9
Printed in Germany

Erschienen im/Published by
DISTANZ Verlag
www.distanz.de

Dank an/Thanks to: Neo & Katrin, Familie Strumbel, Budo Zentrum, Familie Schmäing, Jörg Solzbacher, Felix Herr, Oliver Rath, Willi Schöllmann & Familie, Jonas Braus, Vanessa Maas, Johann von Lanzenauer, Anne Bauer, Familie Cramer, Ulrich Siefert, Christoph Steinegger, Familie Benvenuto, Amano Familie, Raimar Stange, Andreas Platthaus, Martin Sander, Aaron Rose, Sven Grathwohl, Claude, Rouven Reiff, Martin Kammerer, Kari Albermann, Frank Hönninger, Thomas Bittel, Familie Spinner, Boris Wehlauer, Rainer Groß, Familie Knubben, Thomas Braunstein, SWR3, Udo Lindenberg, Karl Lagerfeld, Donald Schneider, Hubert Burda, Mon Muellerschön, Warsteiner, Familie Mack, Werner Kimmig, Stadt Offenburg, Landesmuseum Karlsruhe, Land Baden-Württemberg, Selim Varol & Familie, Tim Mälzer, Bent Angelo Jensen, Gerd und Uwe Tobias, Sammlung Heitmann, Moritz Lobeck, Andrea Moses, Stefan Armbruster, Krauts Crew, Atelier Kontrast, Vicious Gallery, Familie Brenninkmeijer, Rüdiger Glatz, Adrian Falkner, Circle Culture Gallery, Roomers & Pure Hotel, Thomas Steinle, Michael Michalsky, Ewald Schrade, Anne Scherer, Huy Dieu, Andy Chiu, Thinkbigmedia, Rheinschwarz, Gisela Williams, Atelier Schwarzwald, Martin Grothmaak, Peter Ziska, Coast Architecture, Christoph Breithaupt, Christian Liedke, Niklas Beckert, Alex & Sarah, Jamel, Familie Esposito, Stefan Marx, Blek Le Rat, Patrice, Curse, Anisa & Teddy, Max Mutzke, Florian Waldvogel, Studio Strumbel: Markus Schwendemann, Irene Haug, Marc Böhnke.

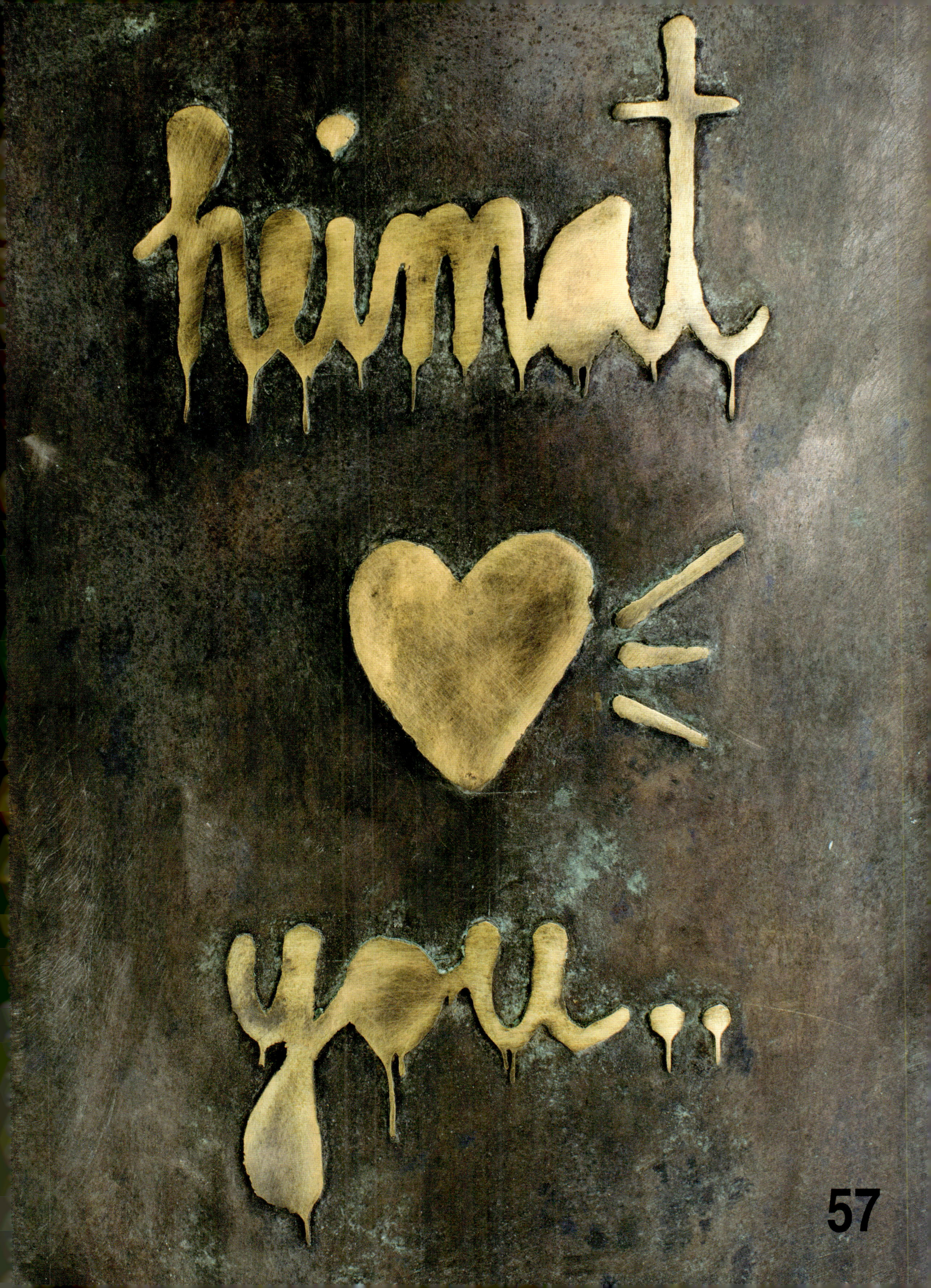
heimat
you..

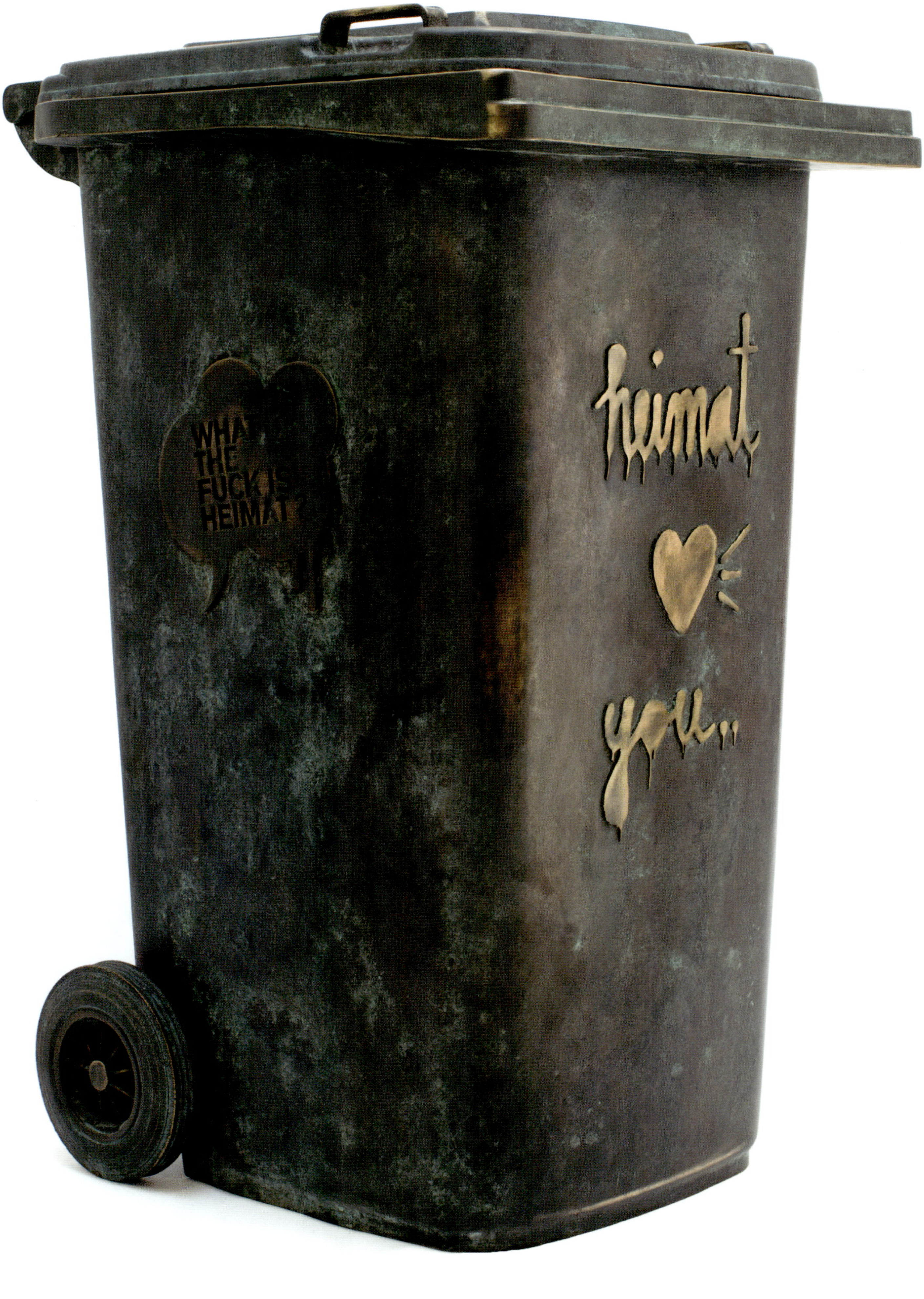
WHAT THE FUCK IS HEIMAT?
heimat
you..

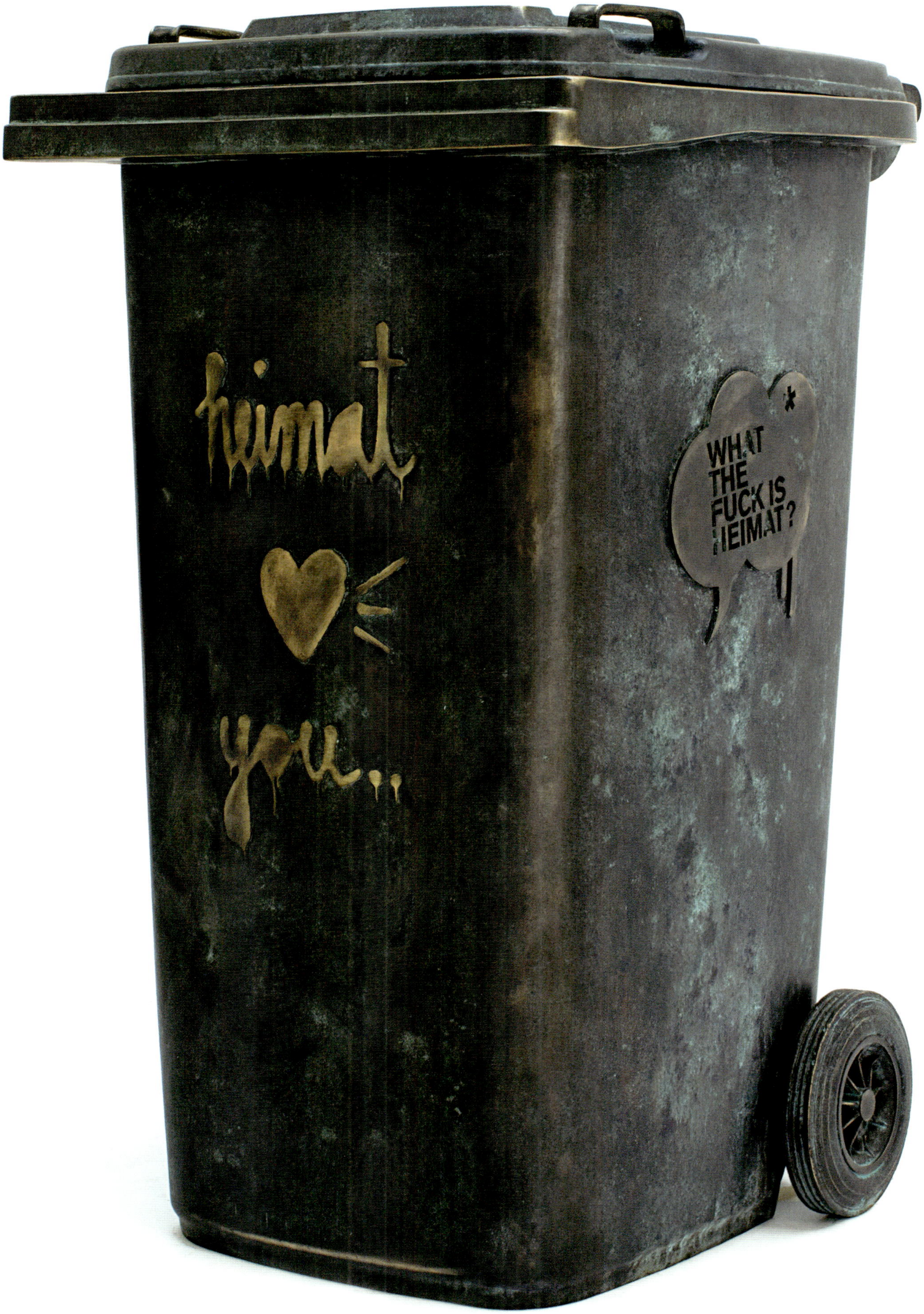
heimat
you..
WHAT THE FUCK IS HEIMAT?

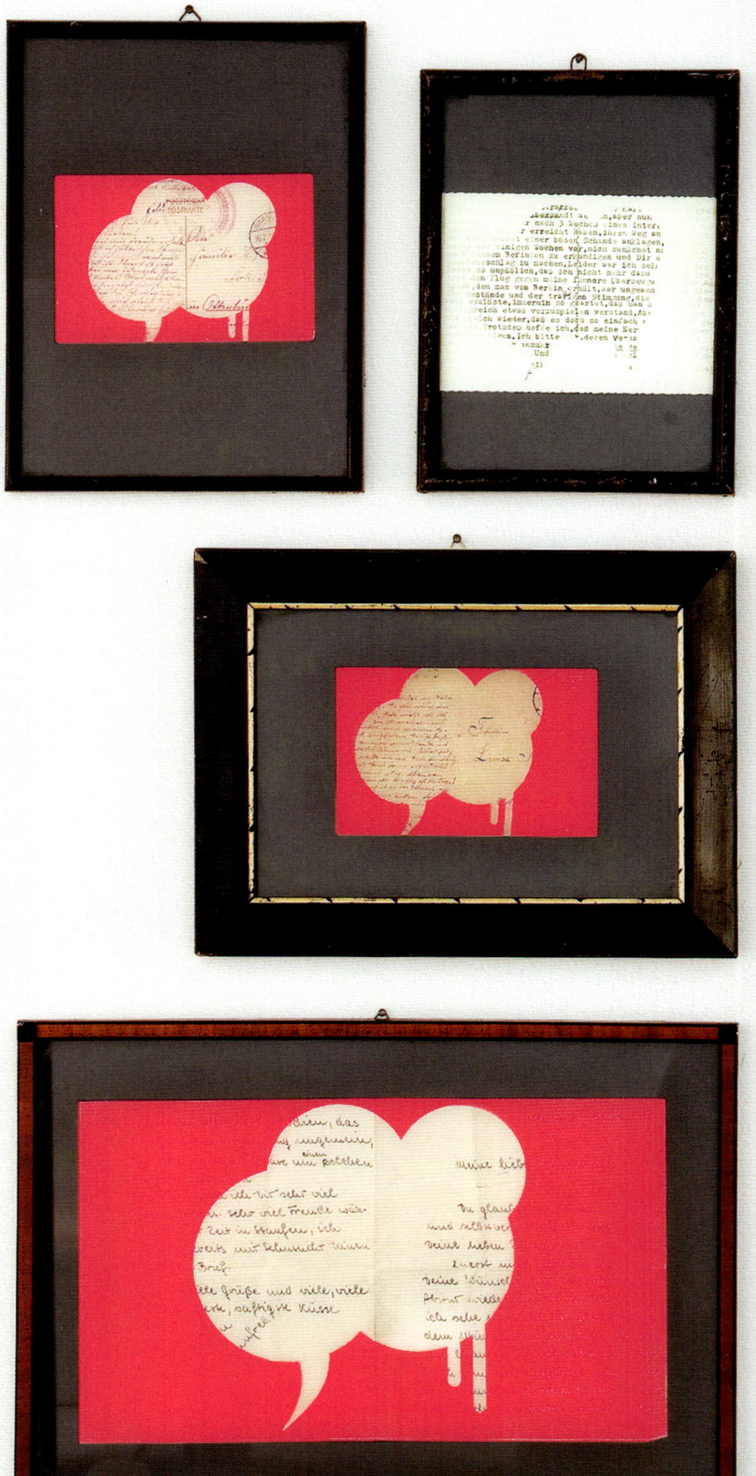

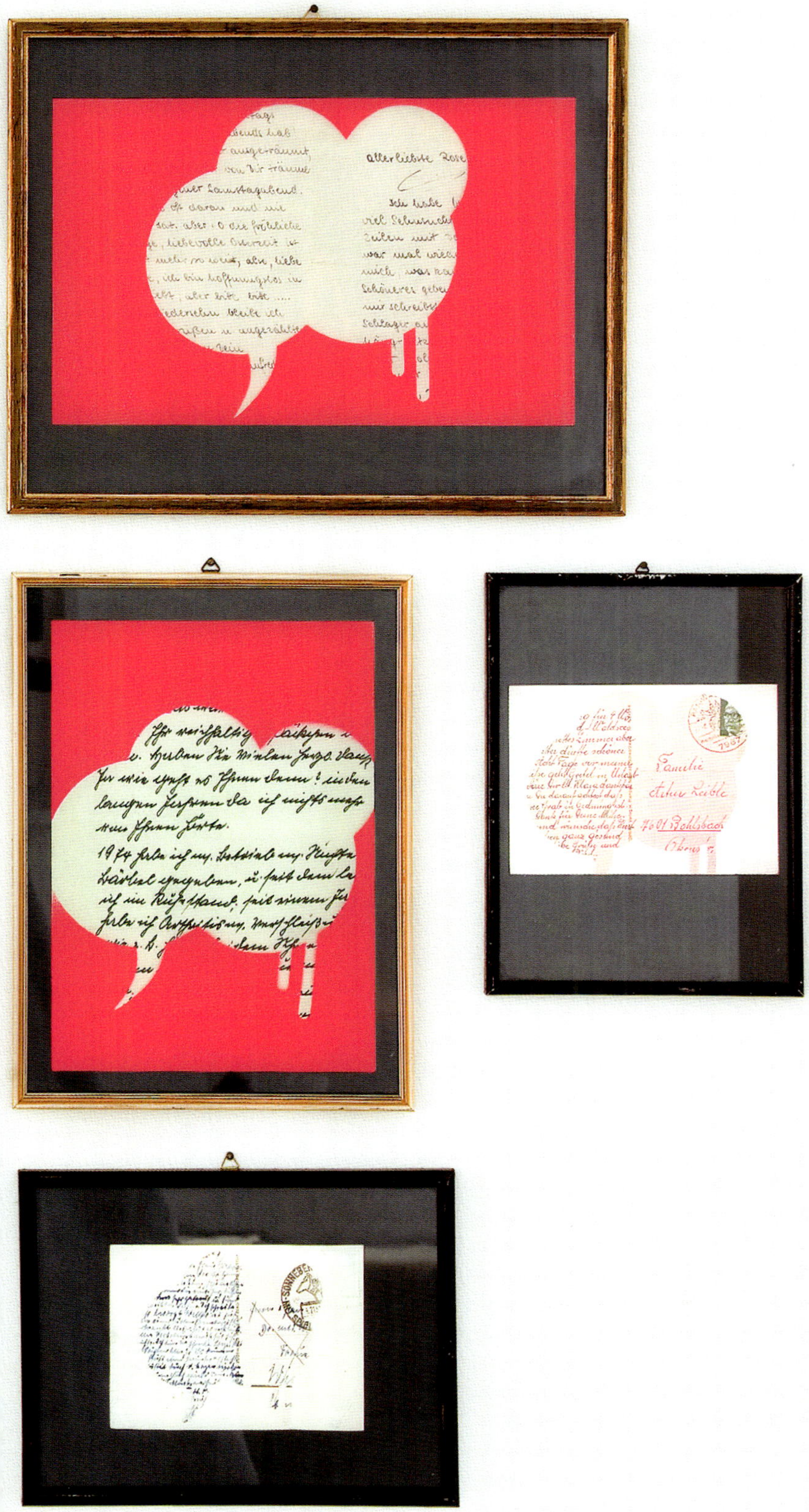

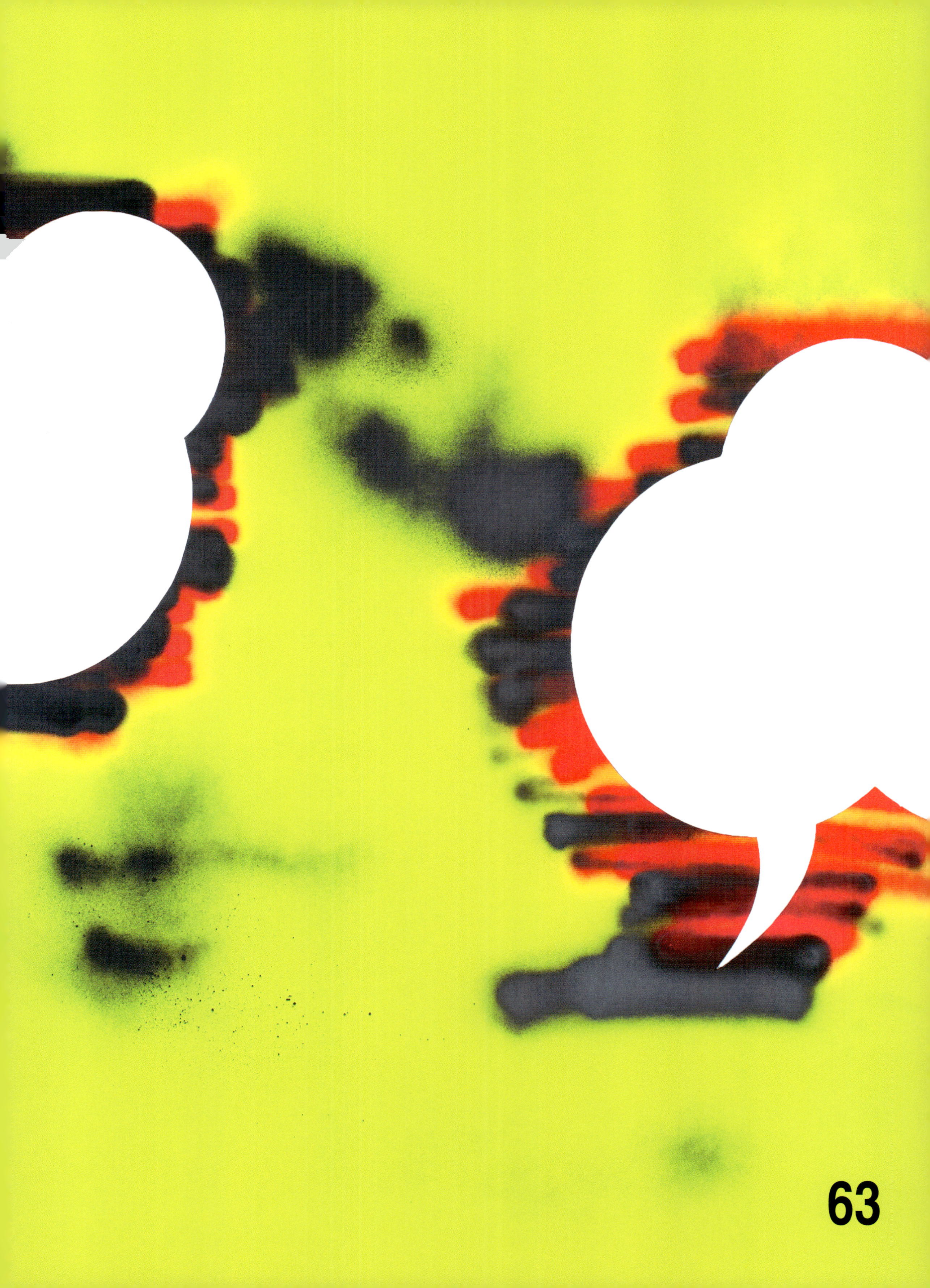

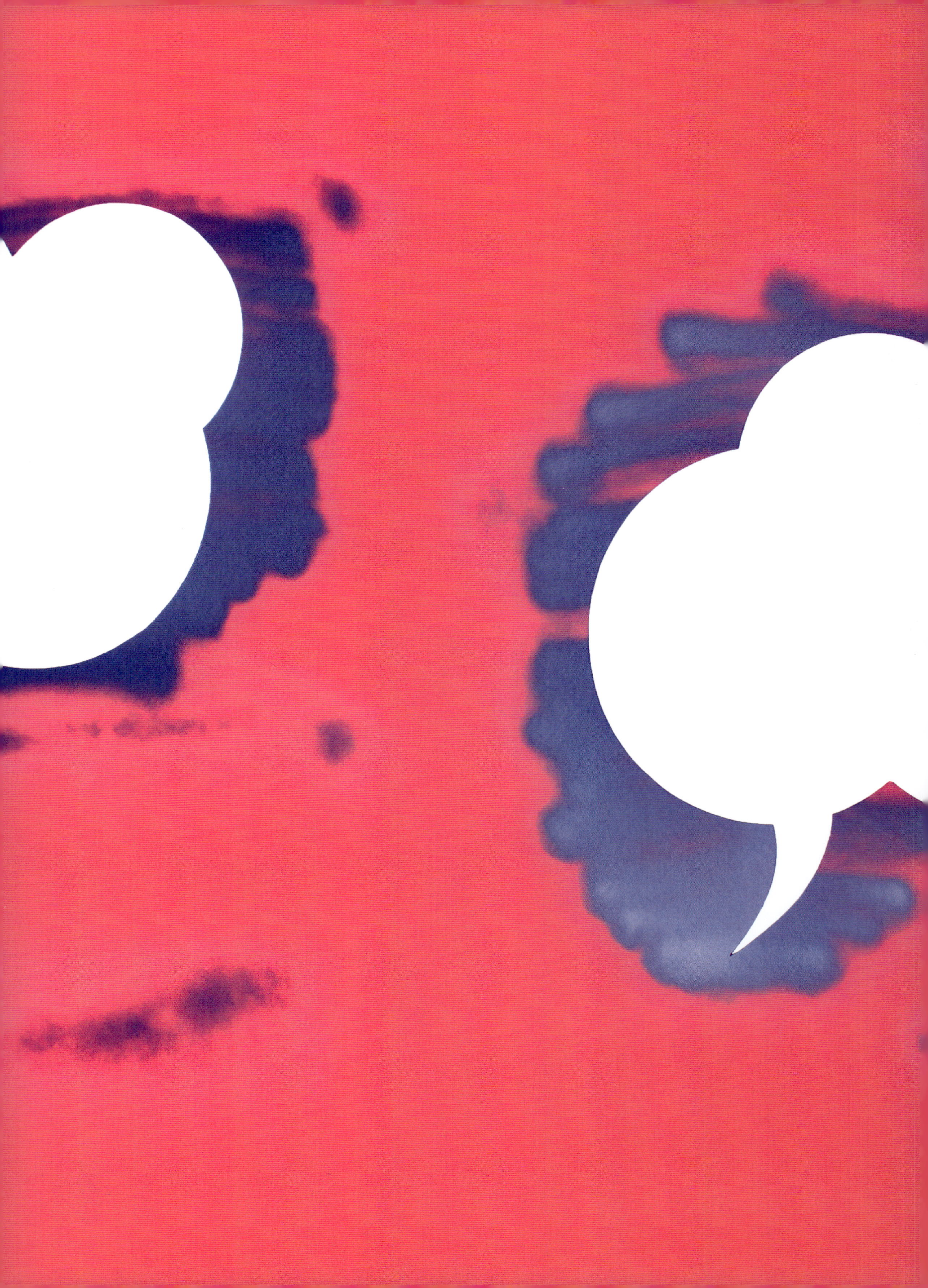

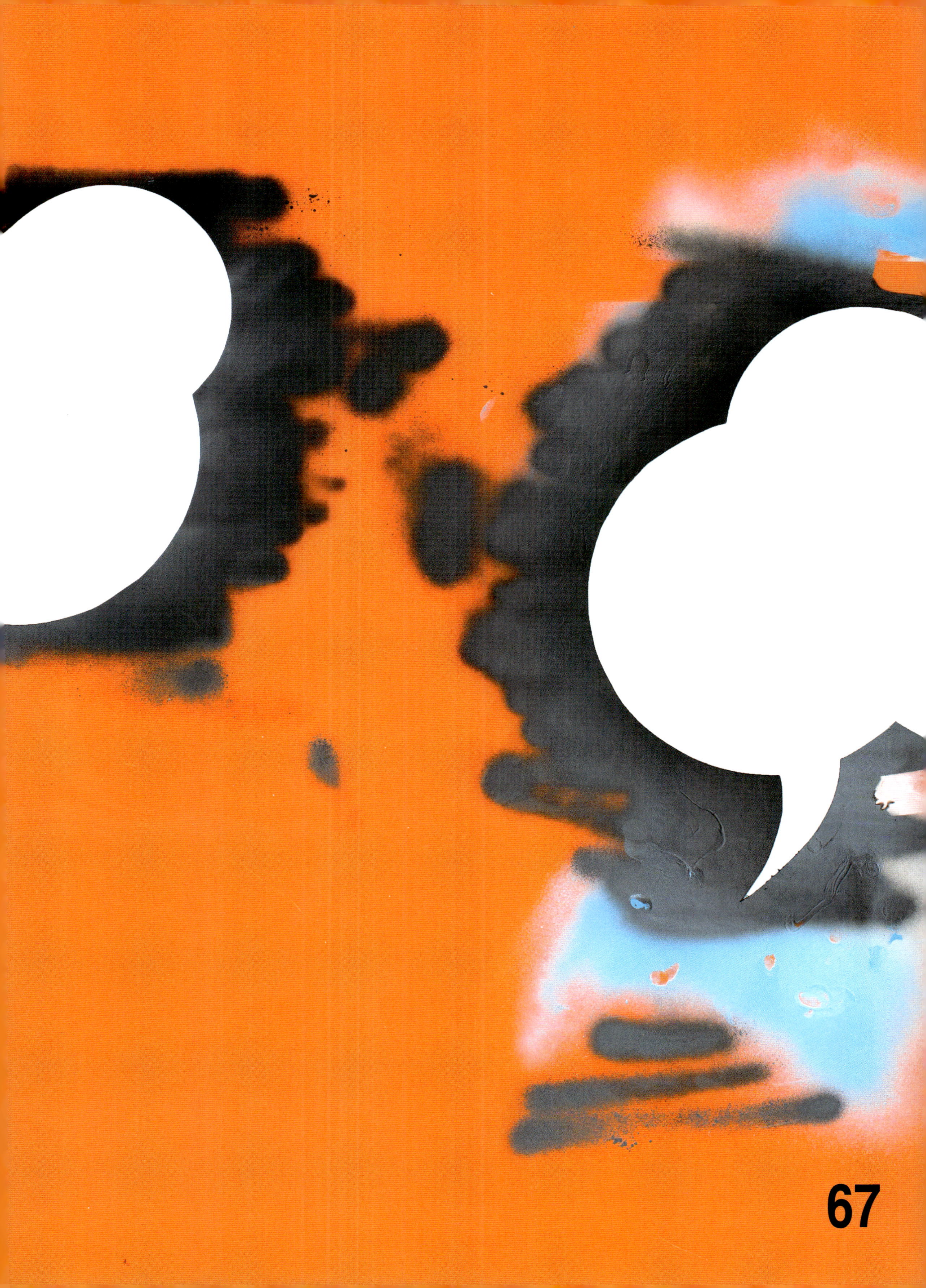

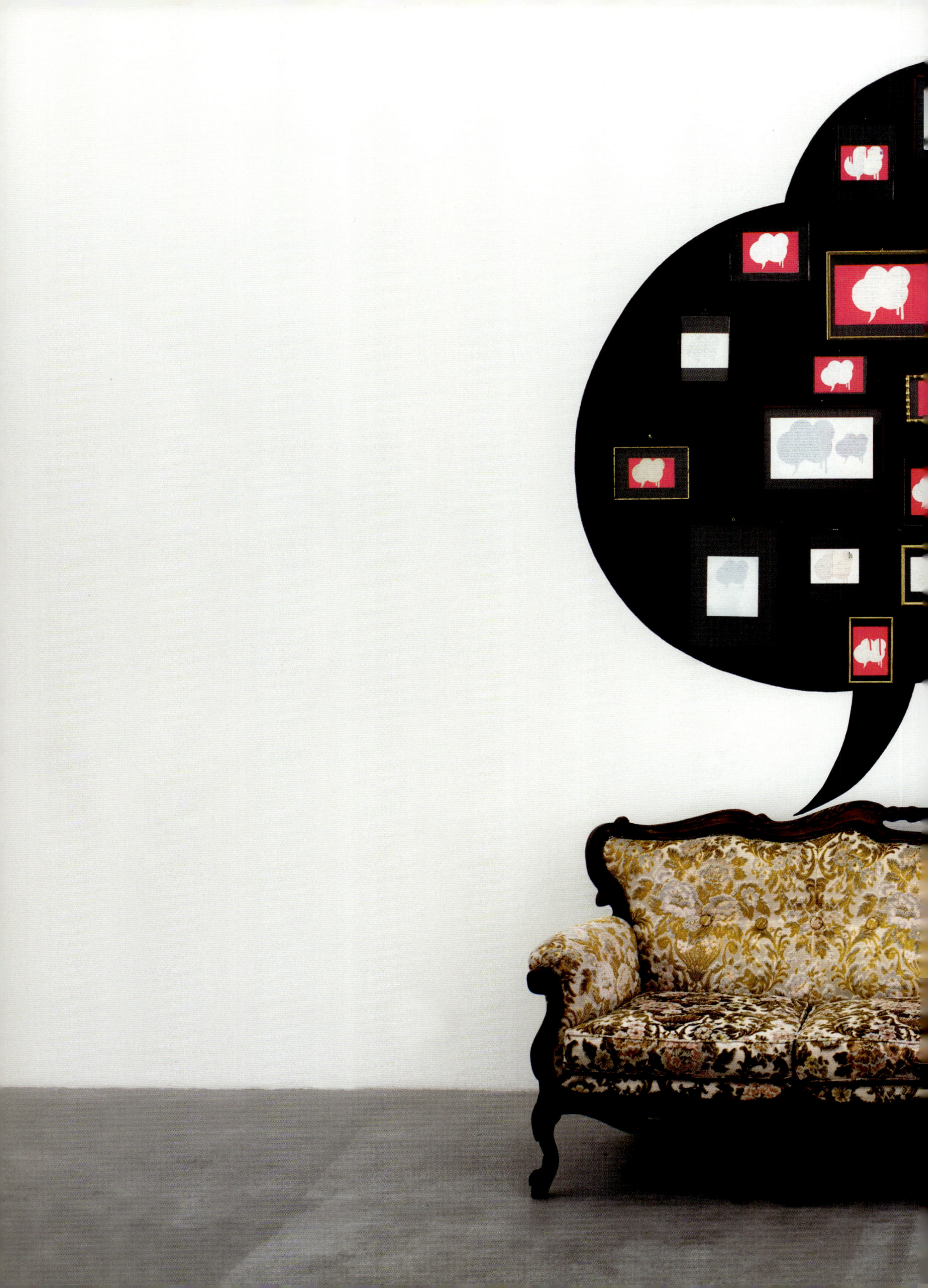

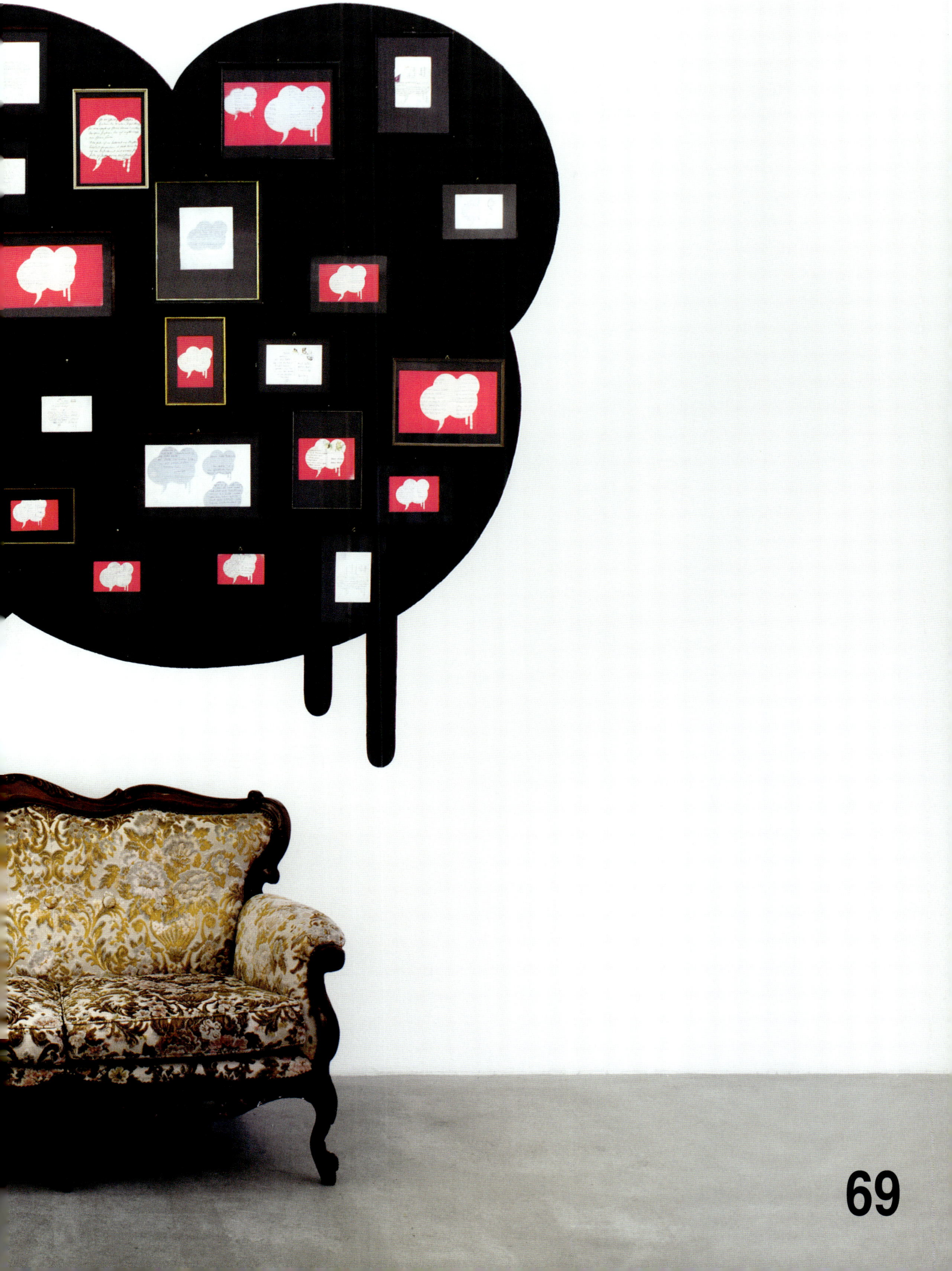

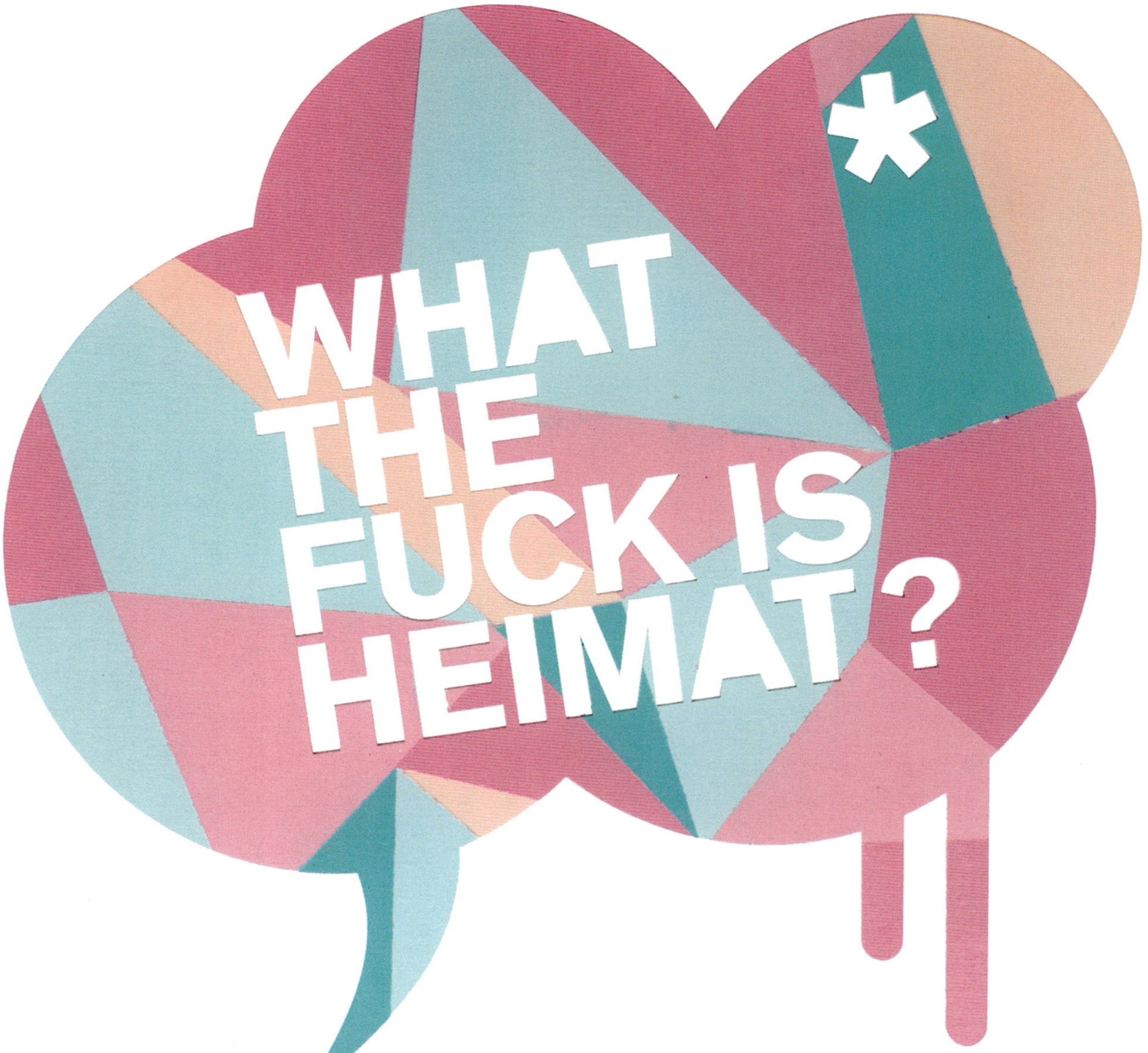
WHAT
THE
FUCK IS
HEIMAT?
*

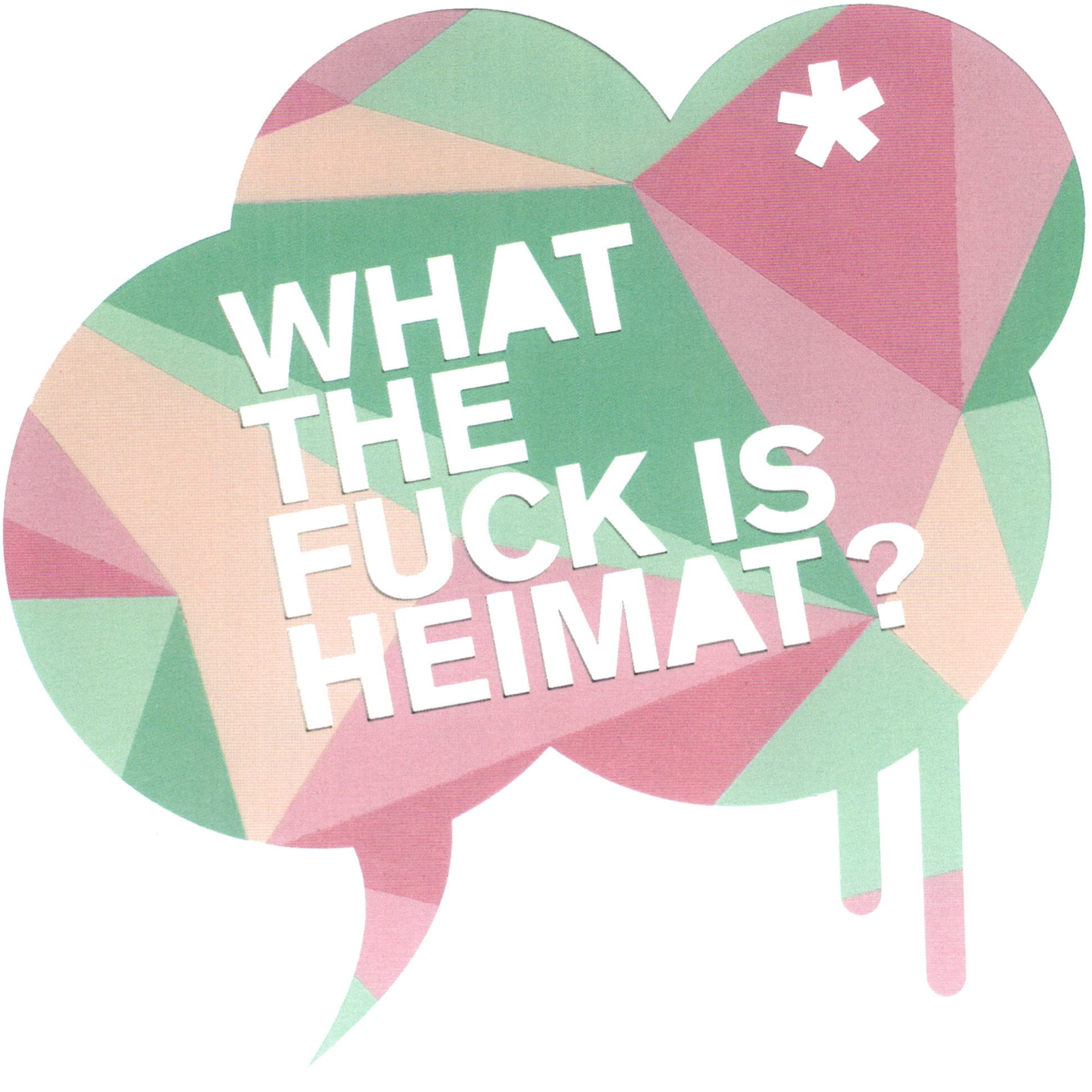
*
WHAT
THE
FUCK IS
HEIMAT?

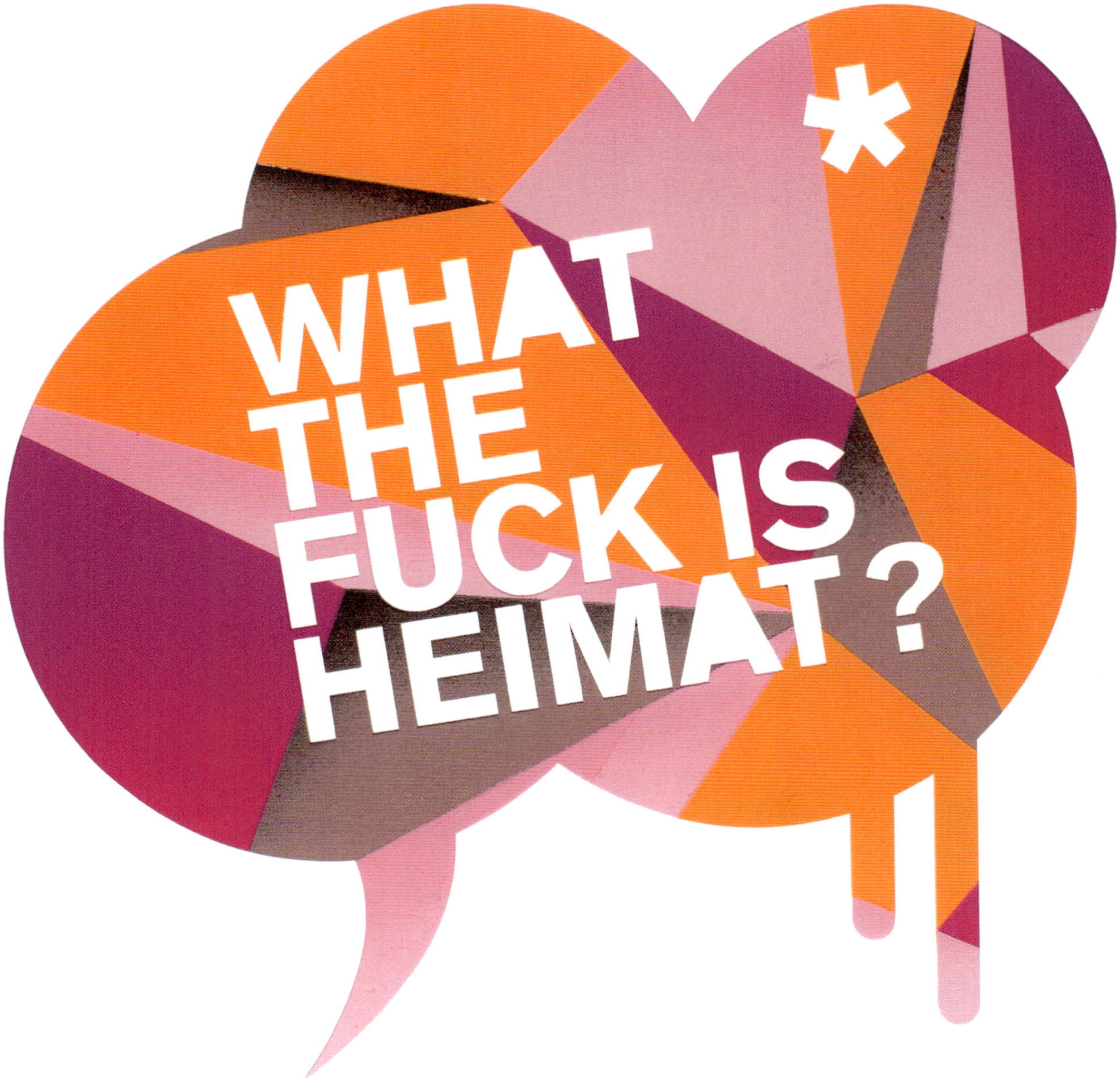
*
WHAT
THE
FUCK IS
HEIMAT?

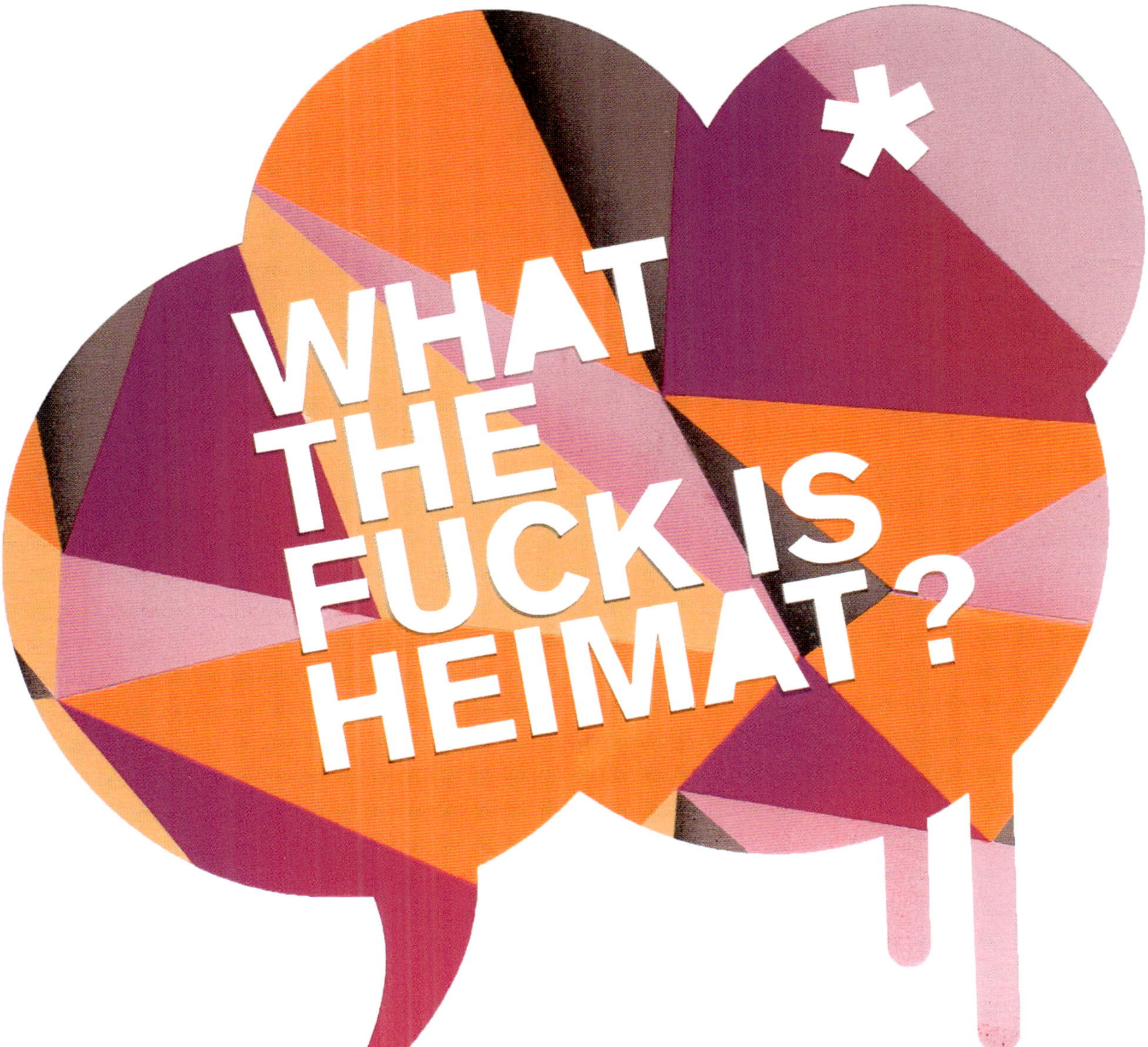
*
WHAT
THE
FUCK IS
HEIMAT?

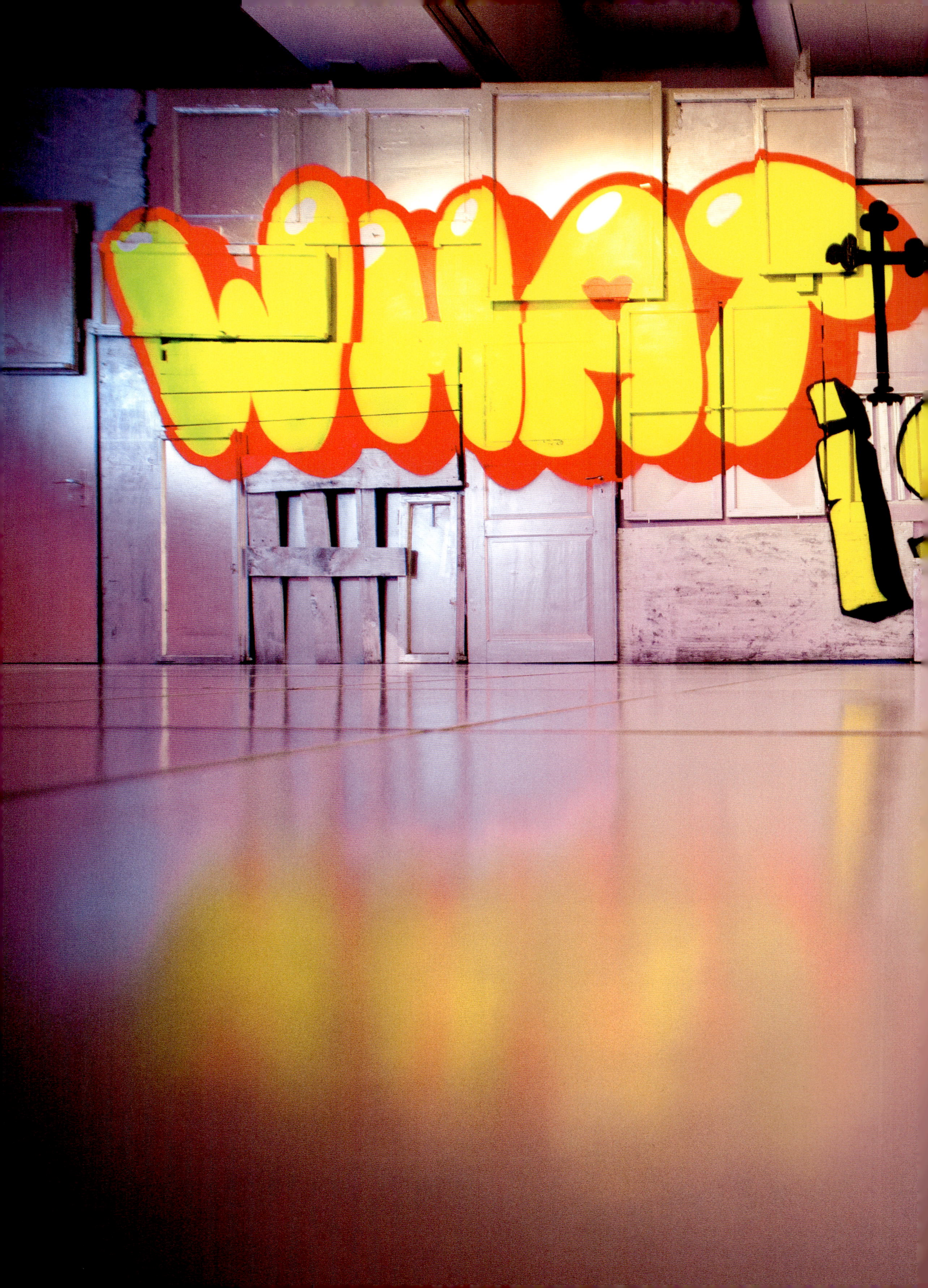

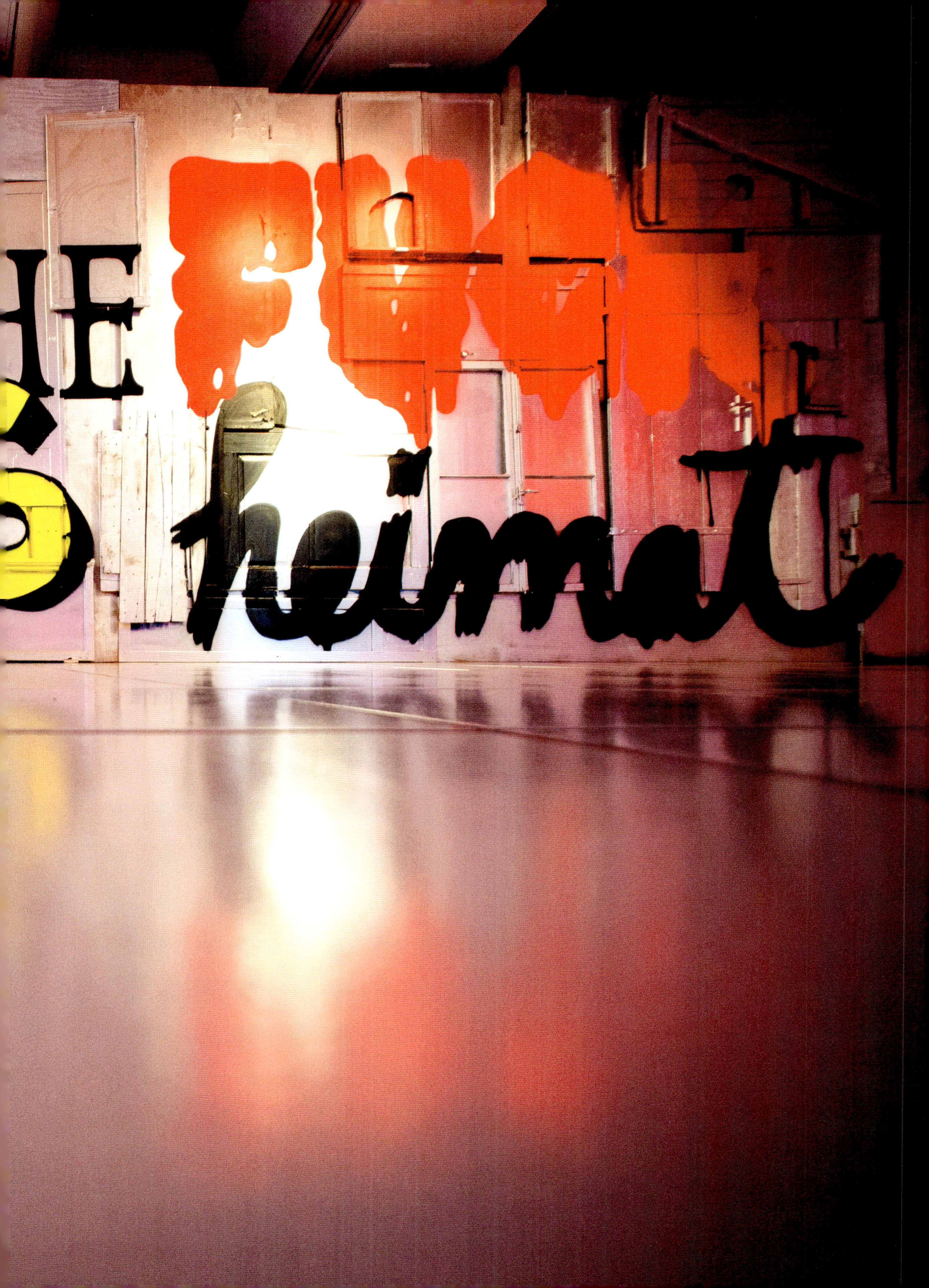
HE
heimat

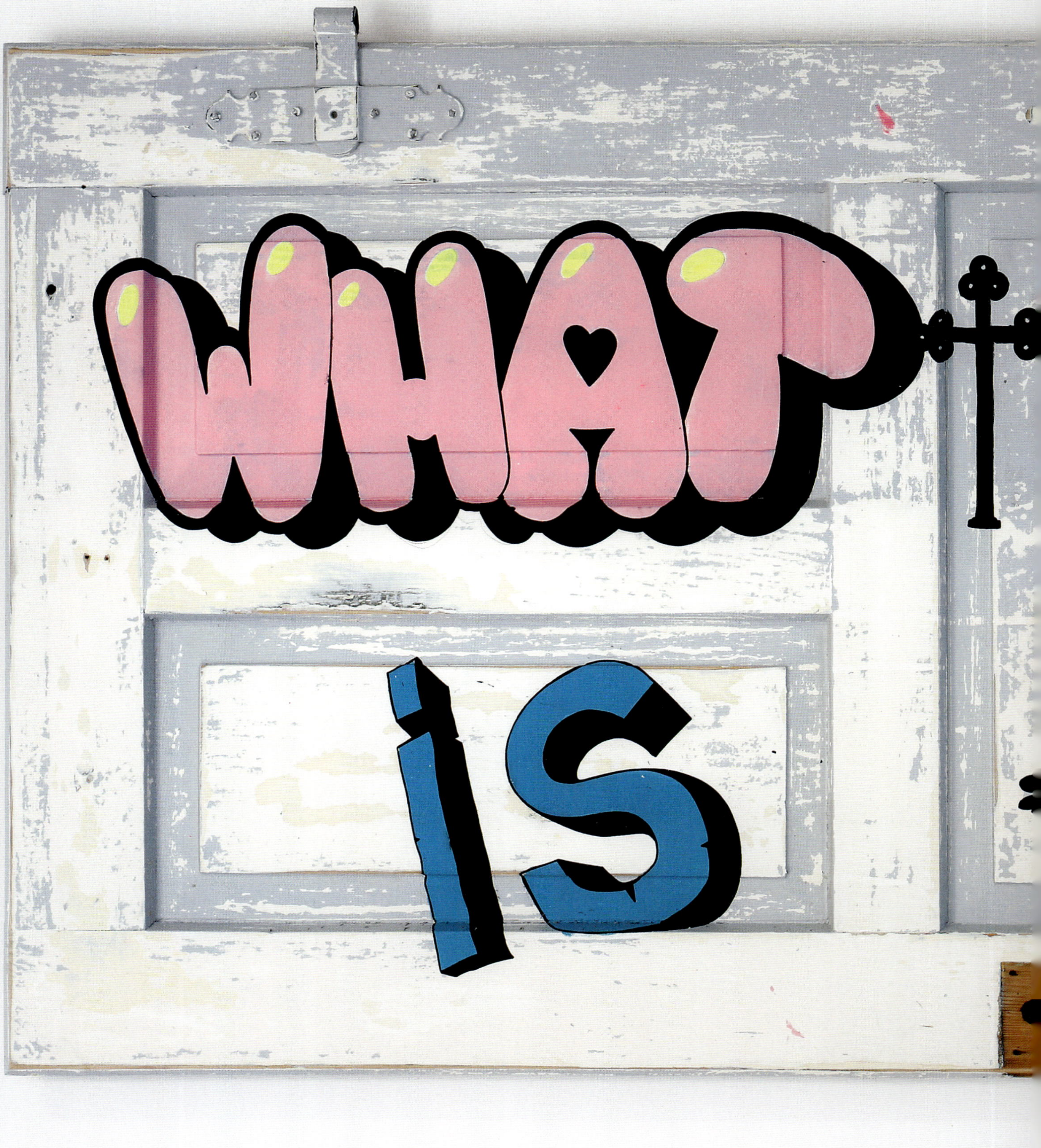
WHAT
IS

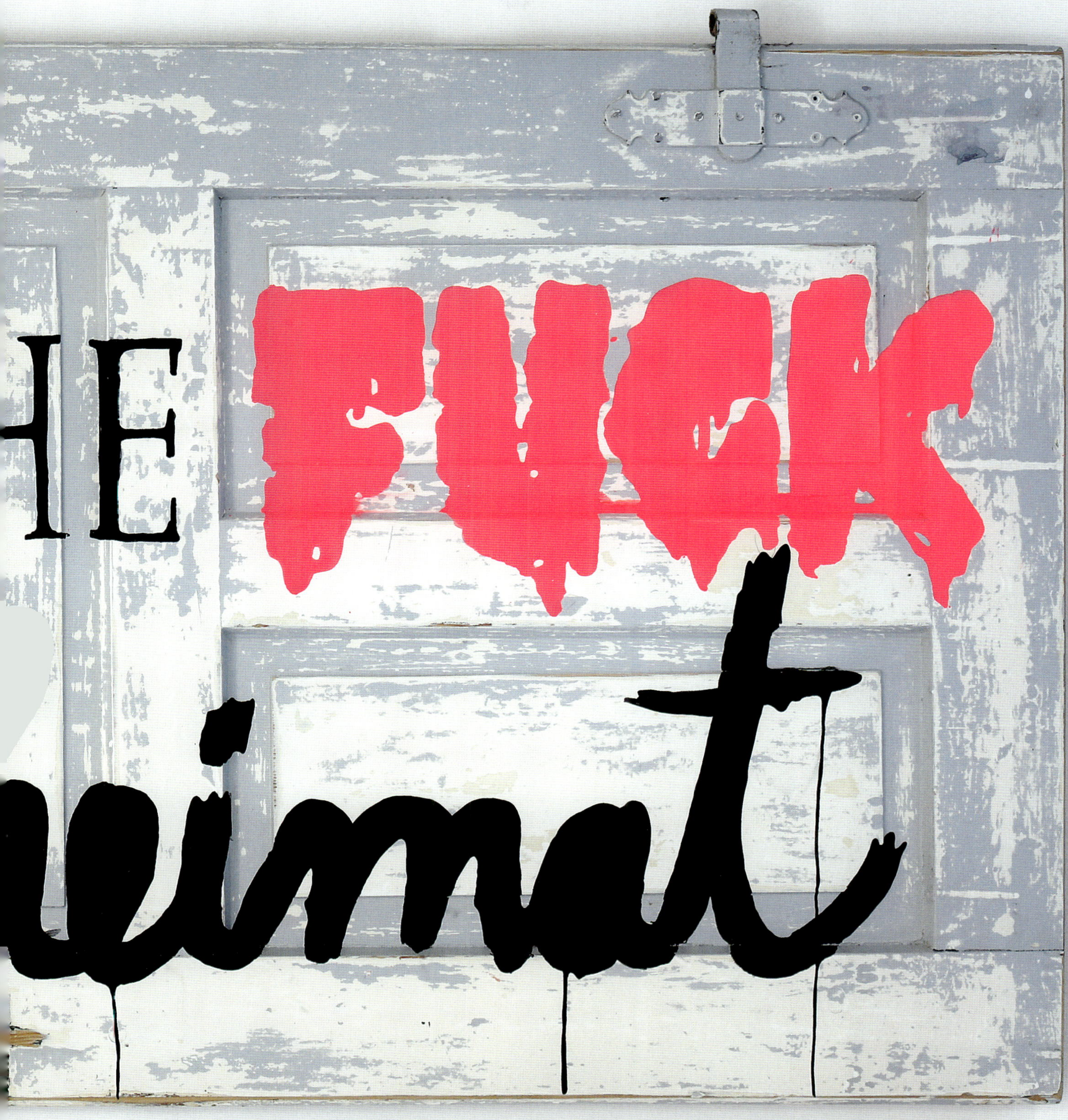
HE FUCK
eimat

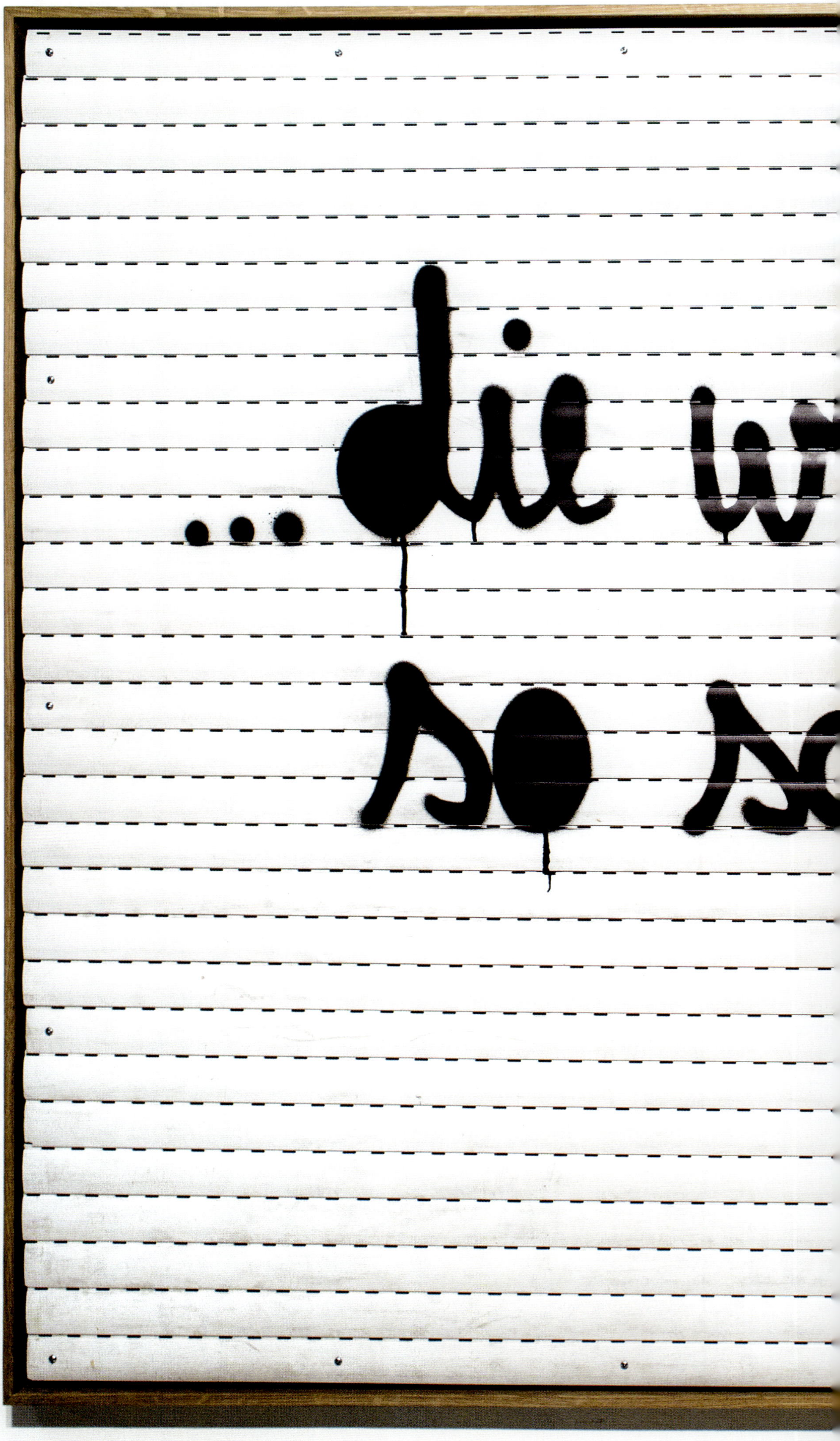
...die
so

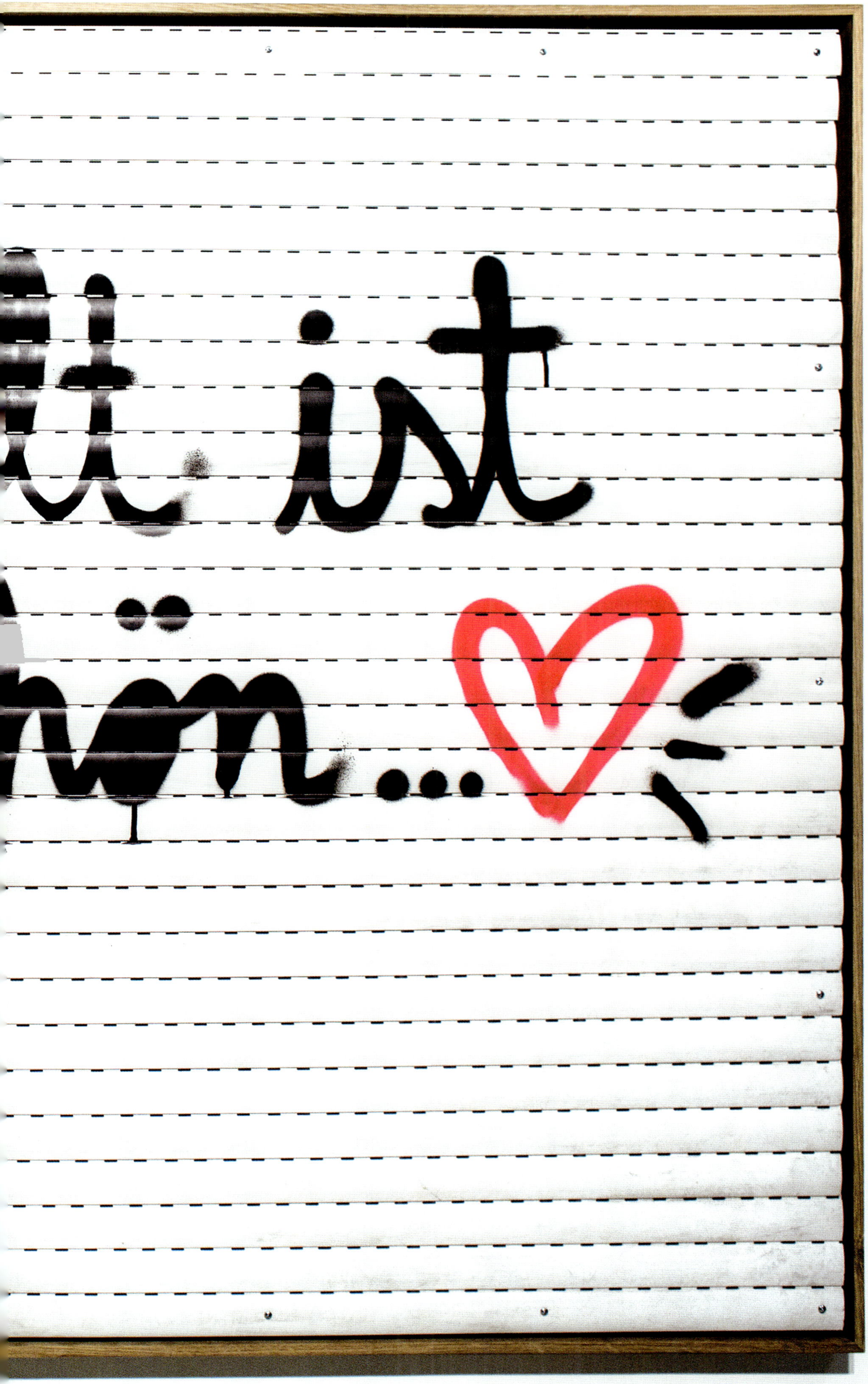
ist

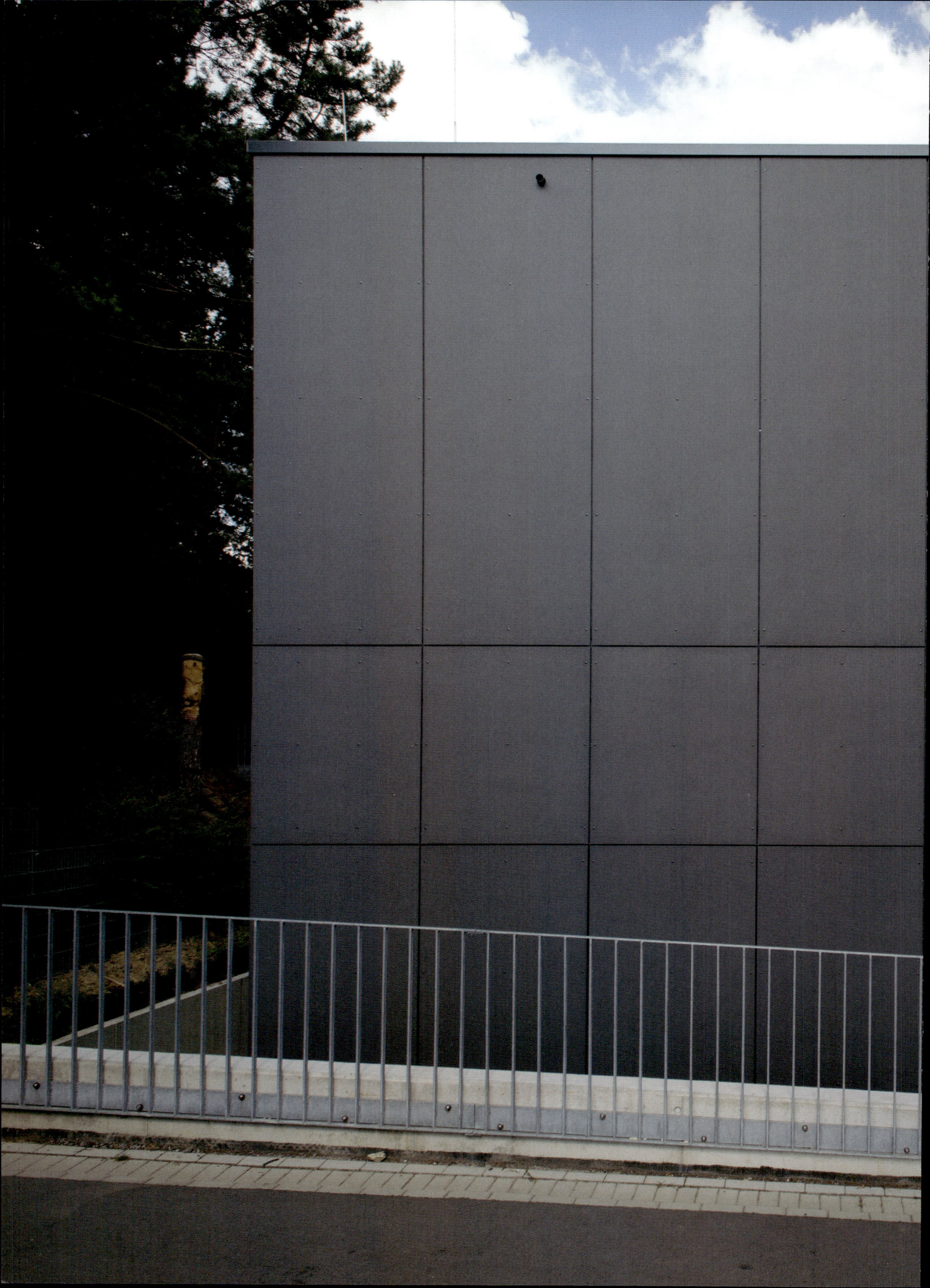

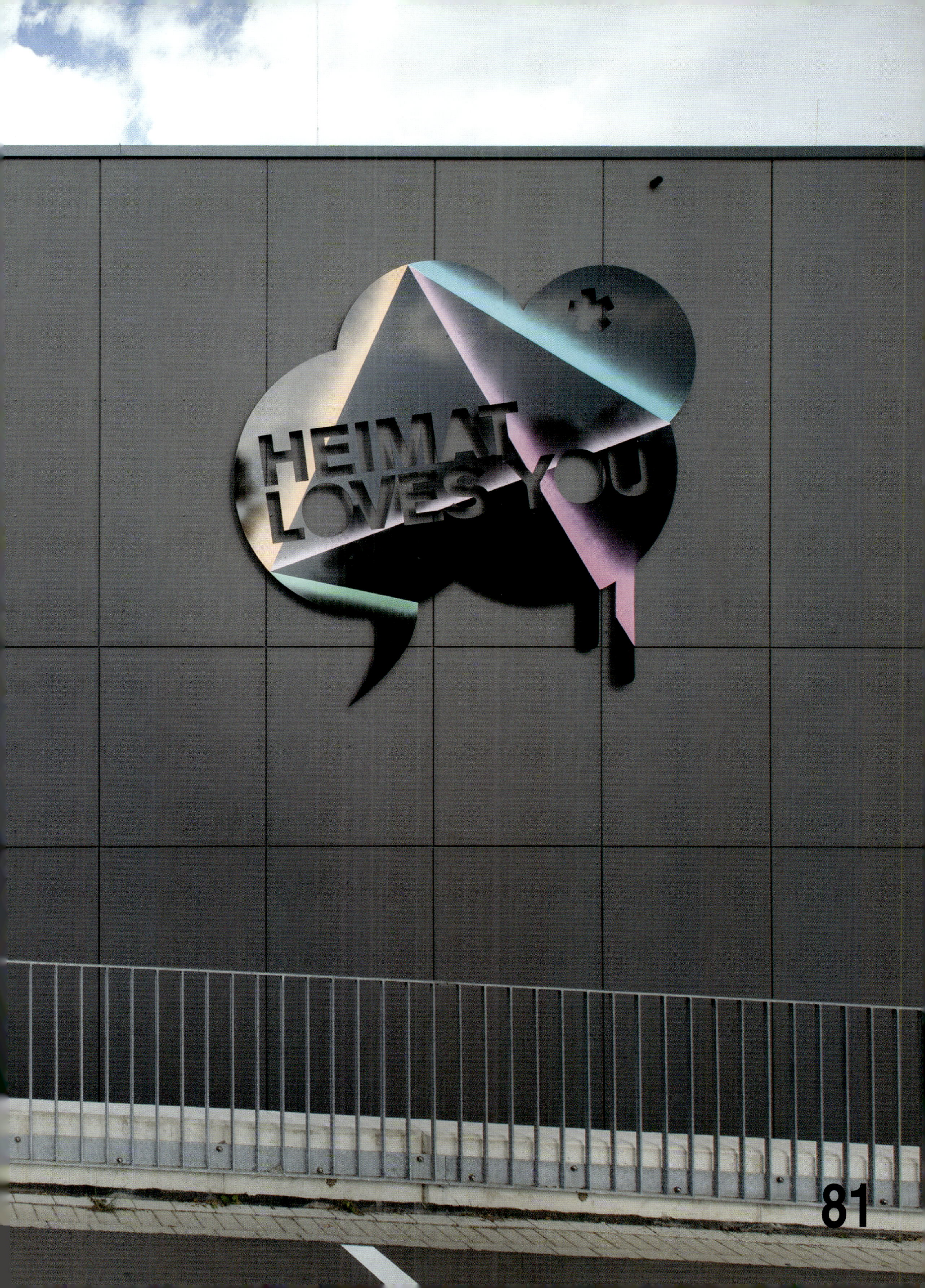
HEIMAT
LOVES YOU

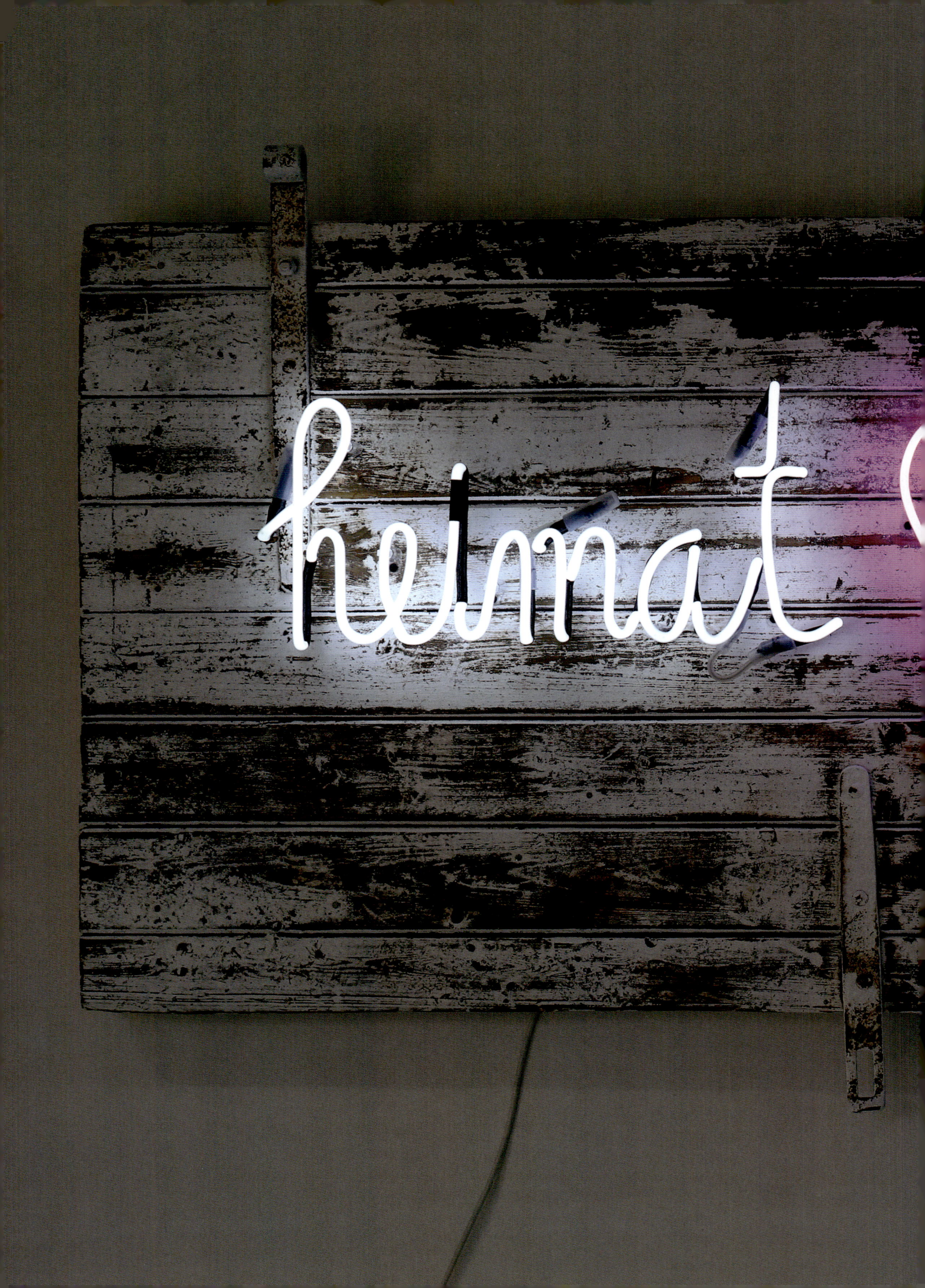
heimat

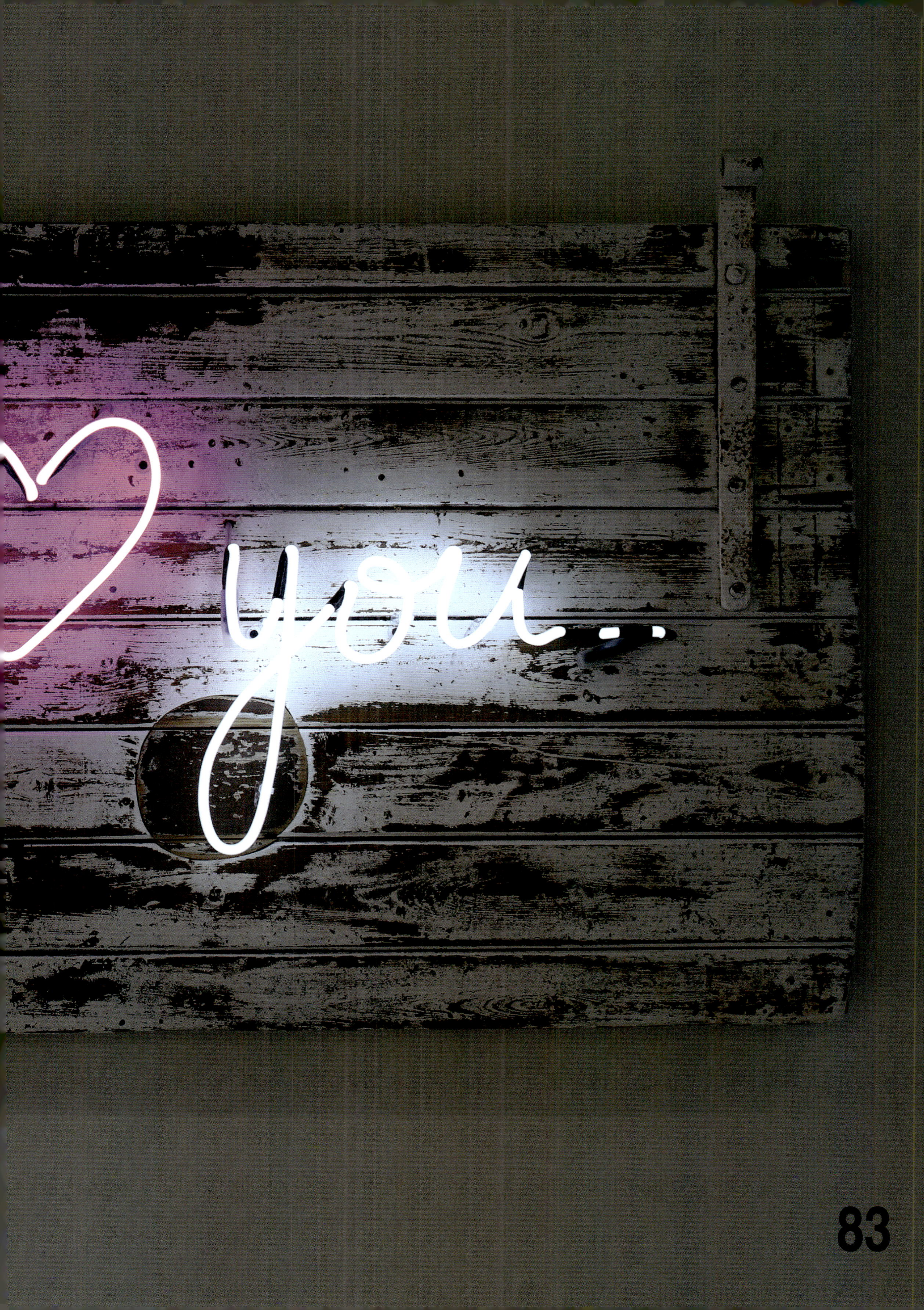
you..

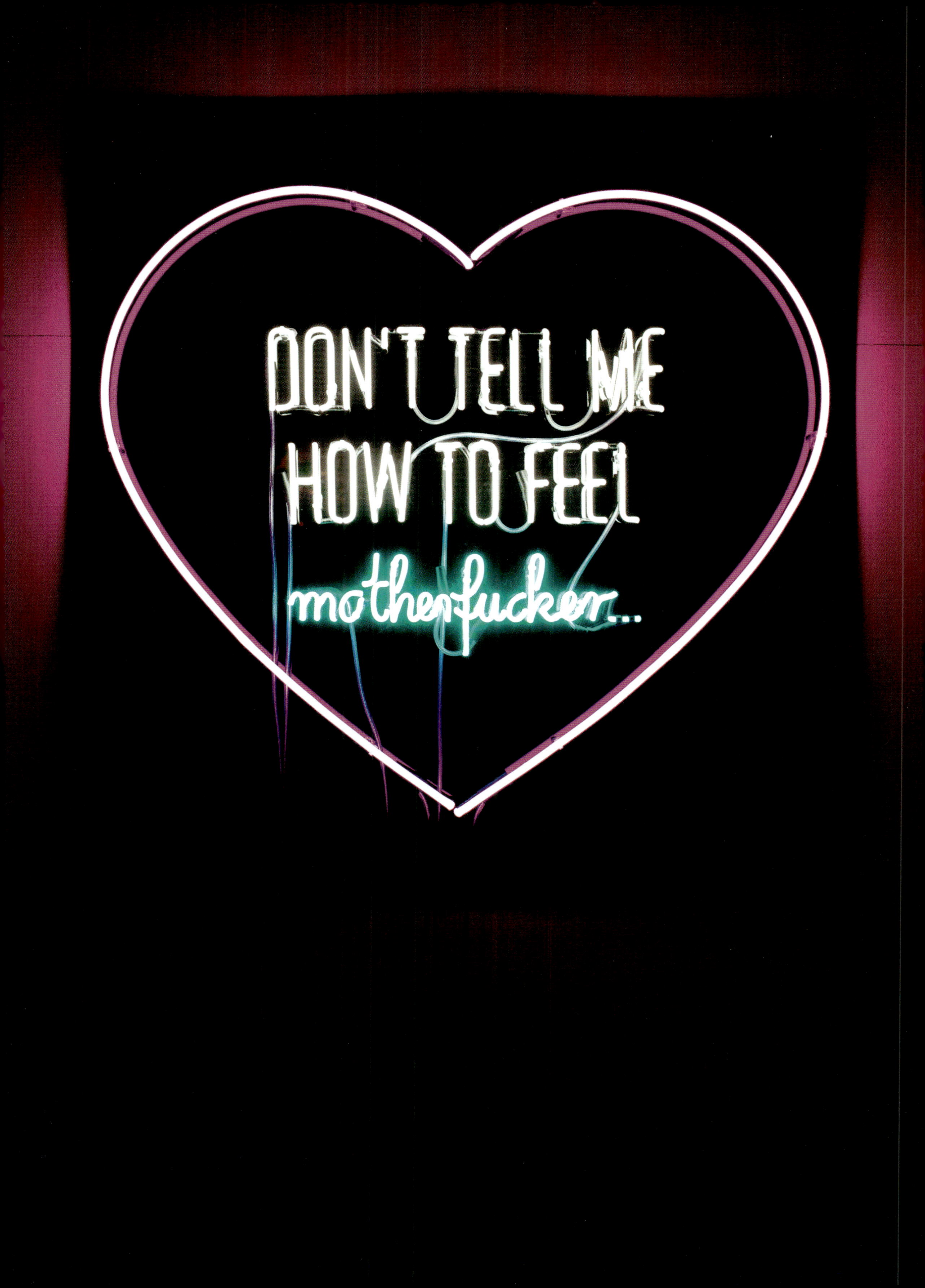
DON'T TELL ME
HOW TO FEEL
motherfucker...

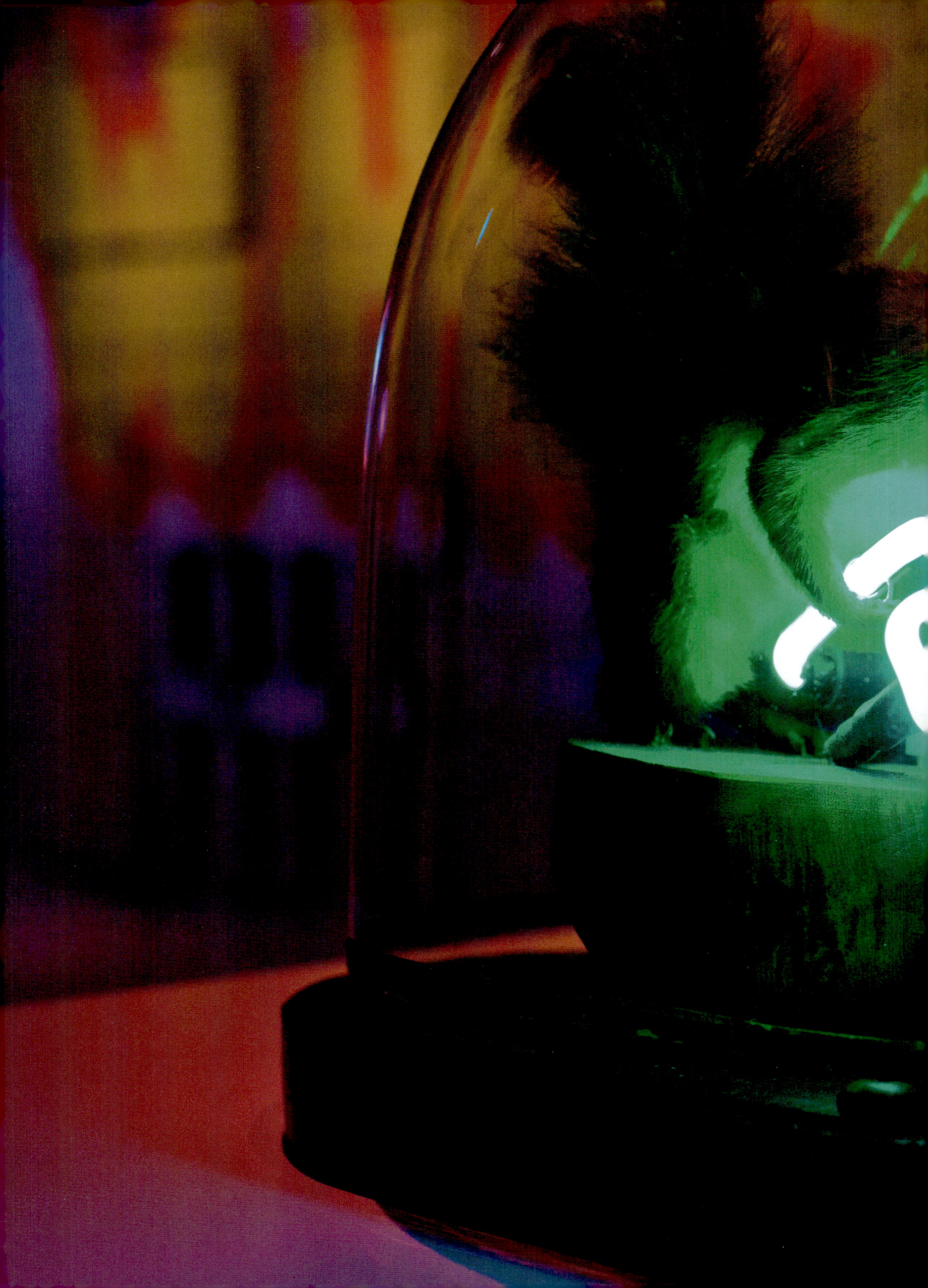

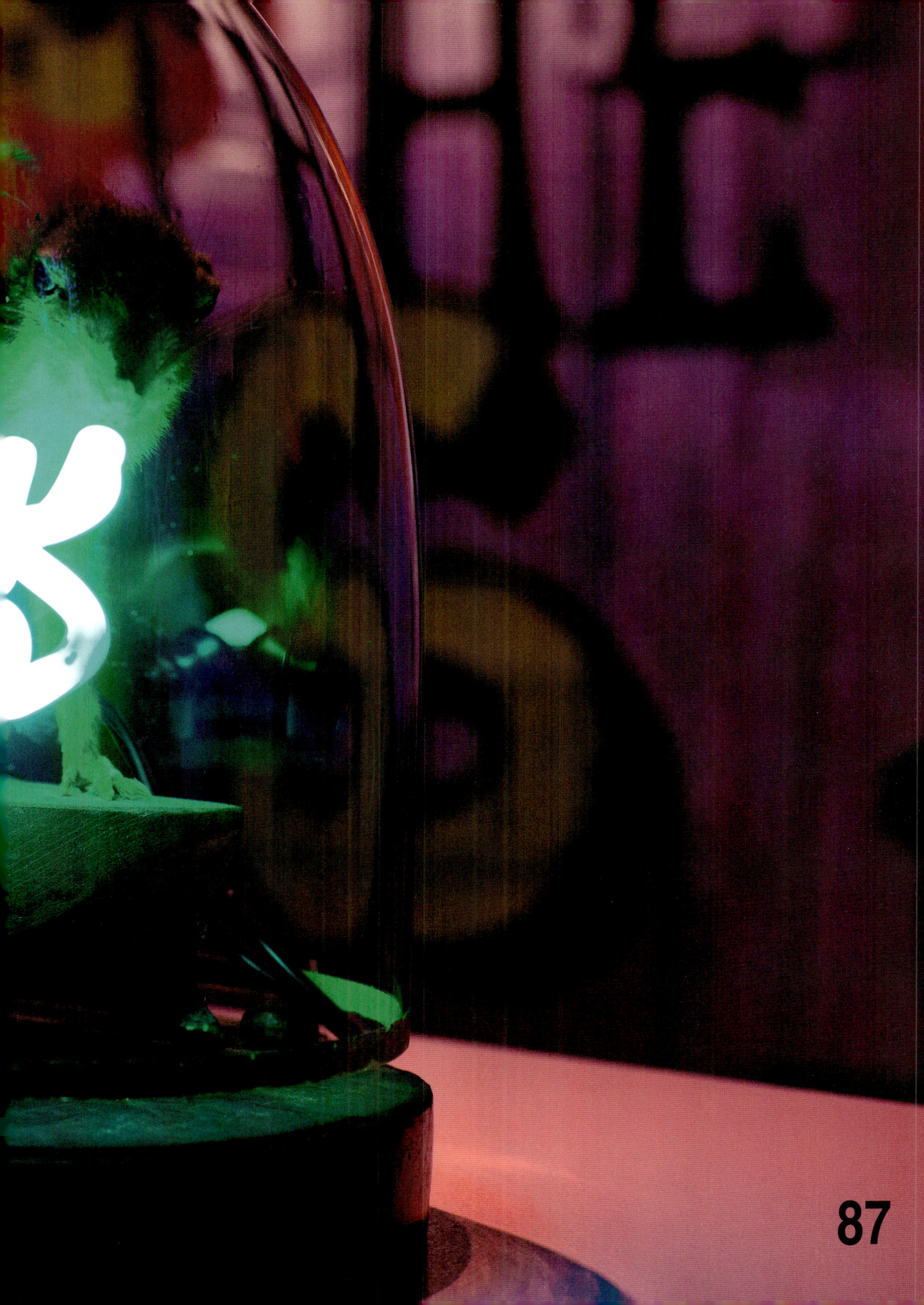

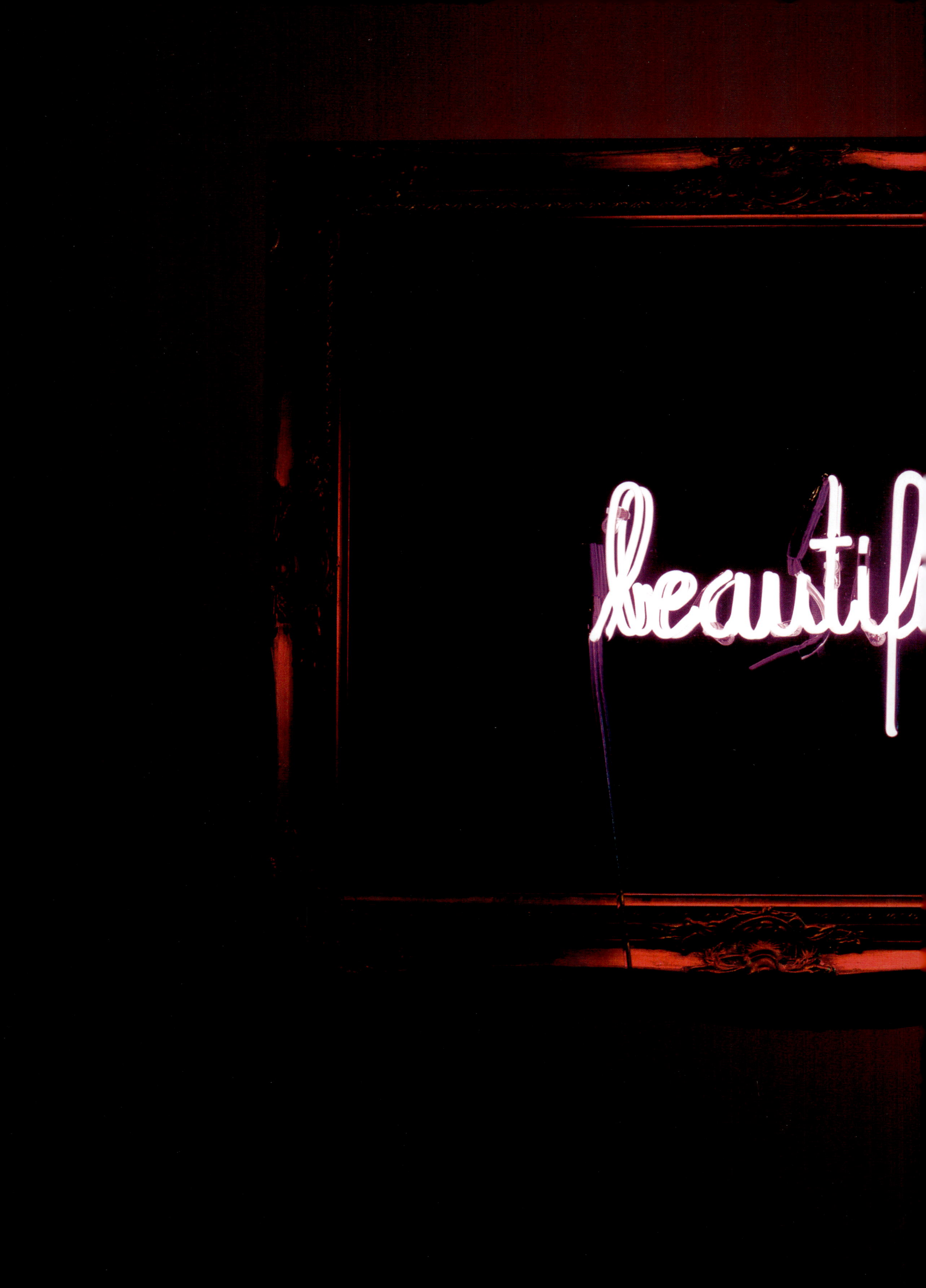

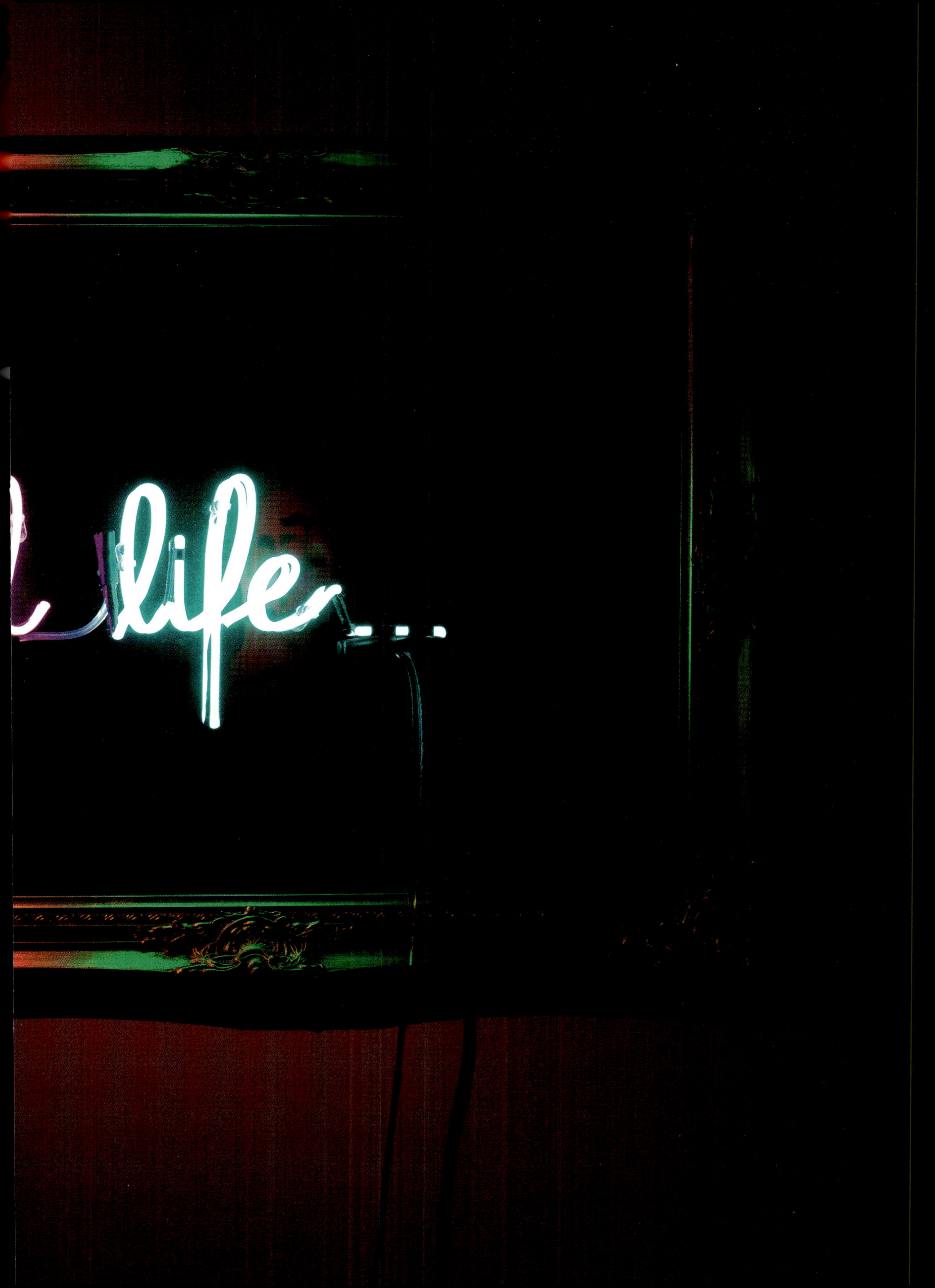
life...

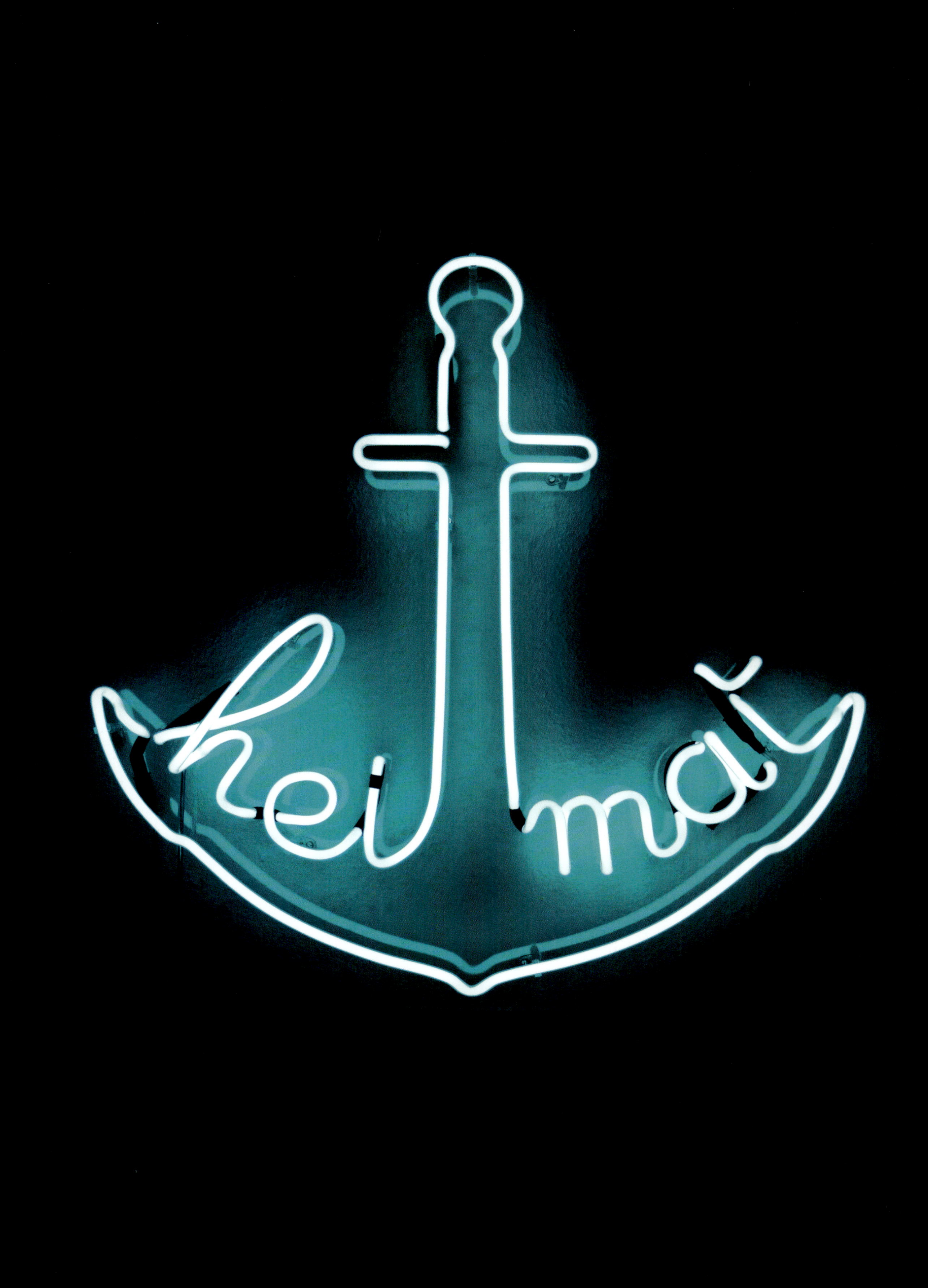
heimat

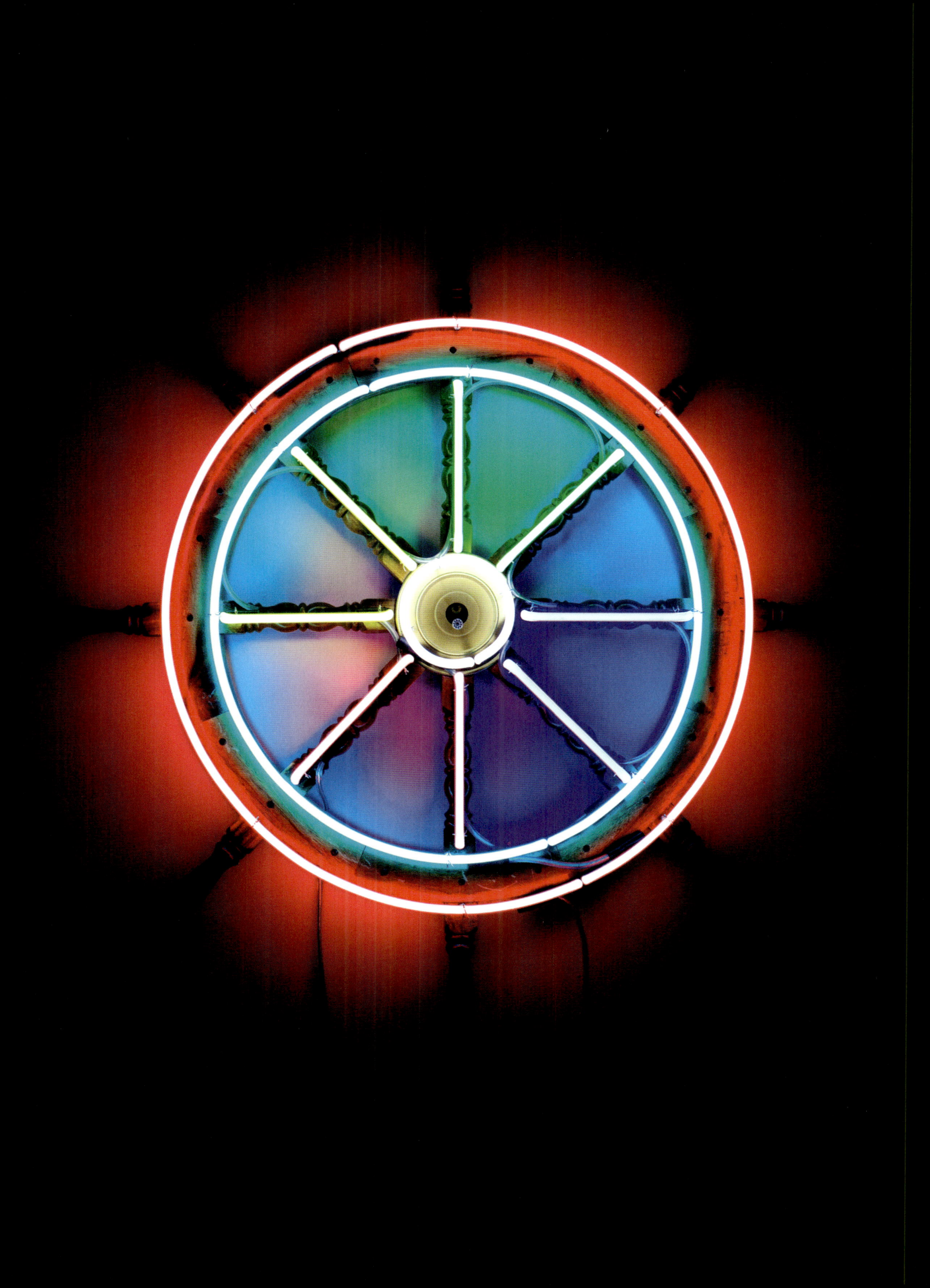

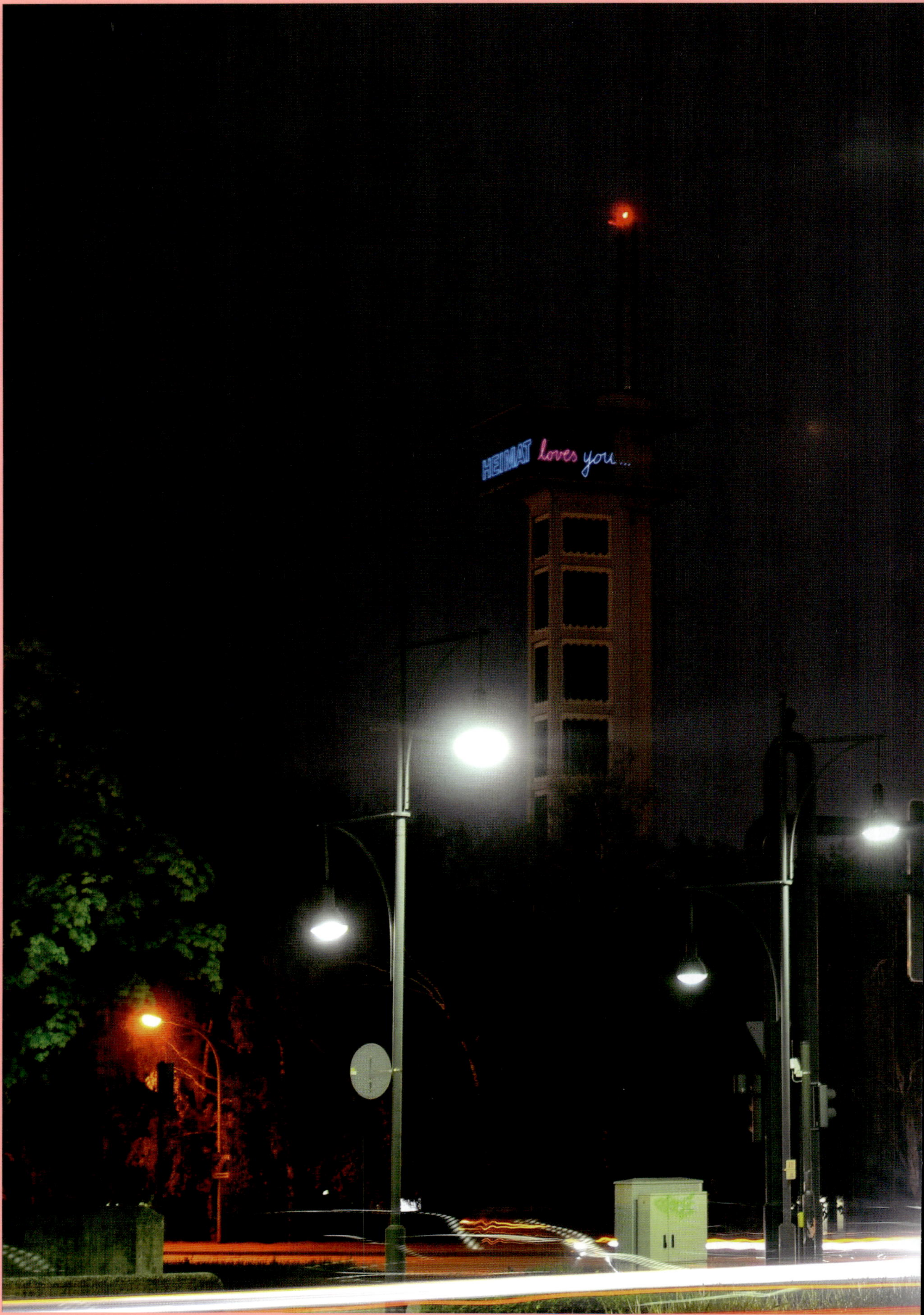
HEIMAT loves you...

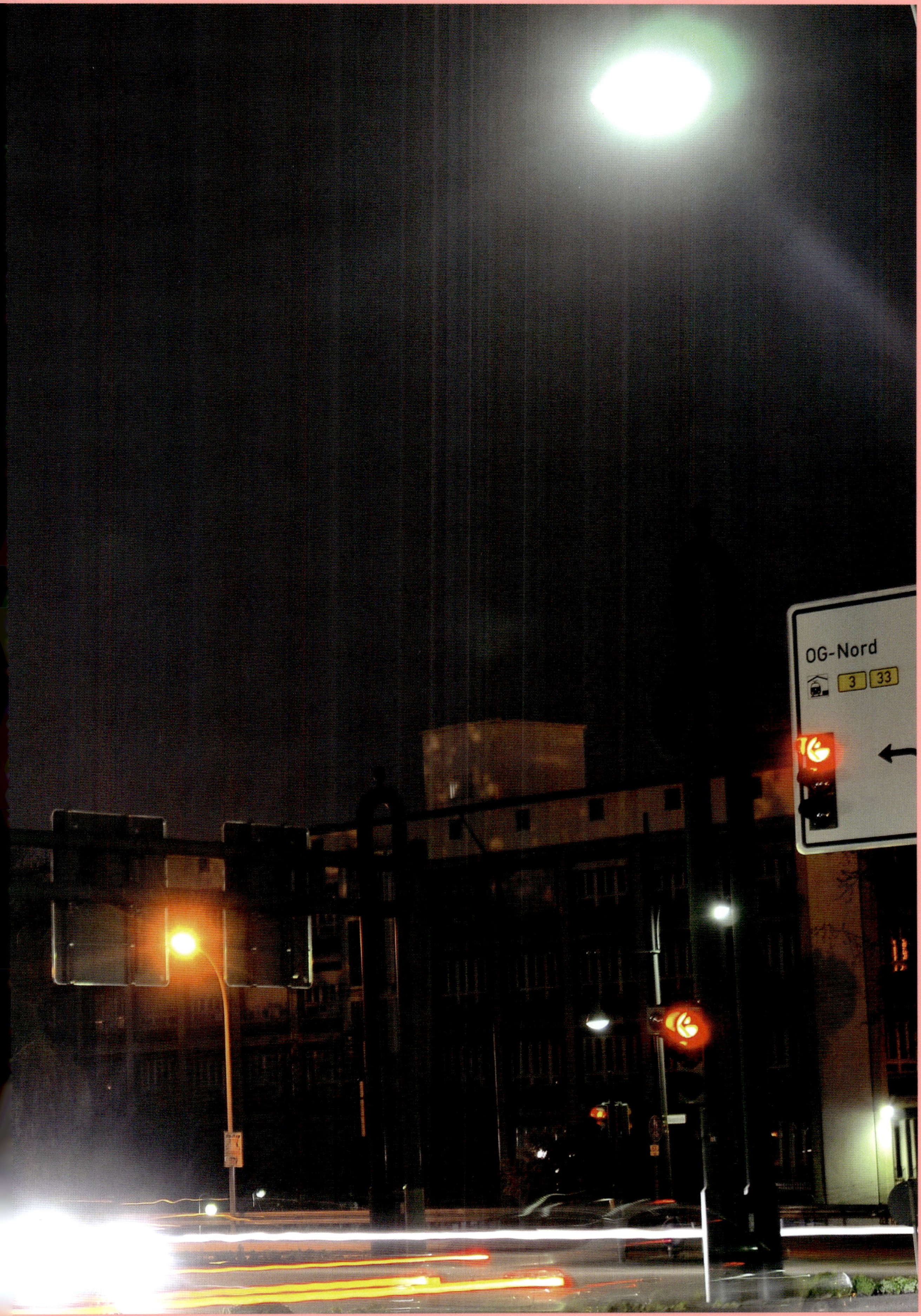
OG-Nord
3
33

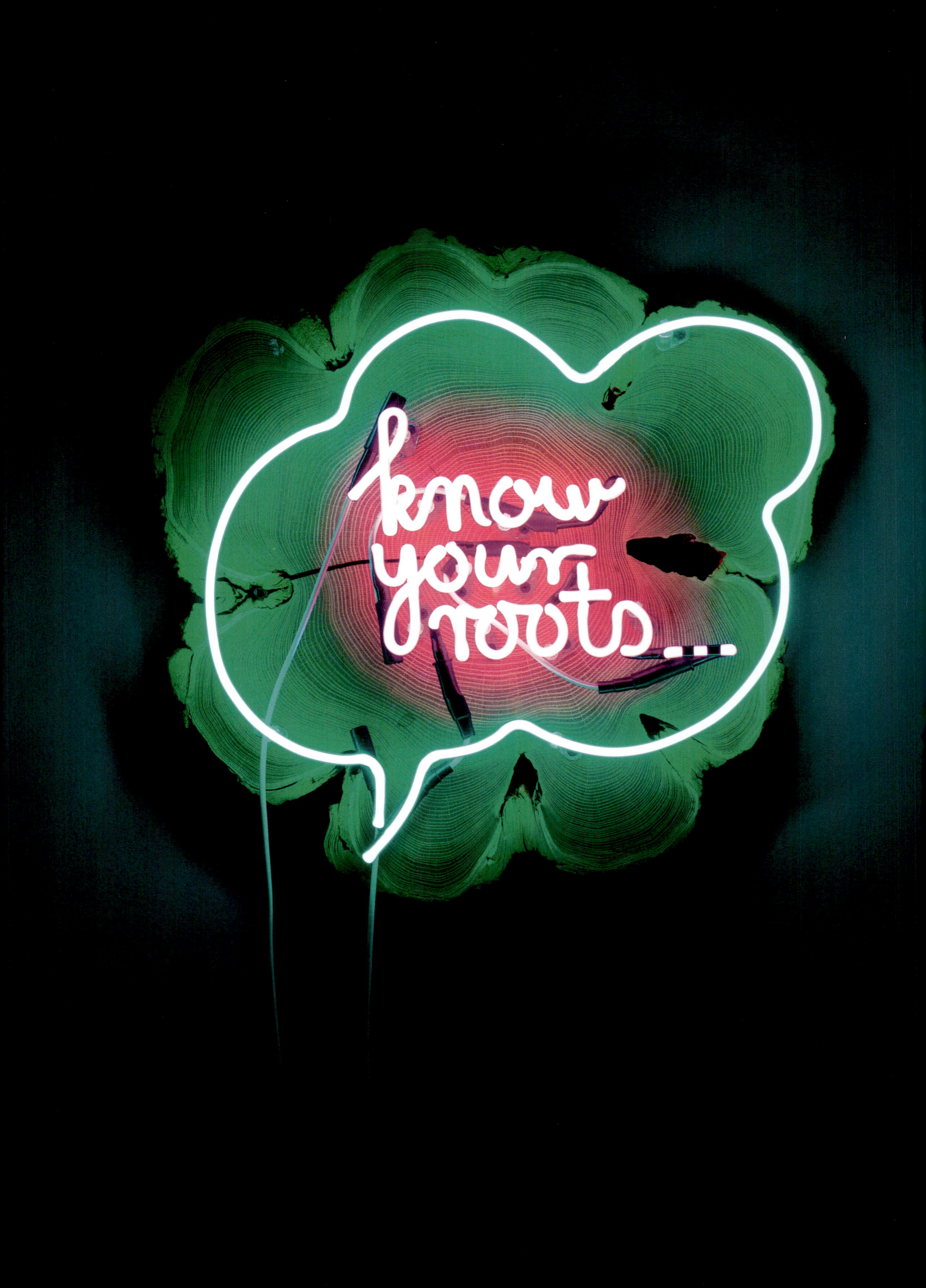
know your roots...

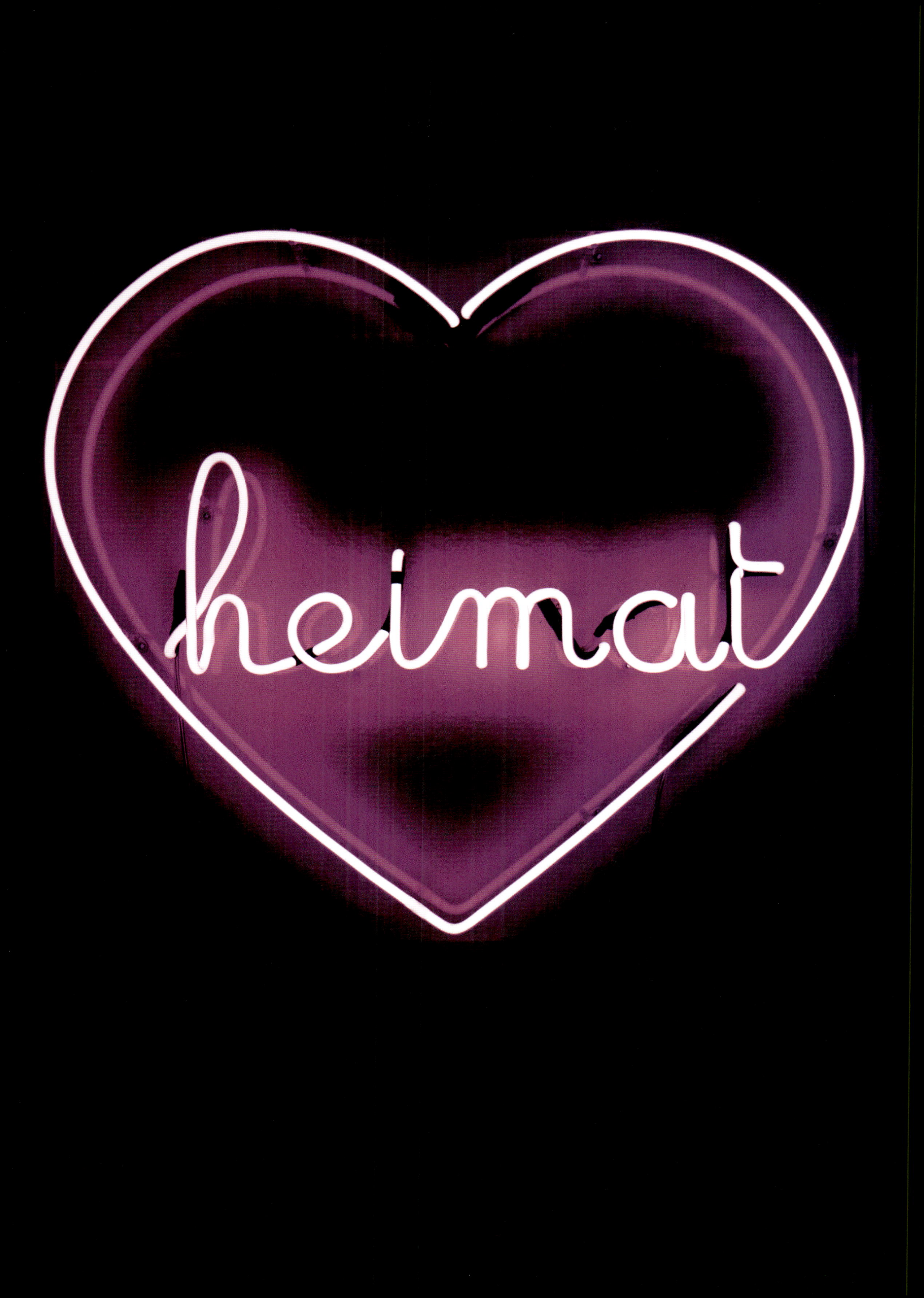
heimat

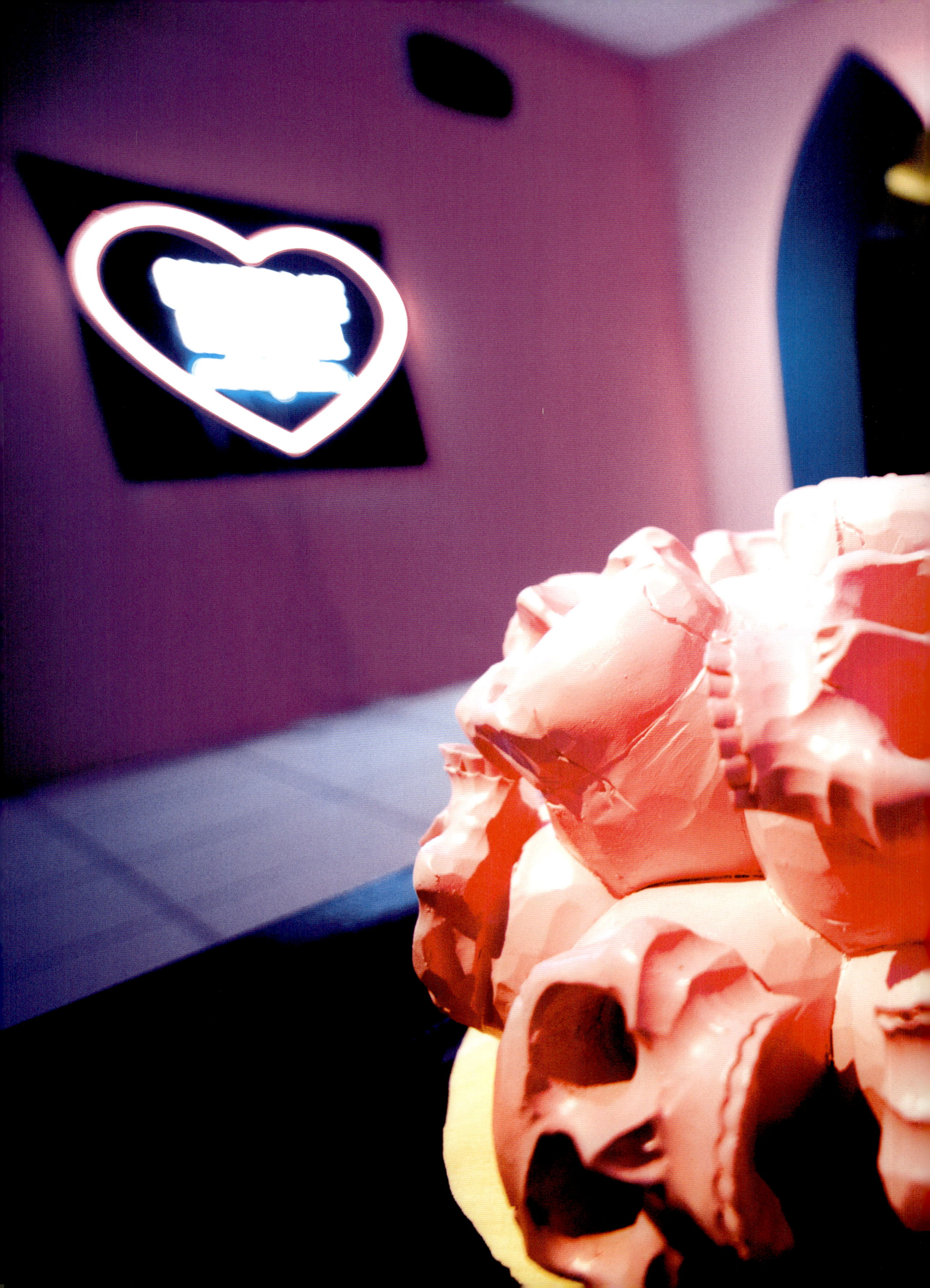

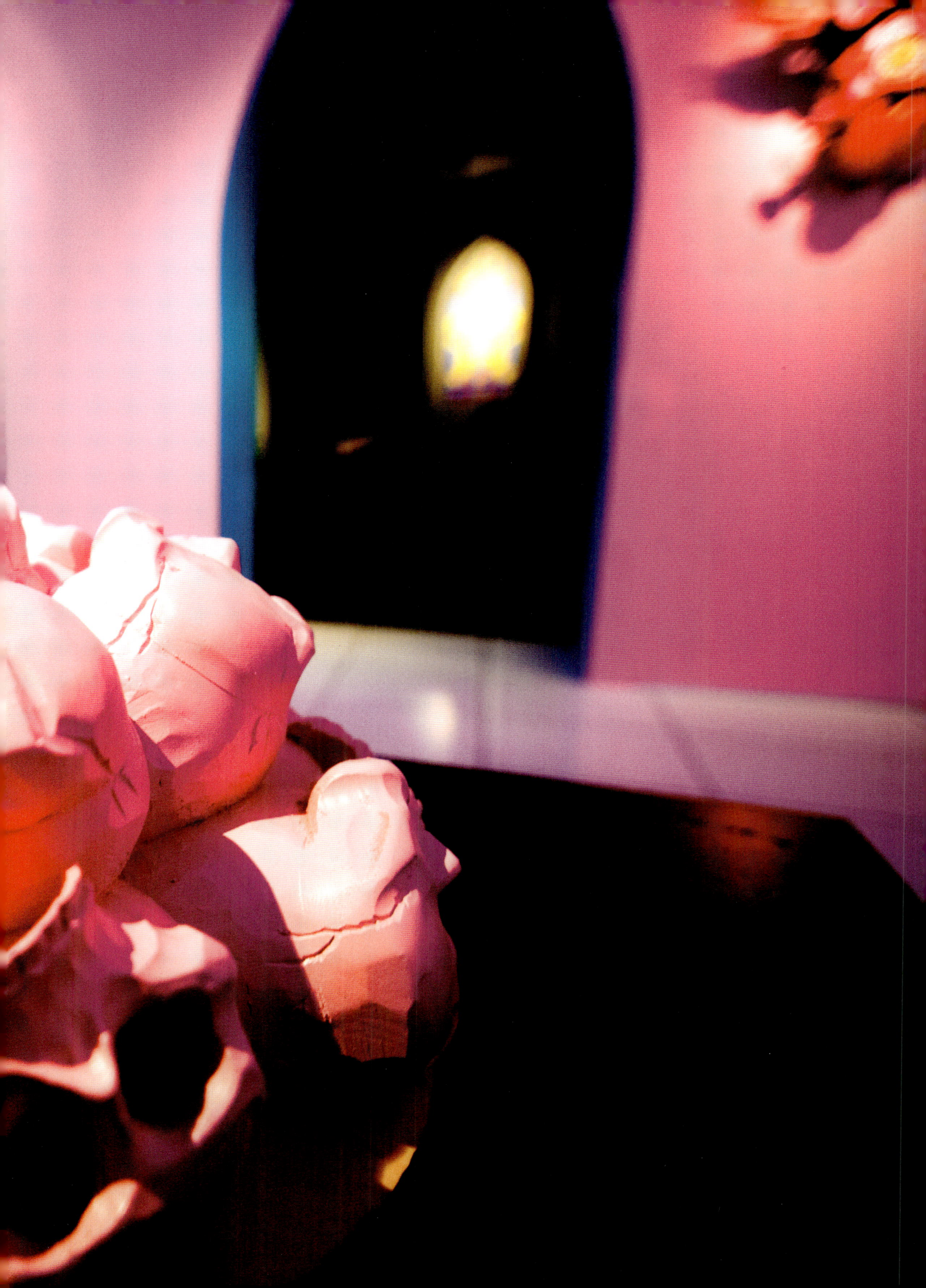

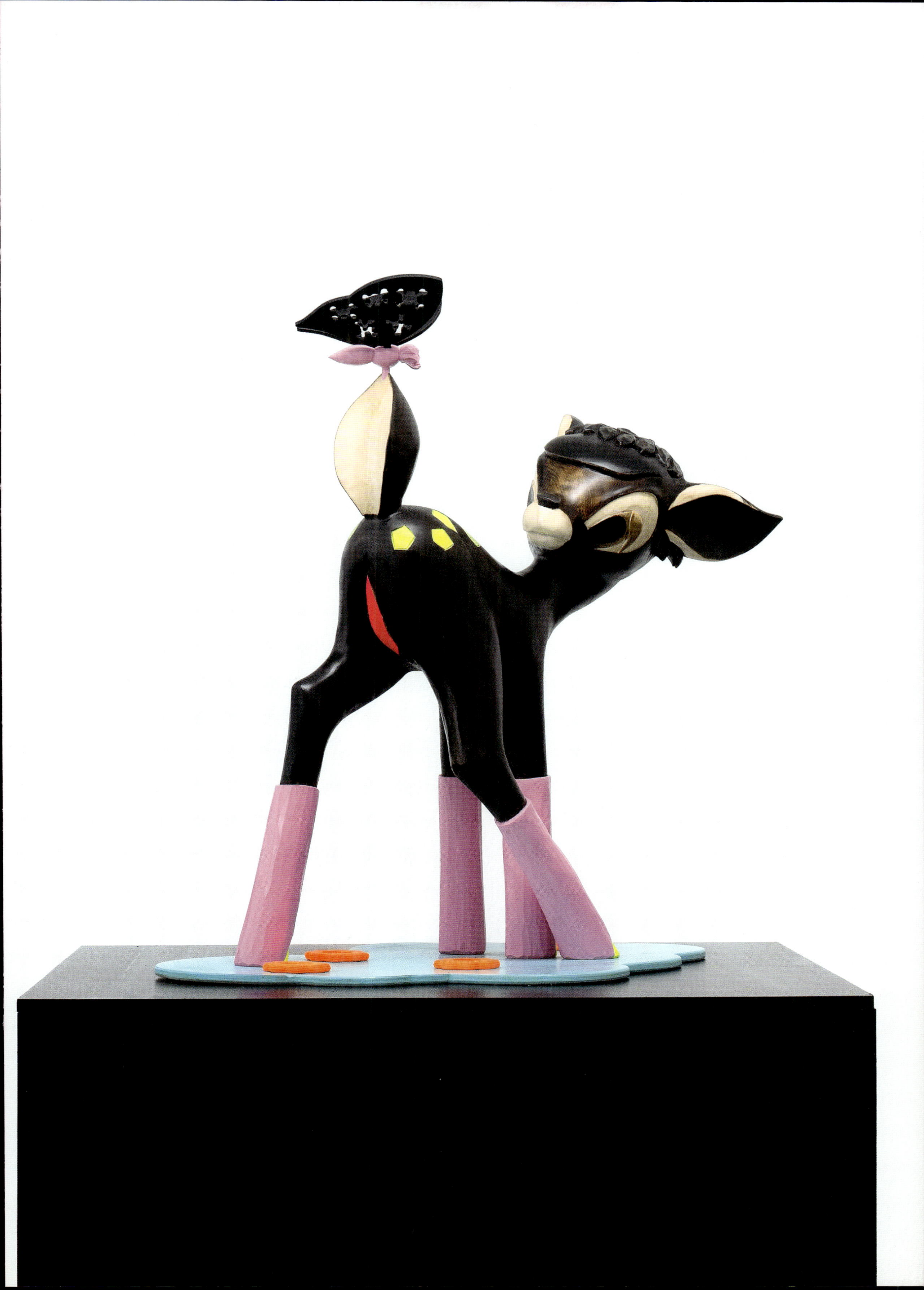

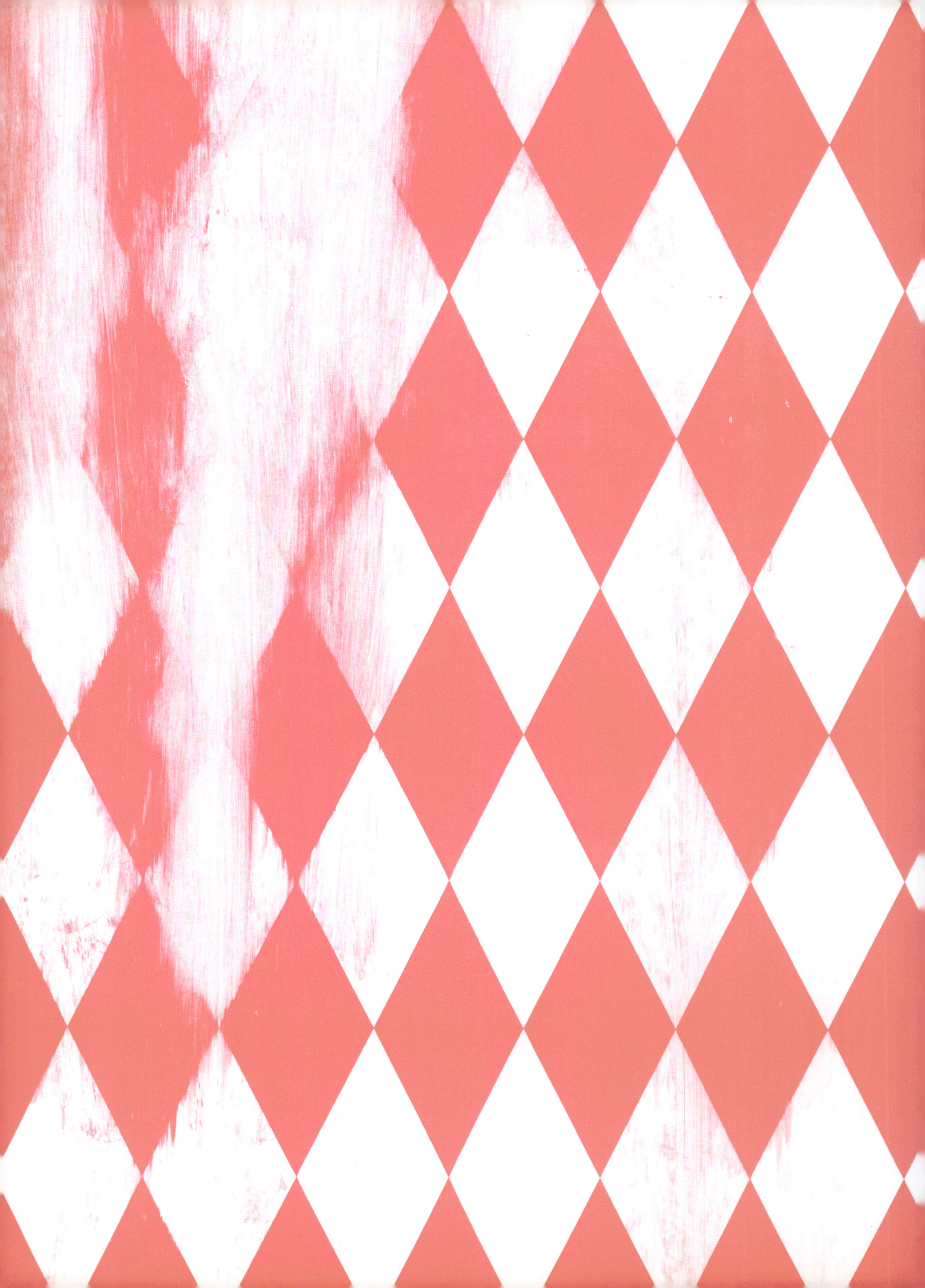

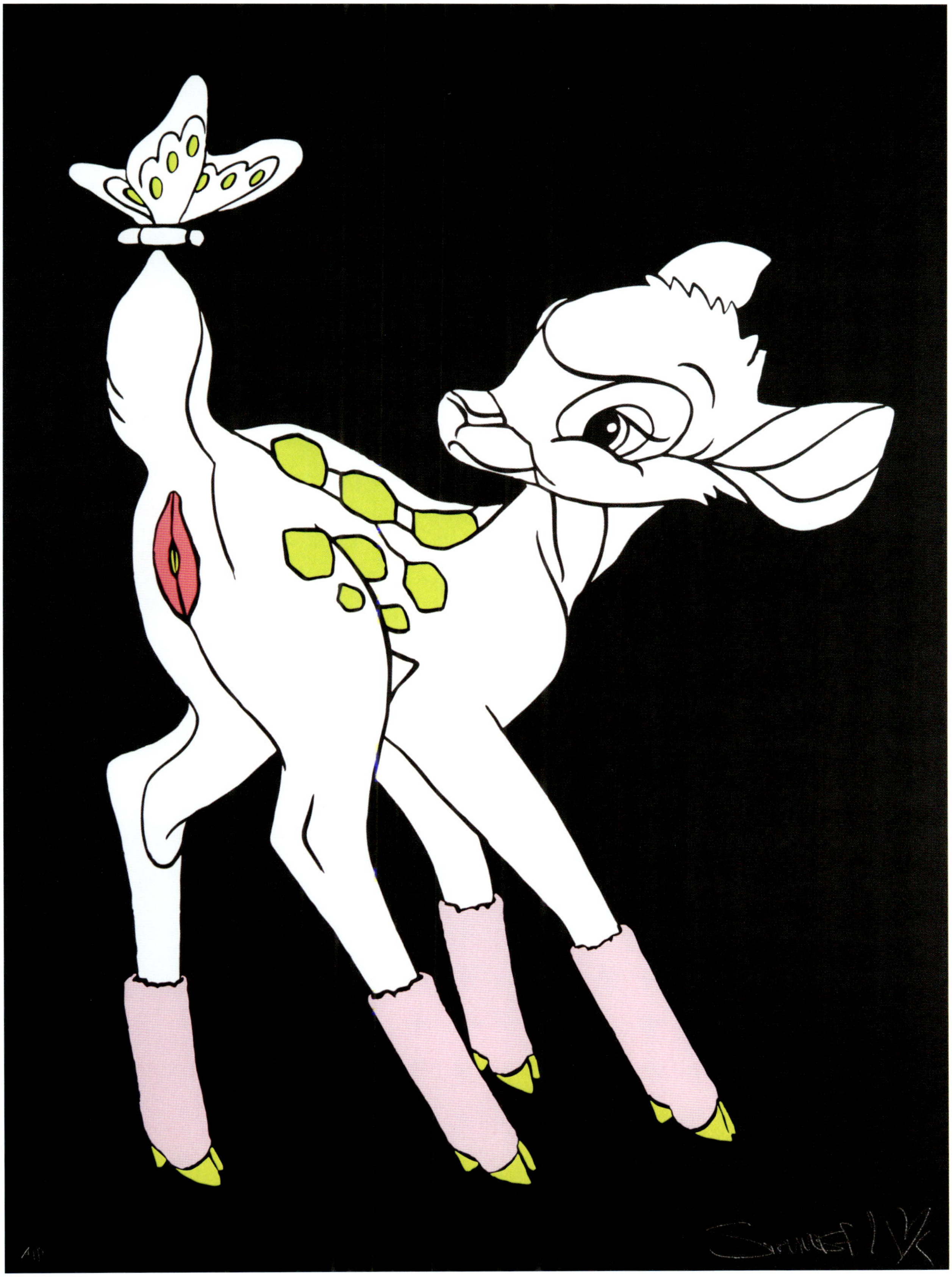

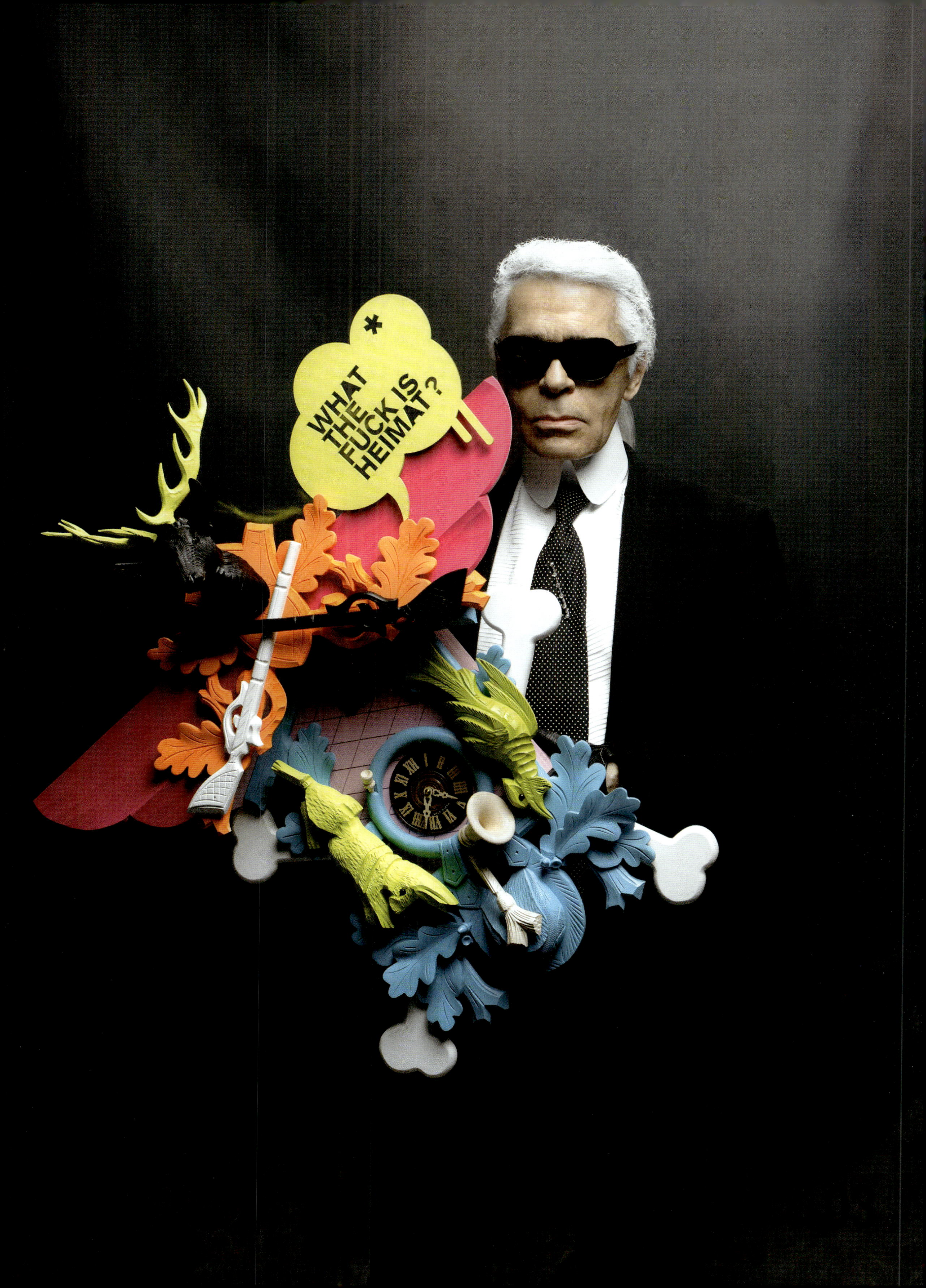
*
WHAT THE FUCK IS HEIMAT?

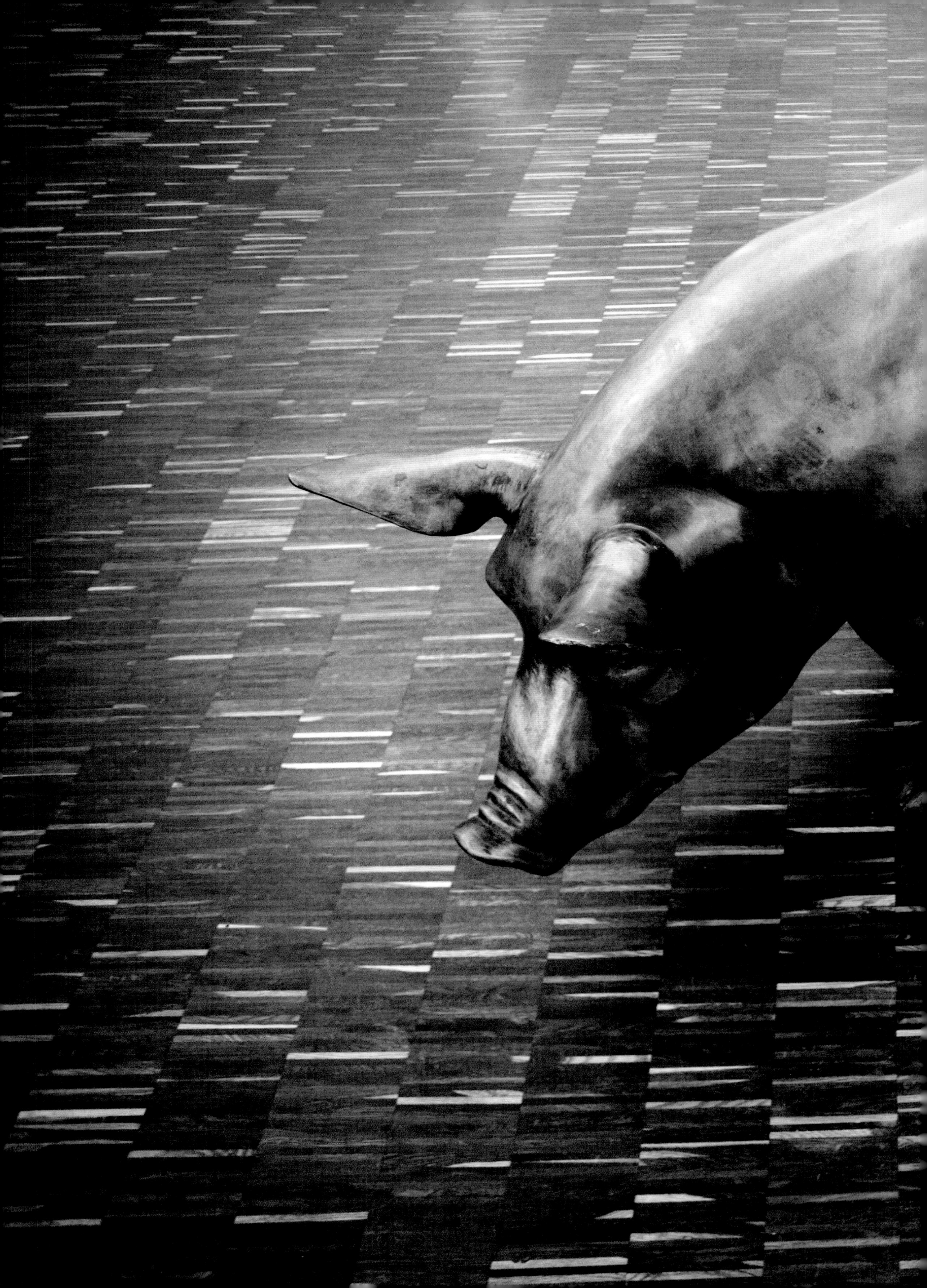

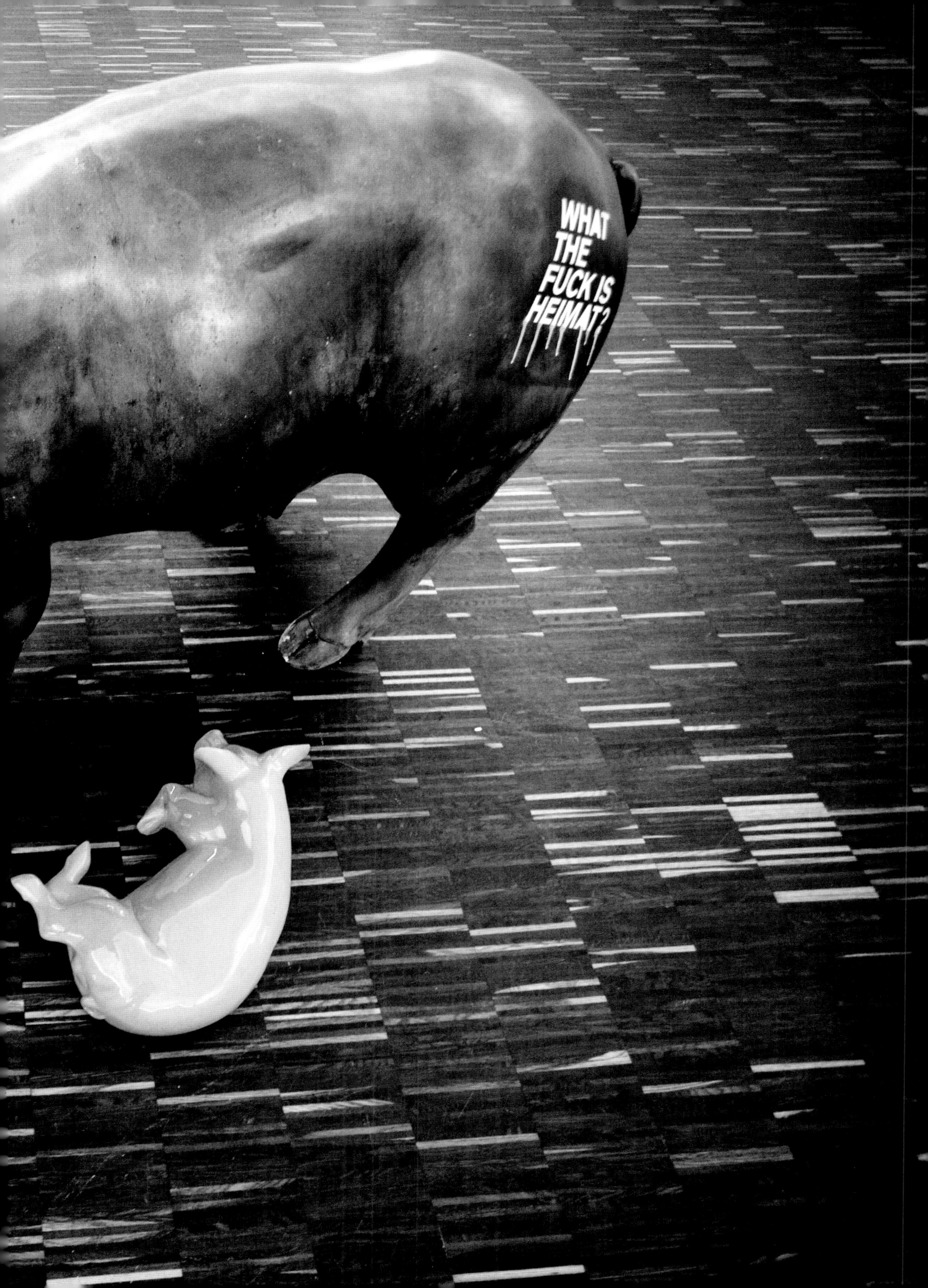
WHAT
THE
FUCK IS
HEIMAT?

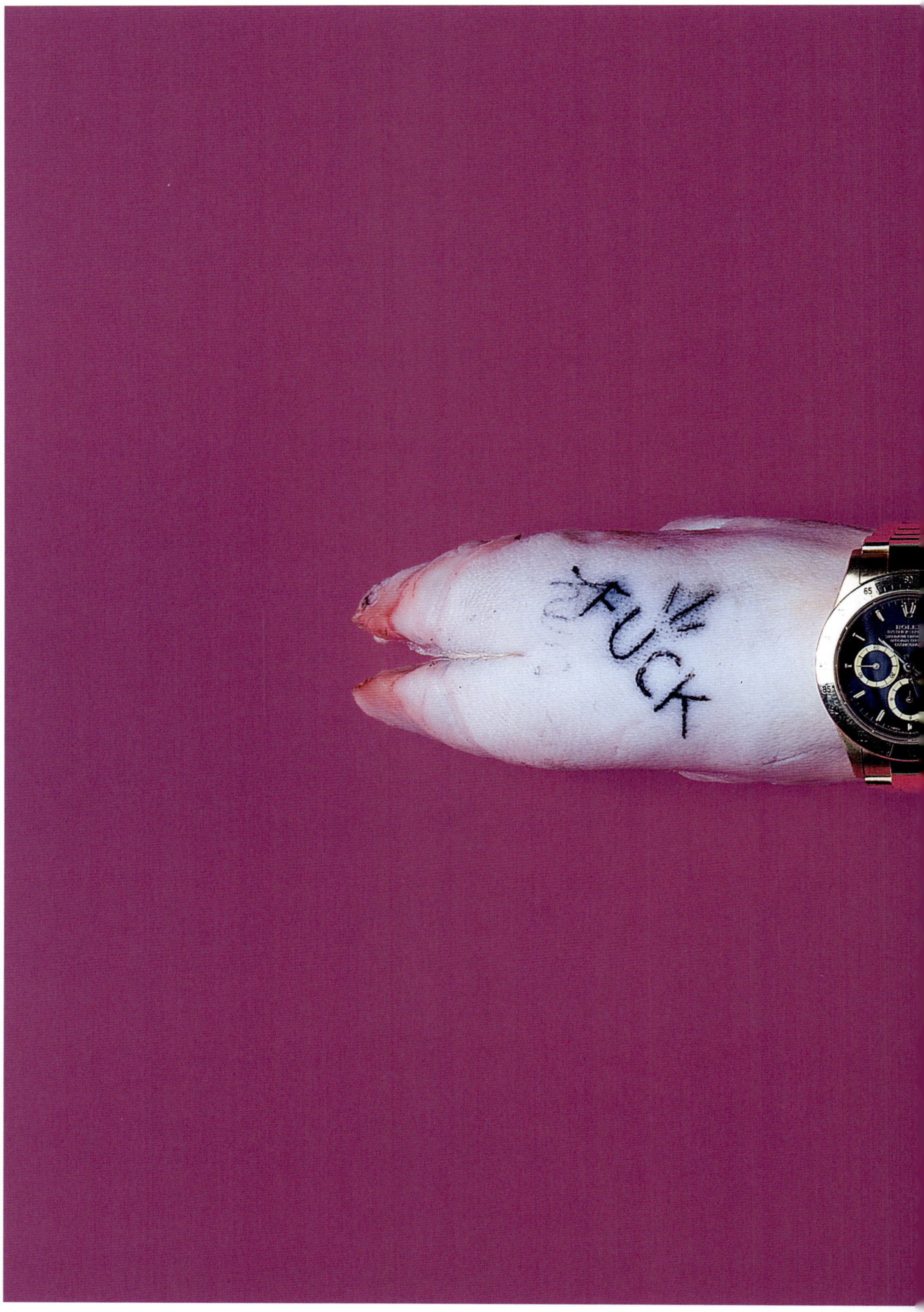
FUCK

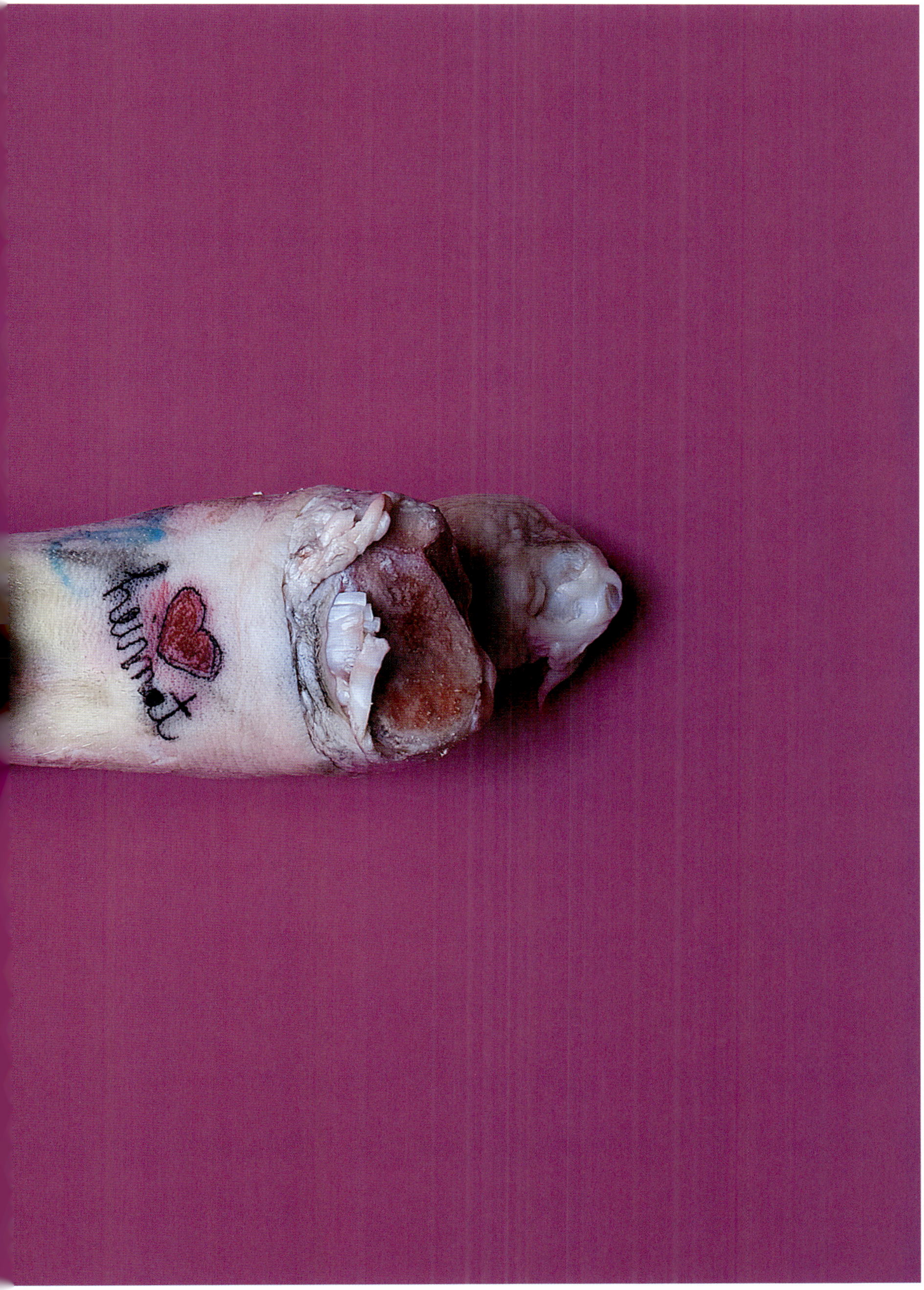

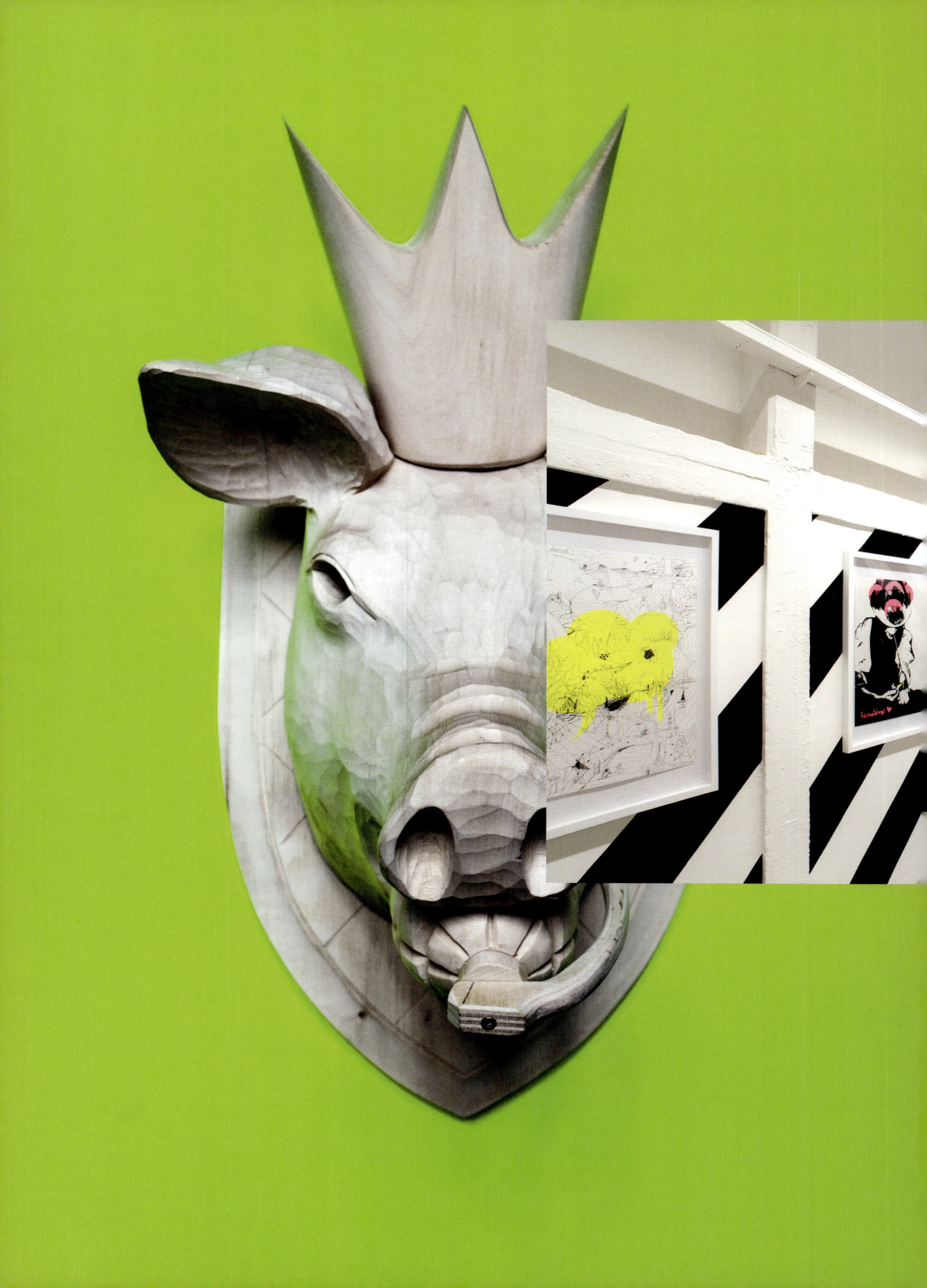

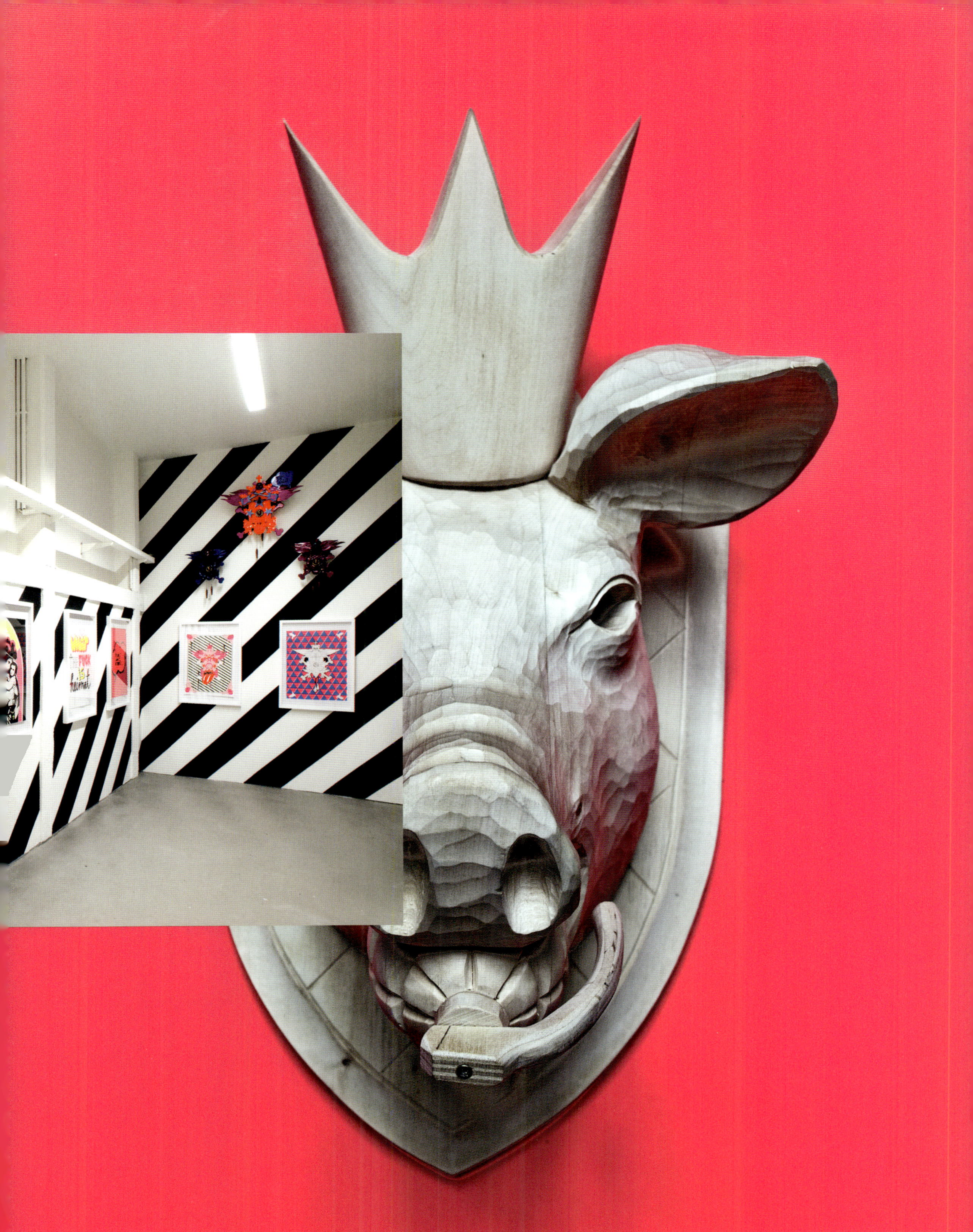

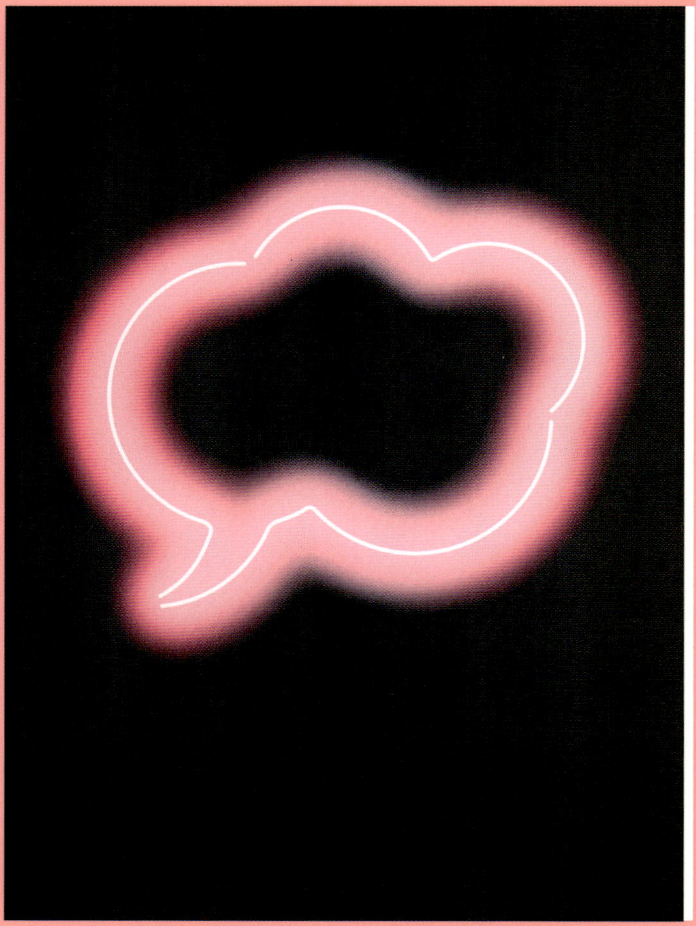

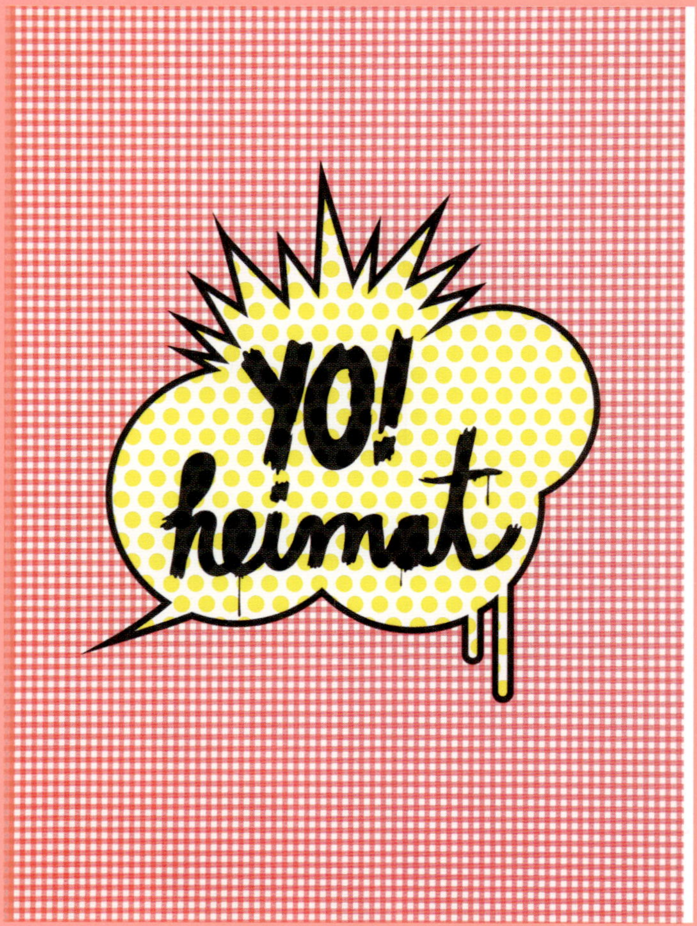
YO!
heimat

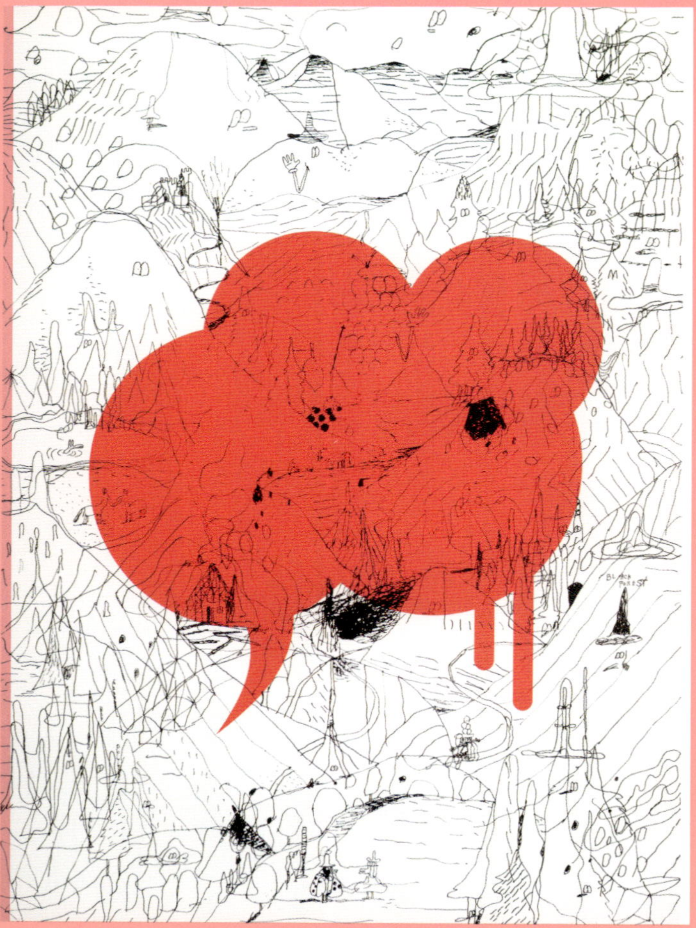

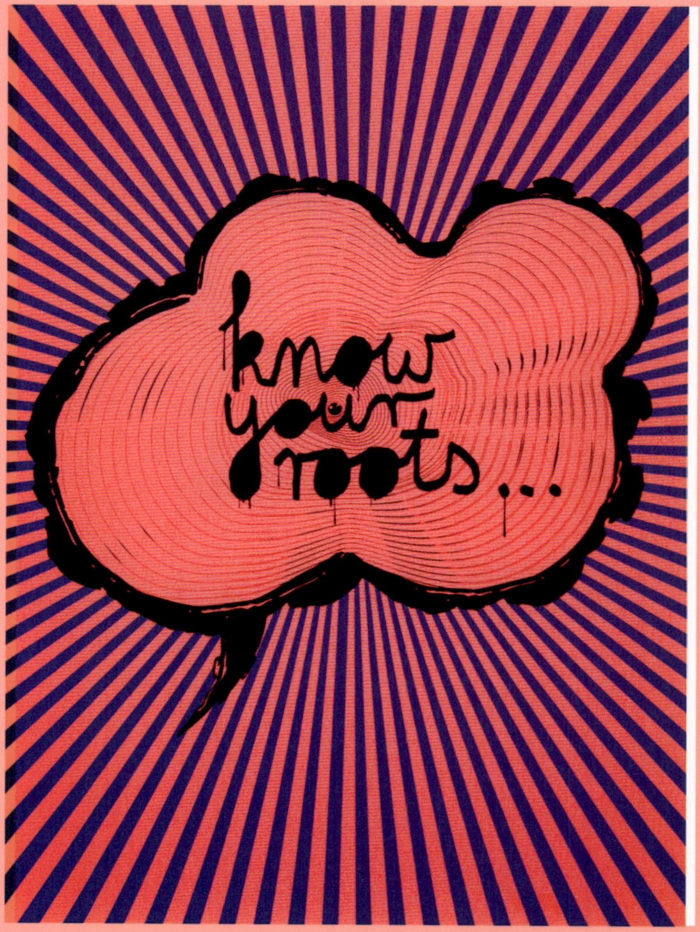
know your roots...

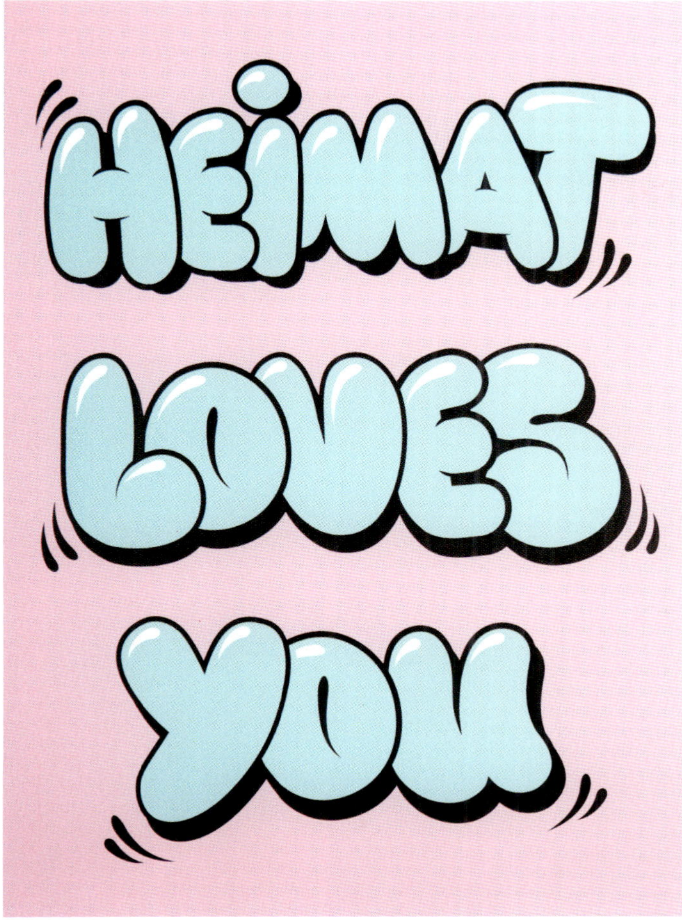
HEIMAT
LOVES
YOU

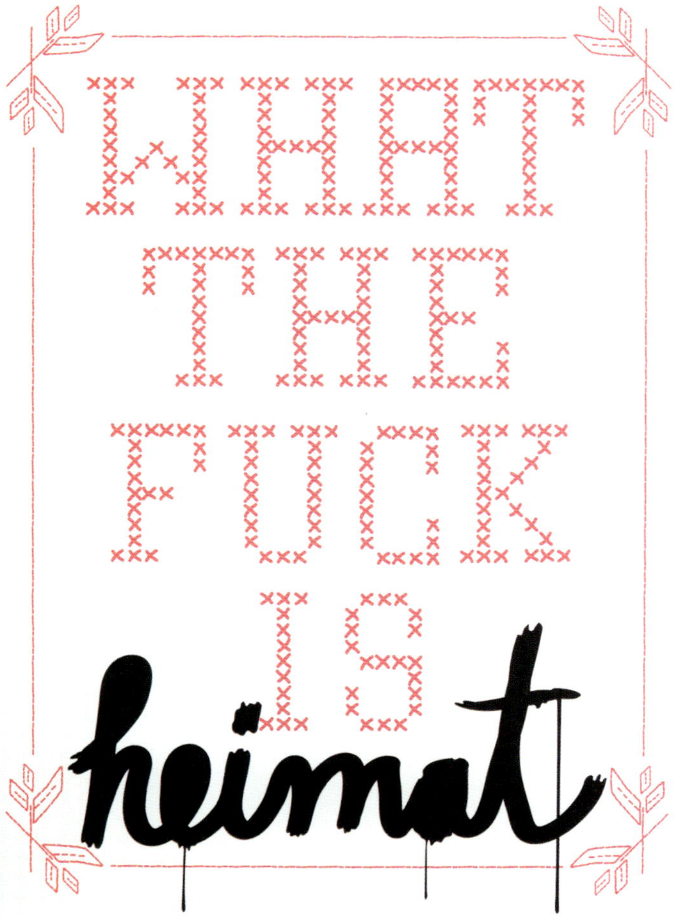
WHAT
THE
FUCK
IS
heimat

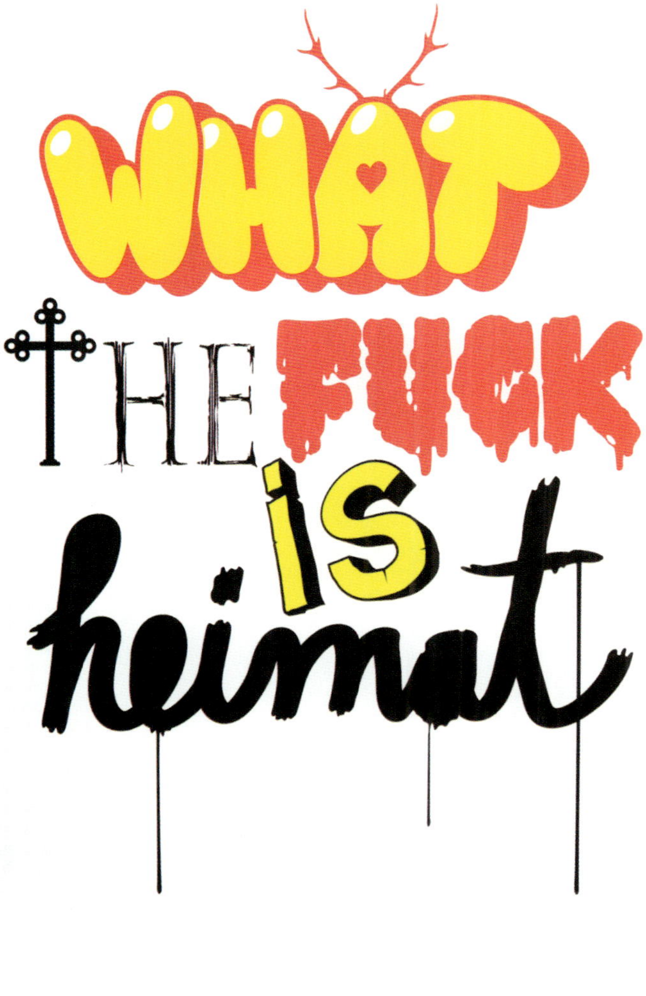
WHAT
THE FUCK
IS
heimat

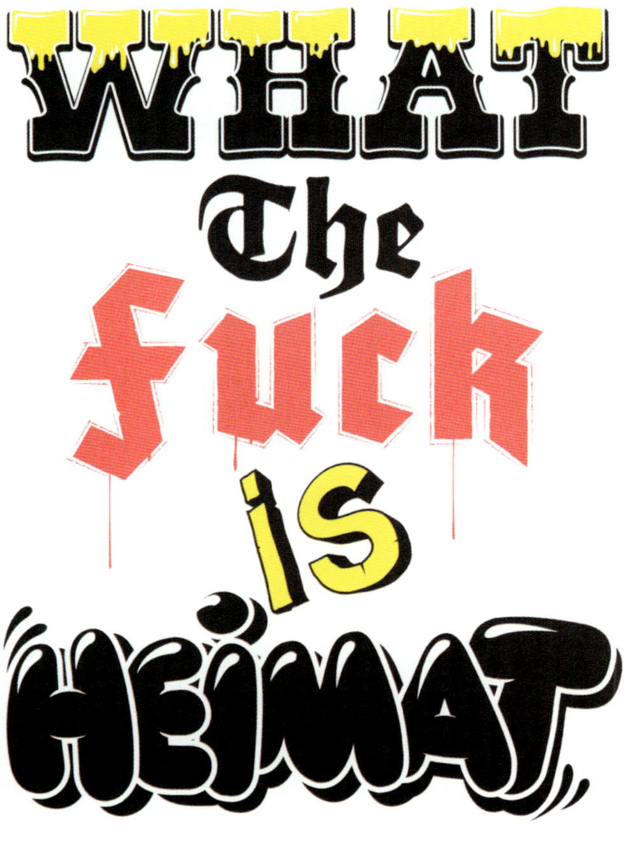
WHAT
The
fuck
IS
HEIMAT

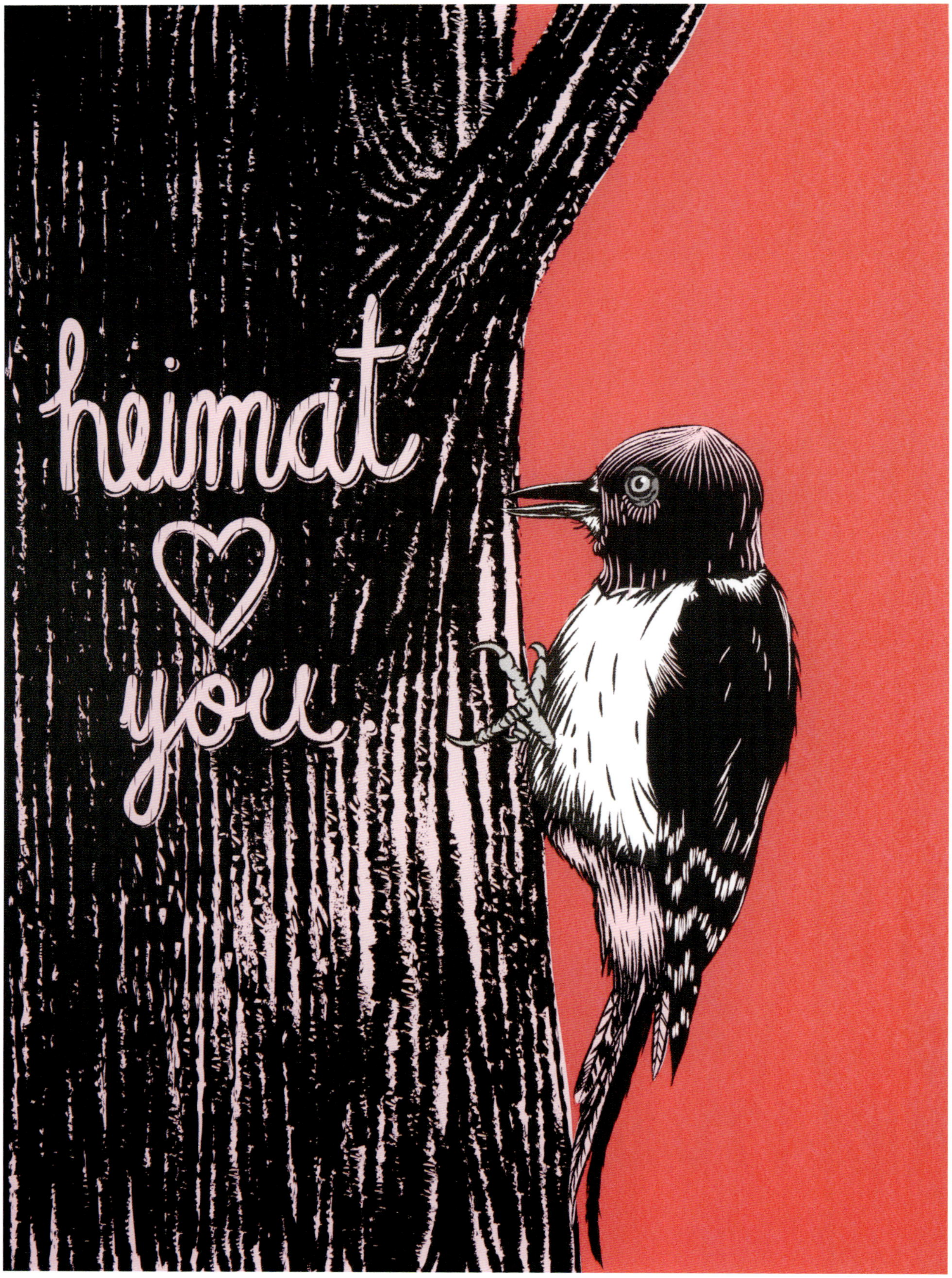
heimat ♡ you

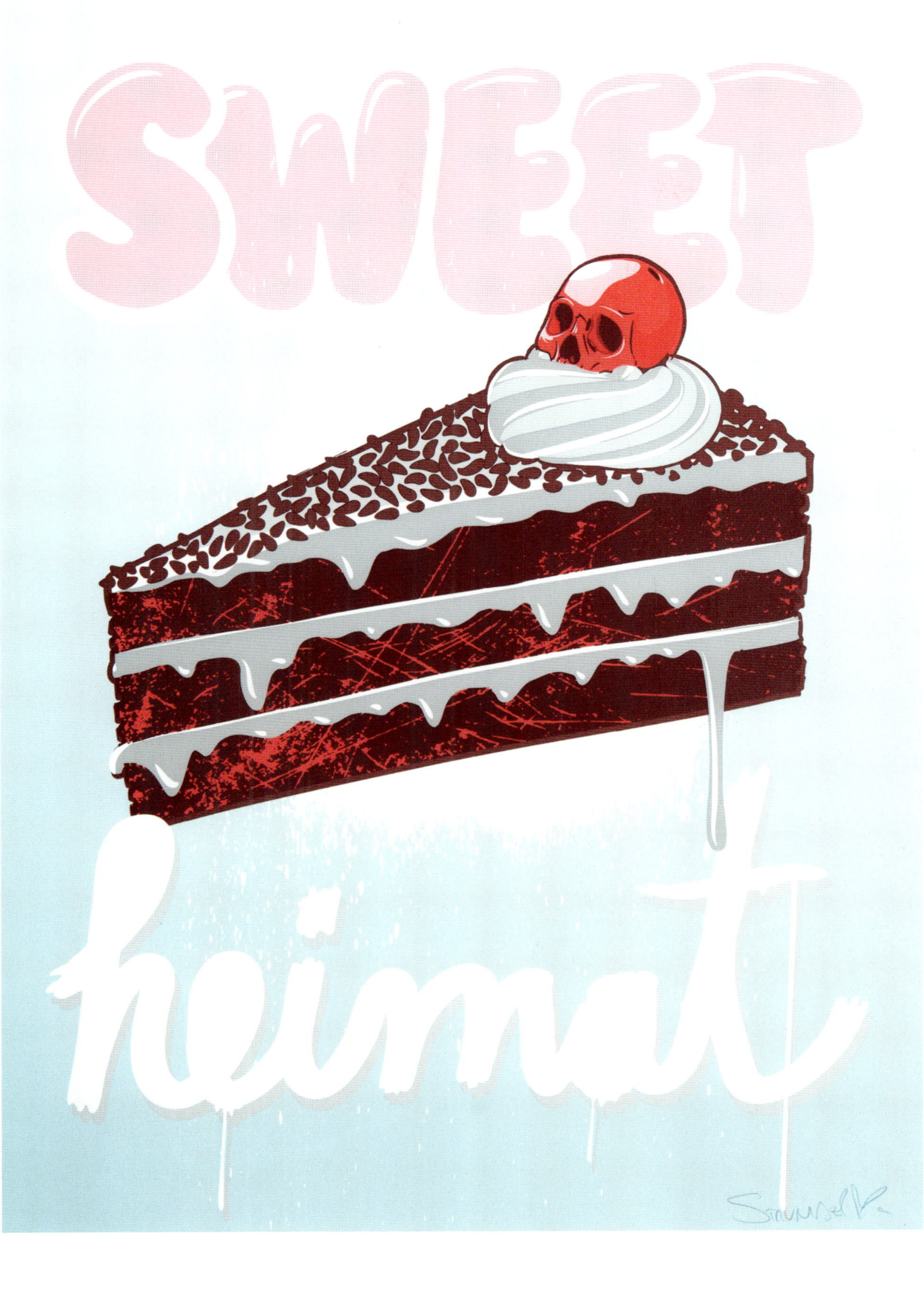
SWEET
heimat

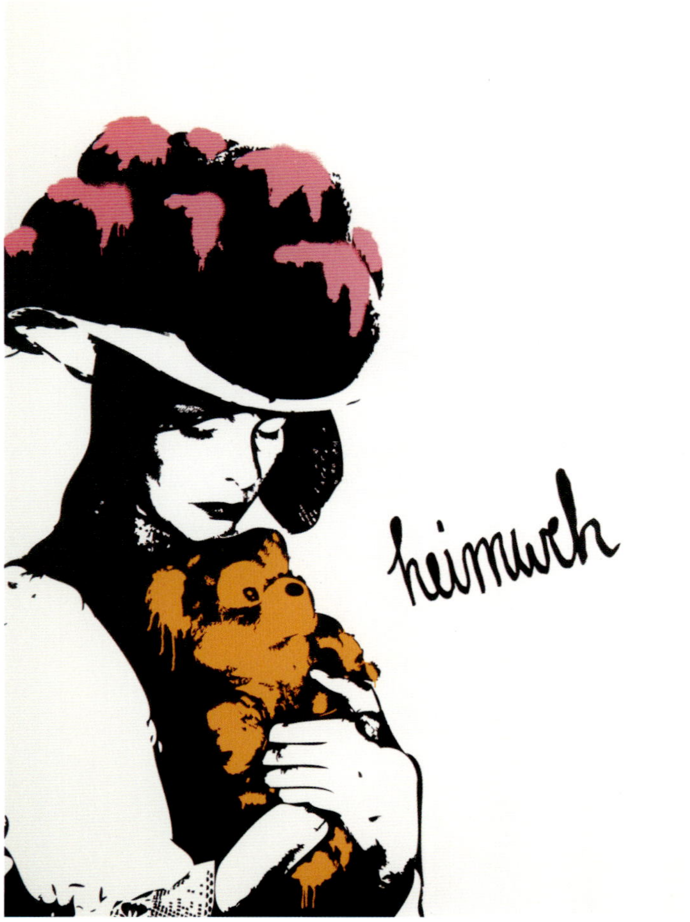
heimweh

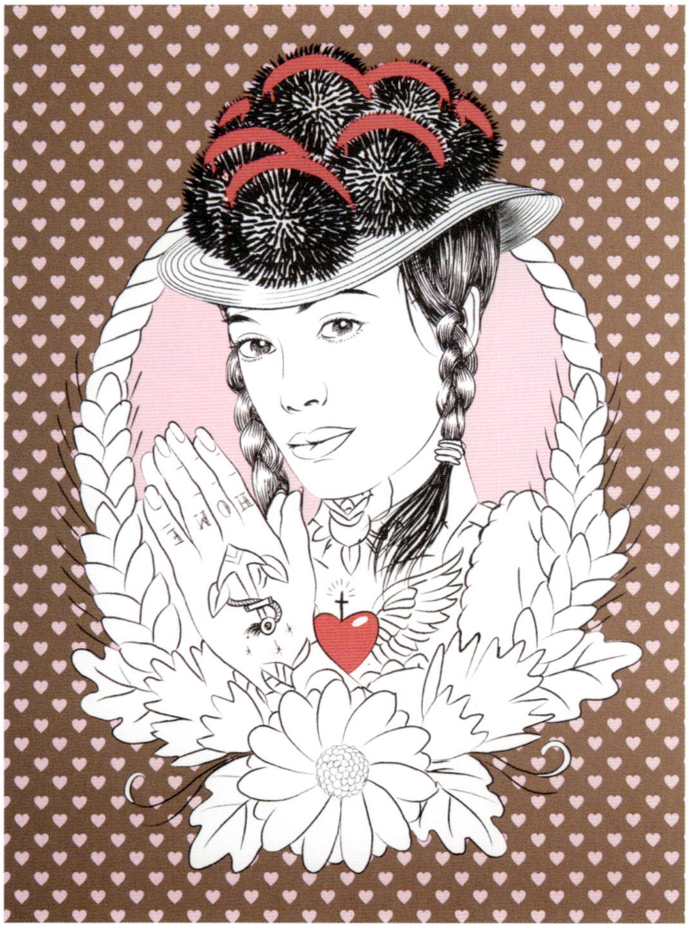

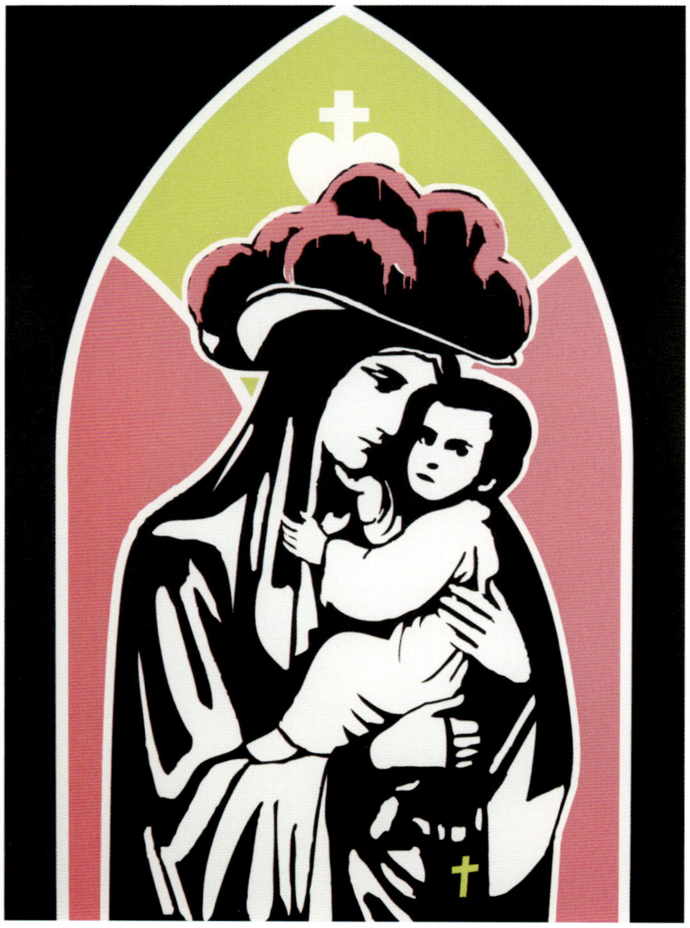

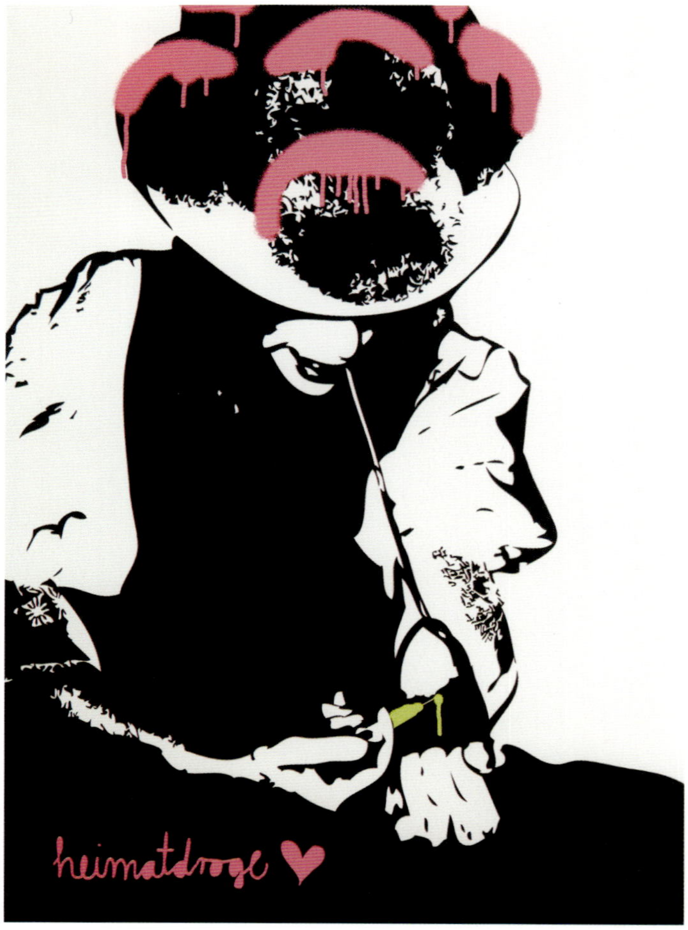
heimatdroge

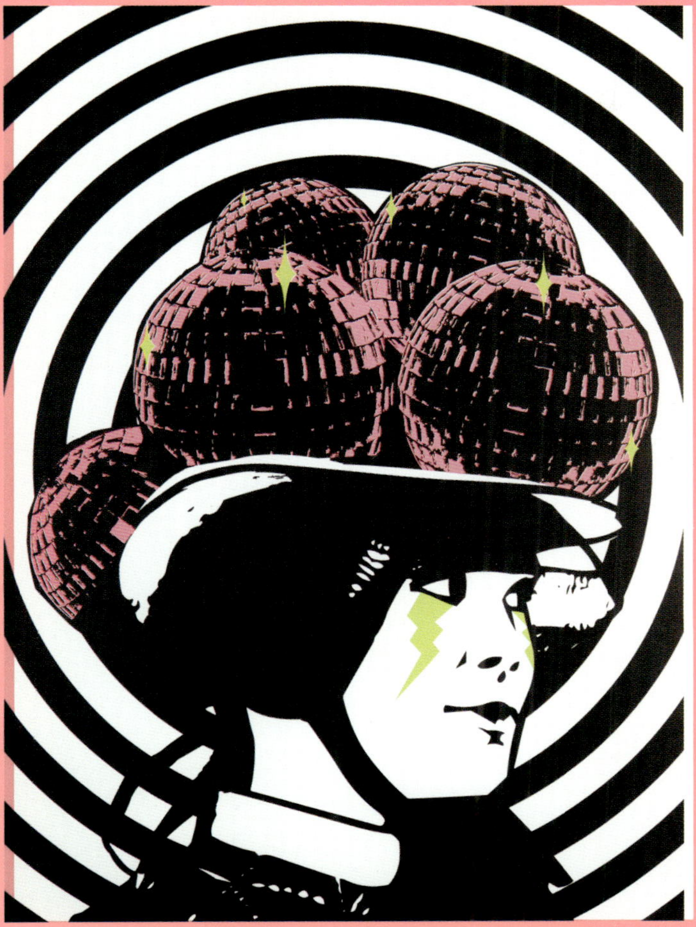

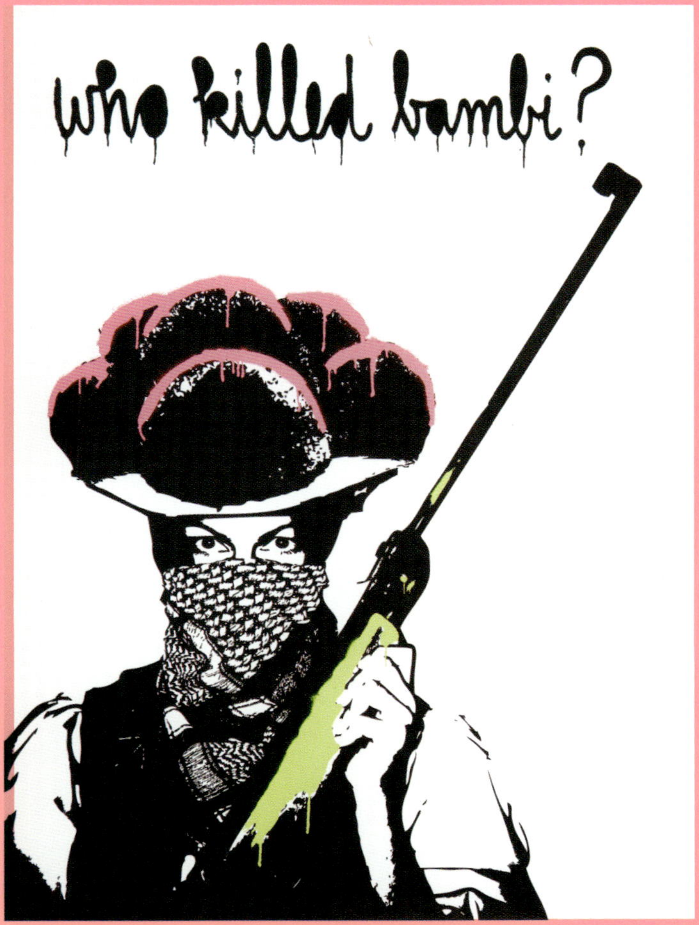
who killed bambi?

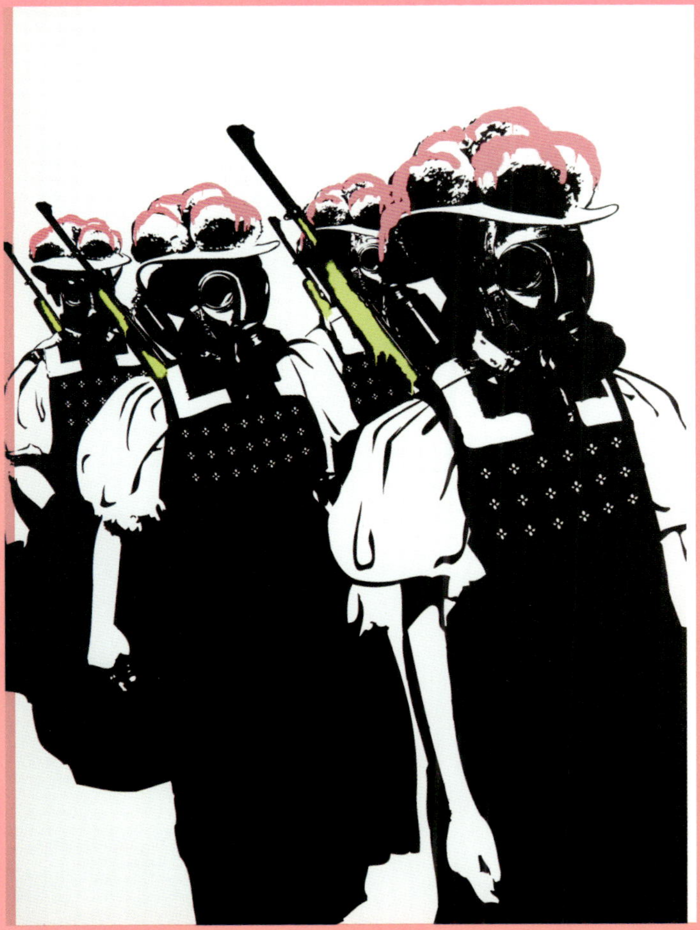

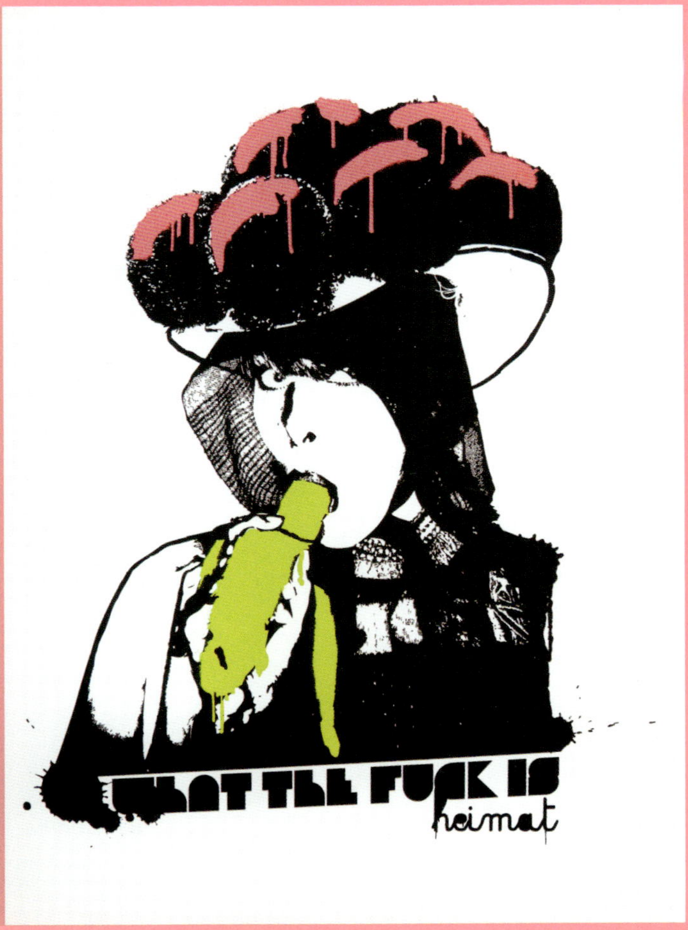
WHAT THE FUCK IS
heimat

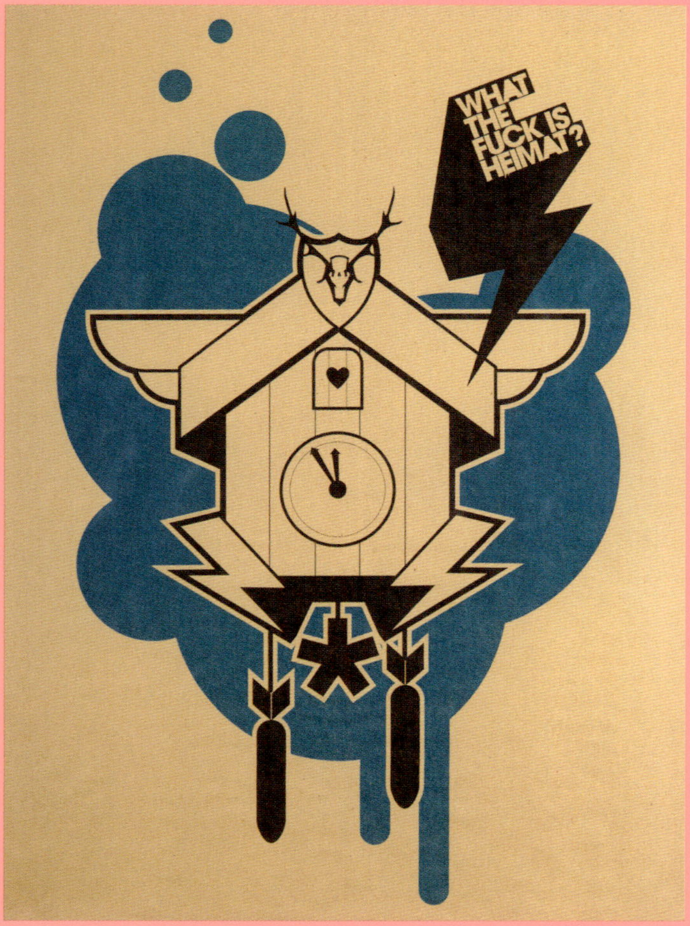
WHAT THE FUCK IS HEIMAT?

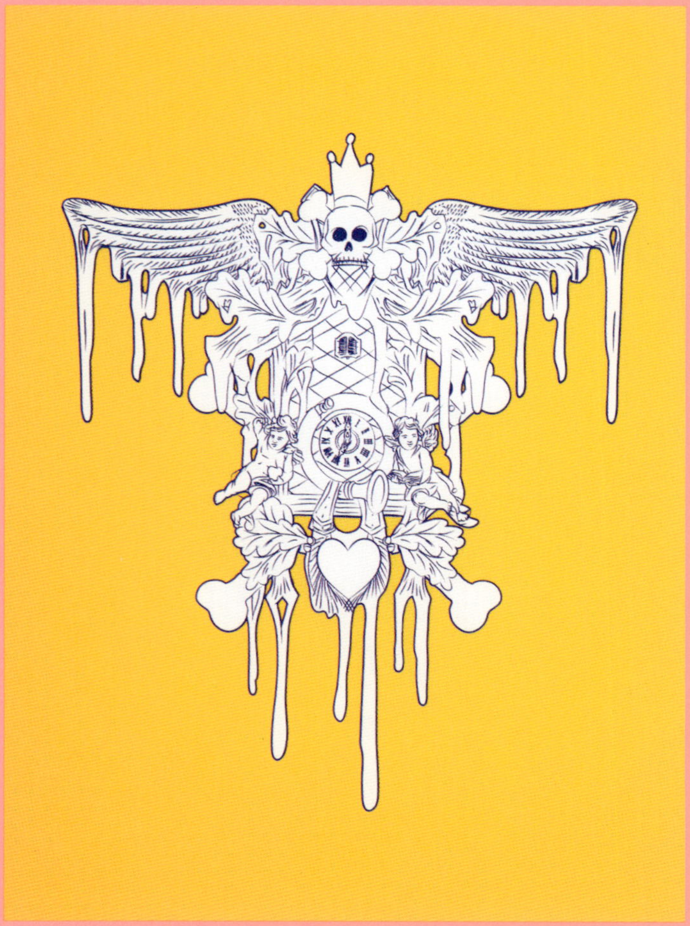

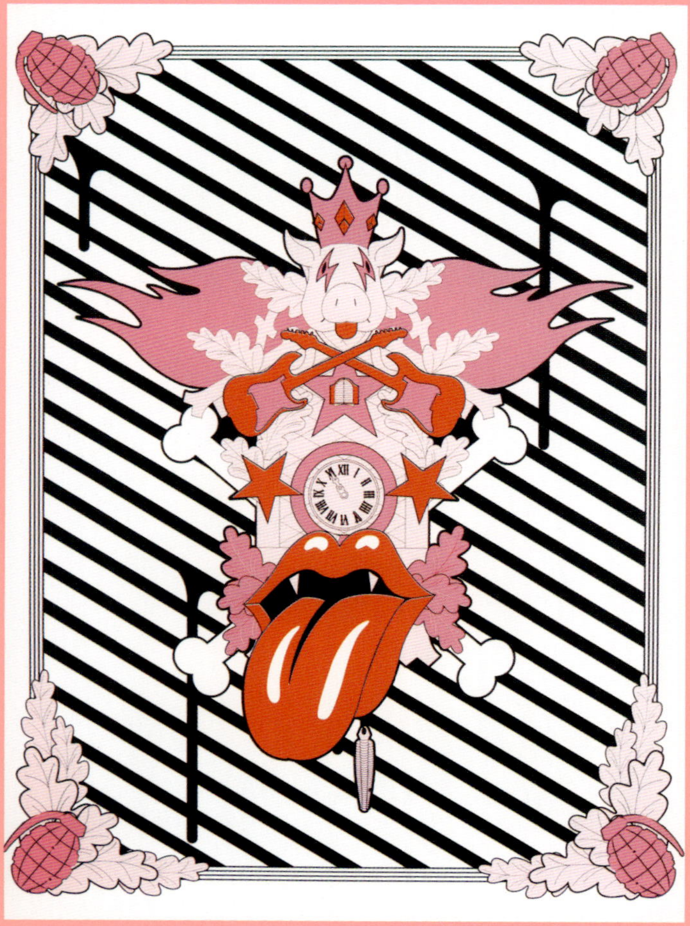

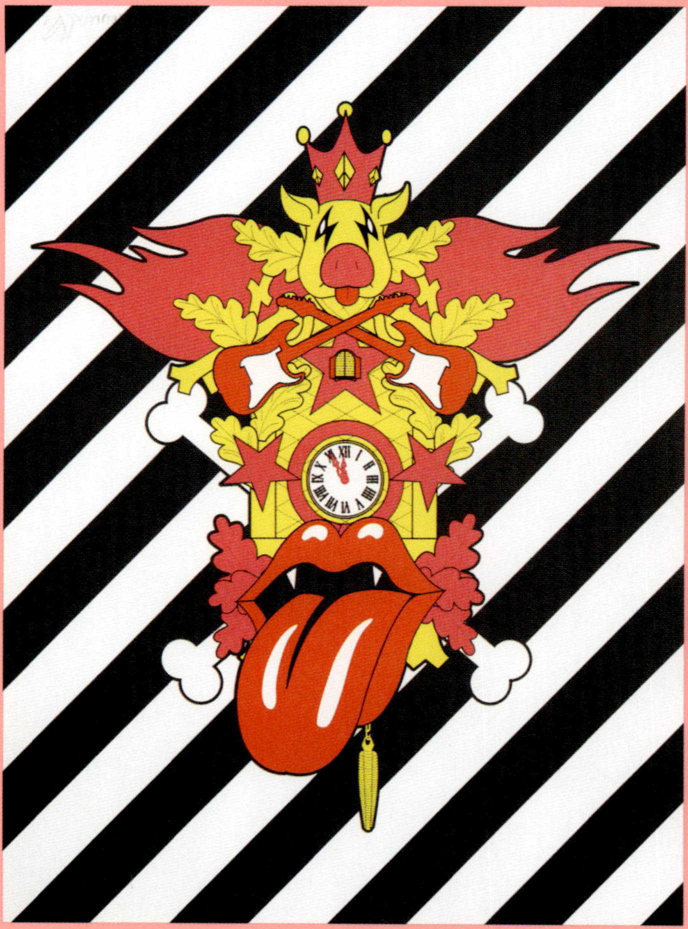

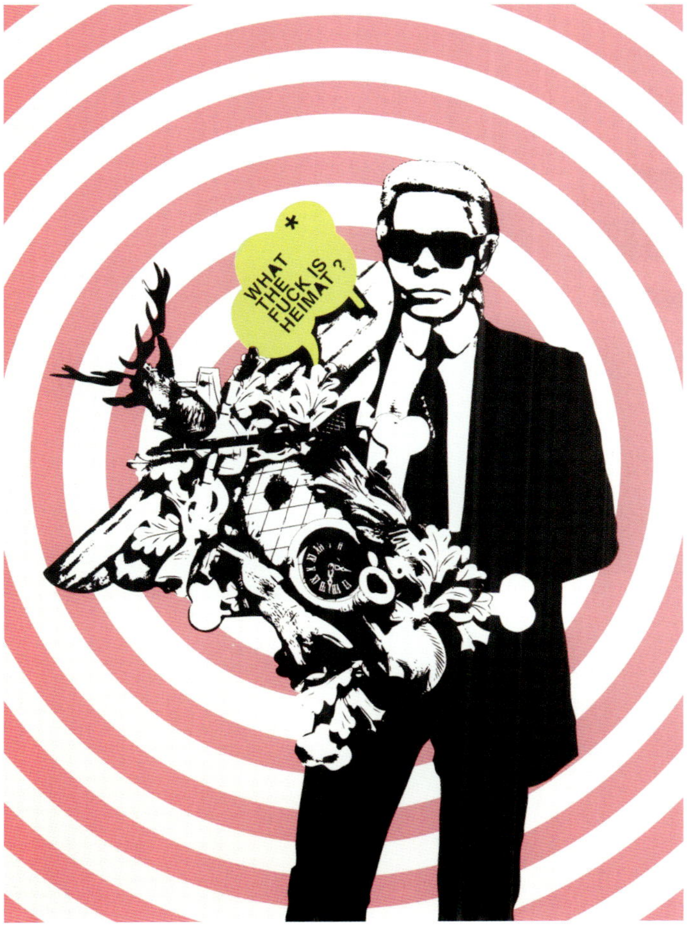
*
WHAT THE FUCK IS HEIMAT?

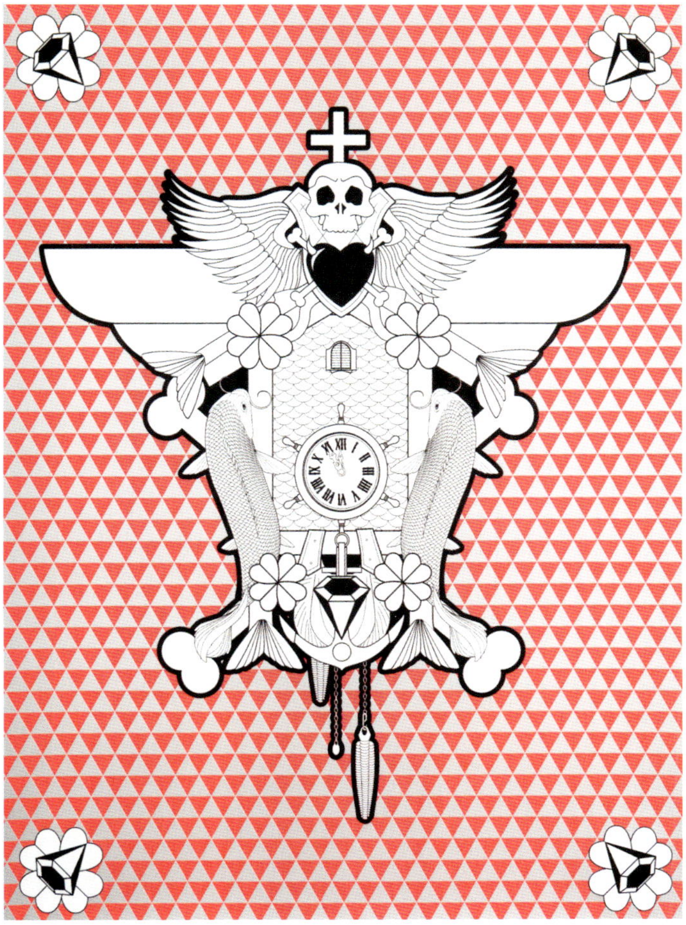

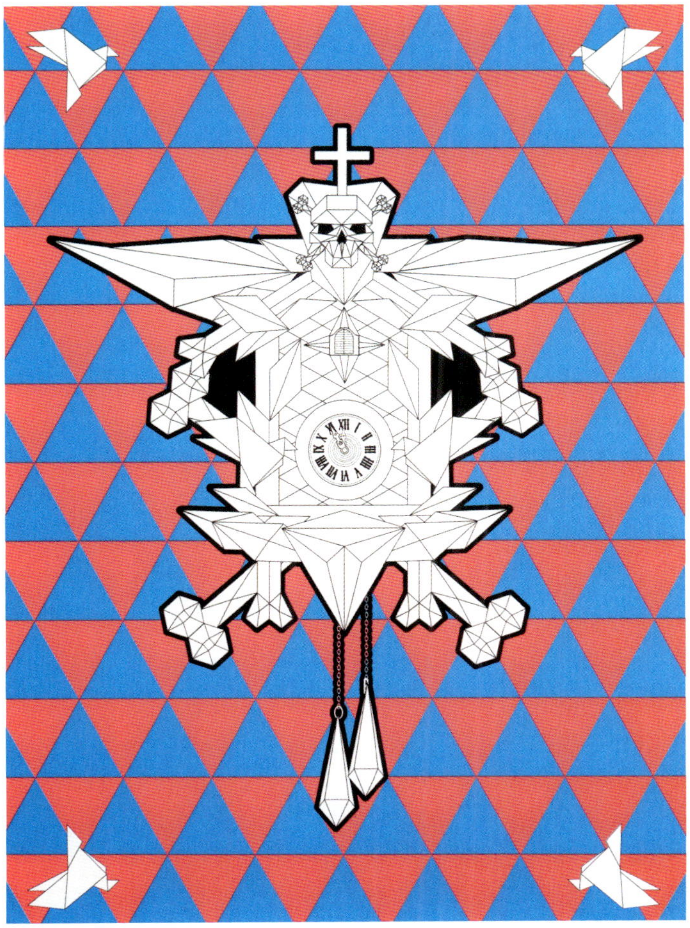

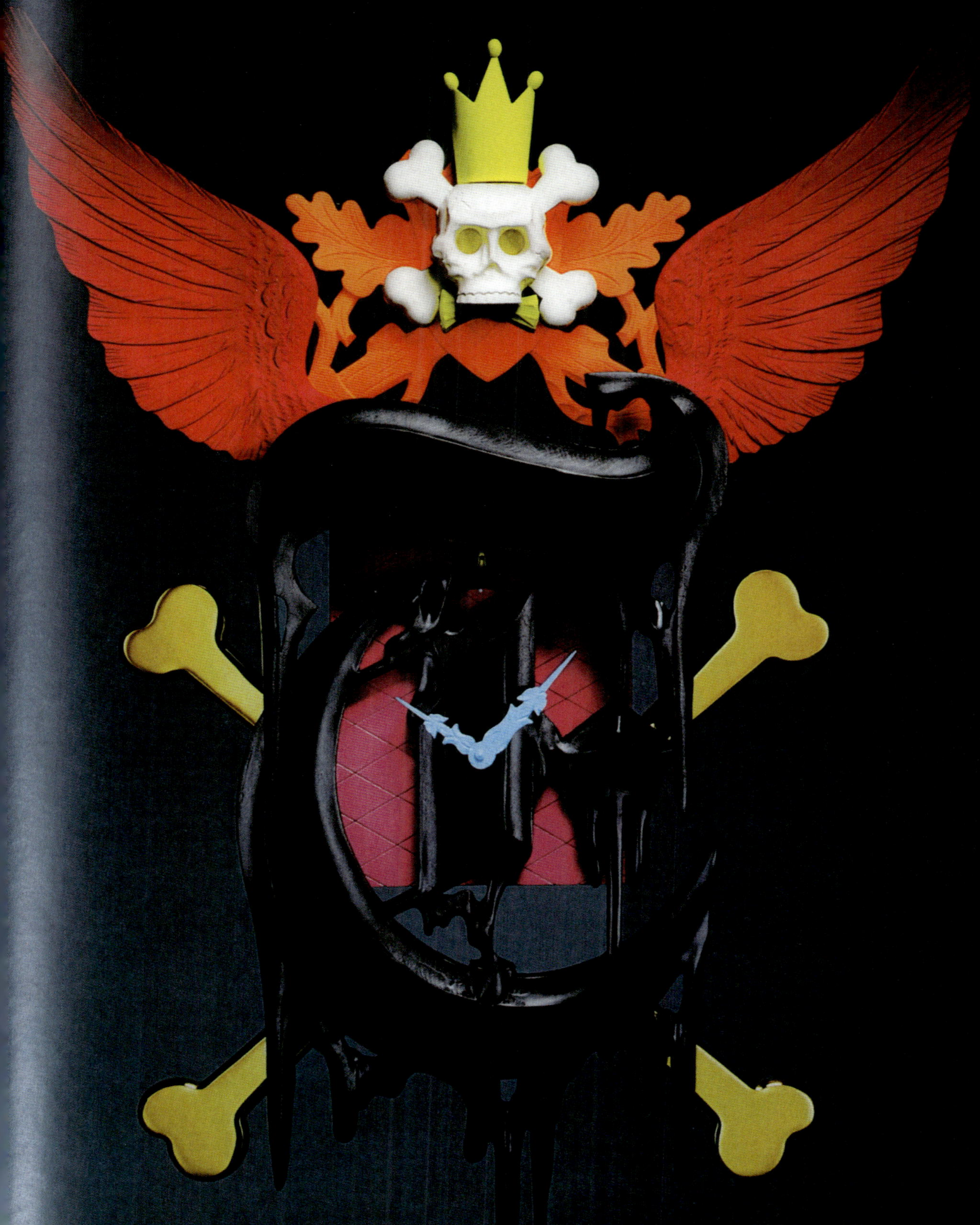

THE NICK OF TIME

ARTWORK BY STEFAN STRUMBEL

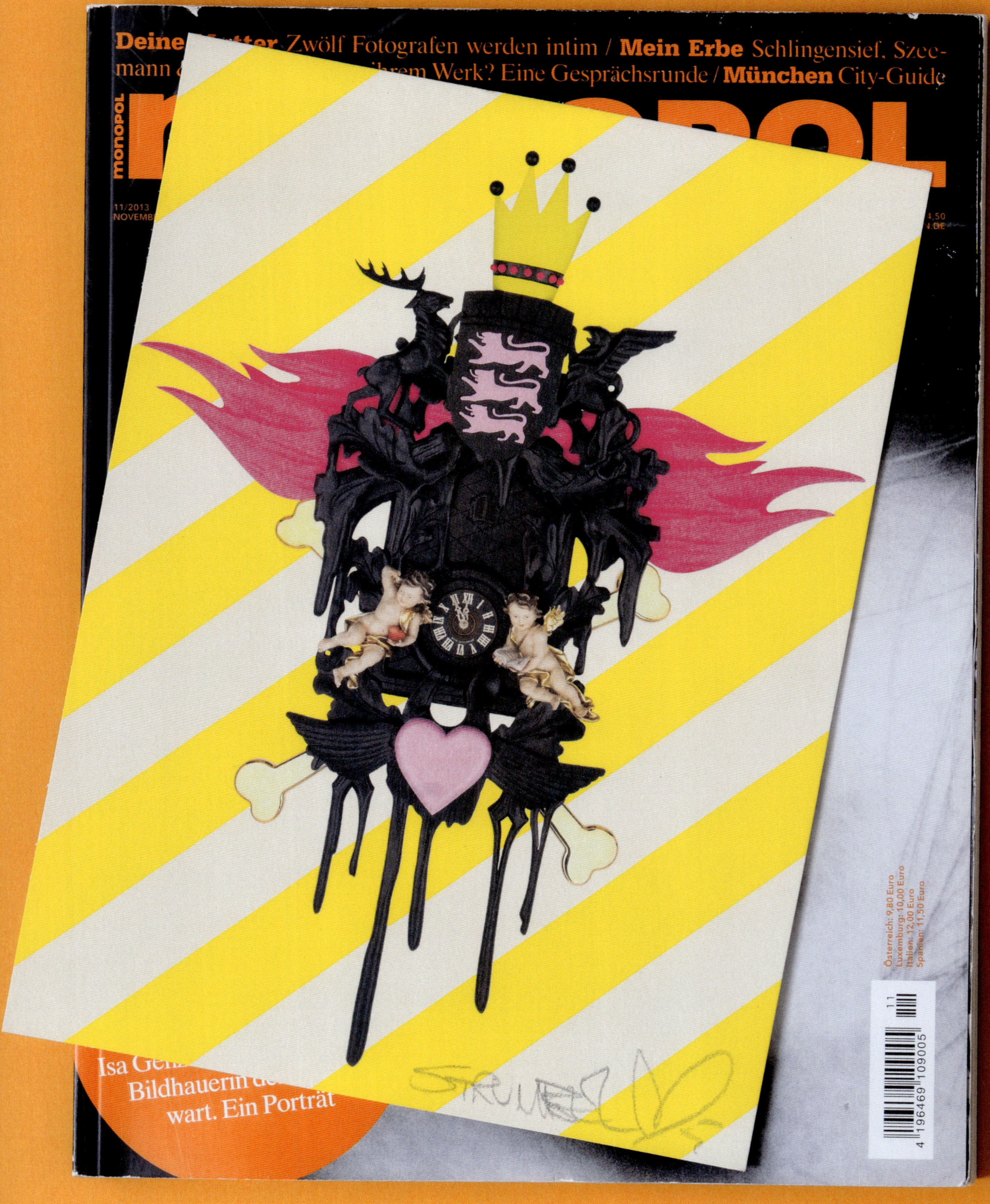
Zwölf Fotografen werden intim / Mein Erbe Schlingensief, Szee-
Werk? Eine Gesprächsrunde / München City-Guide
monopol
11/2013
Bildhauerin
wart. Ein Porträt

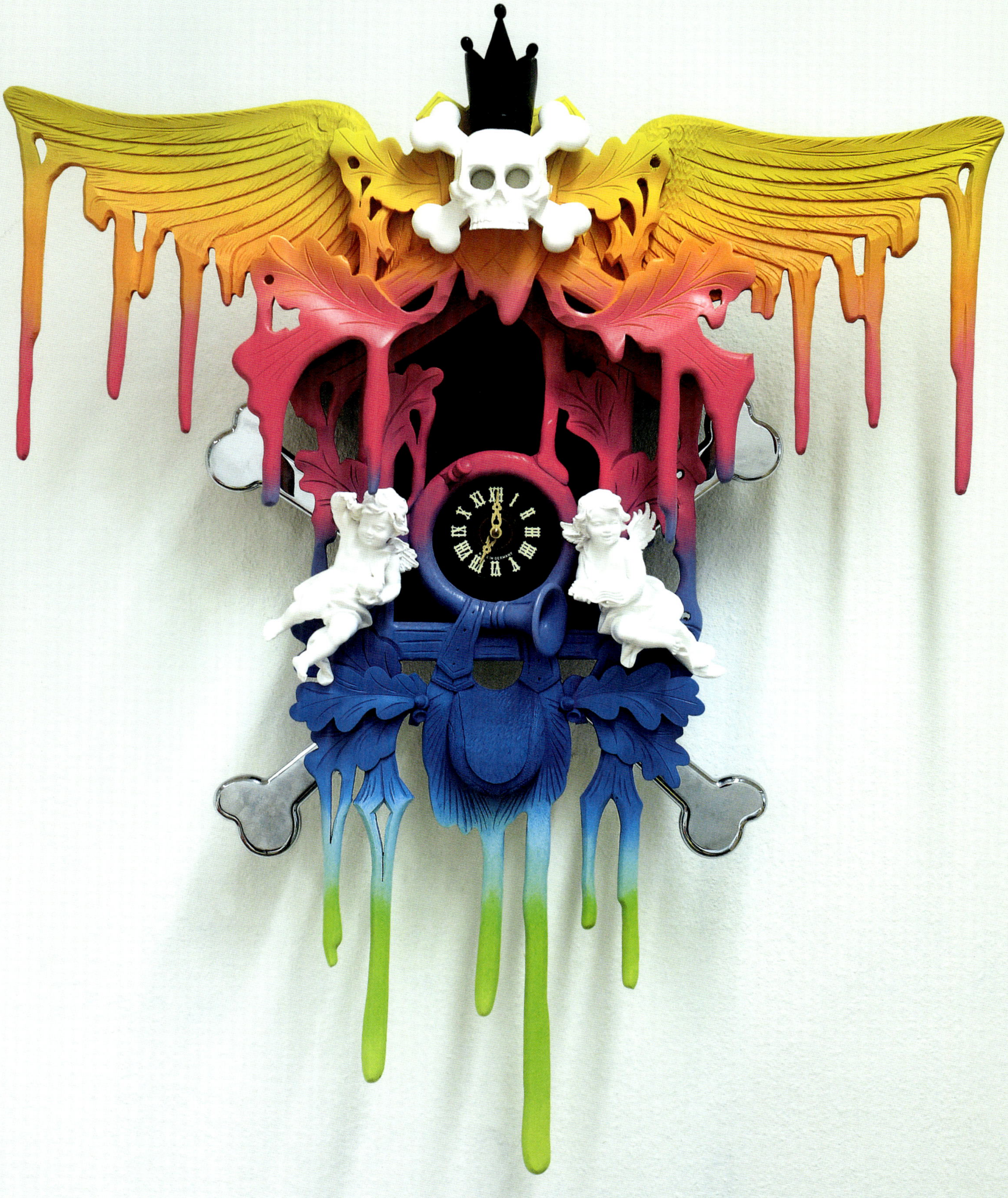

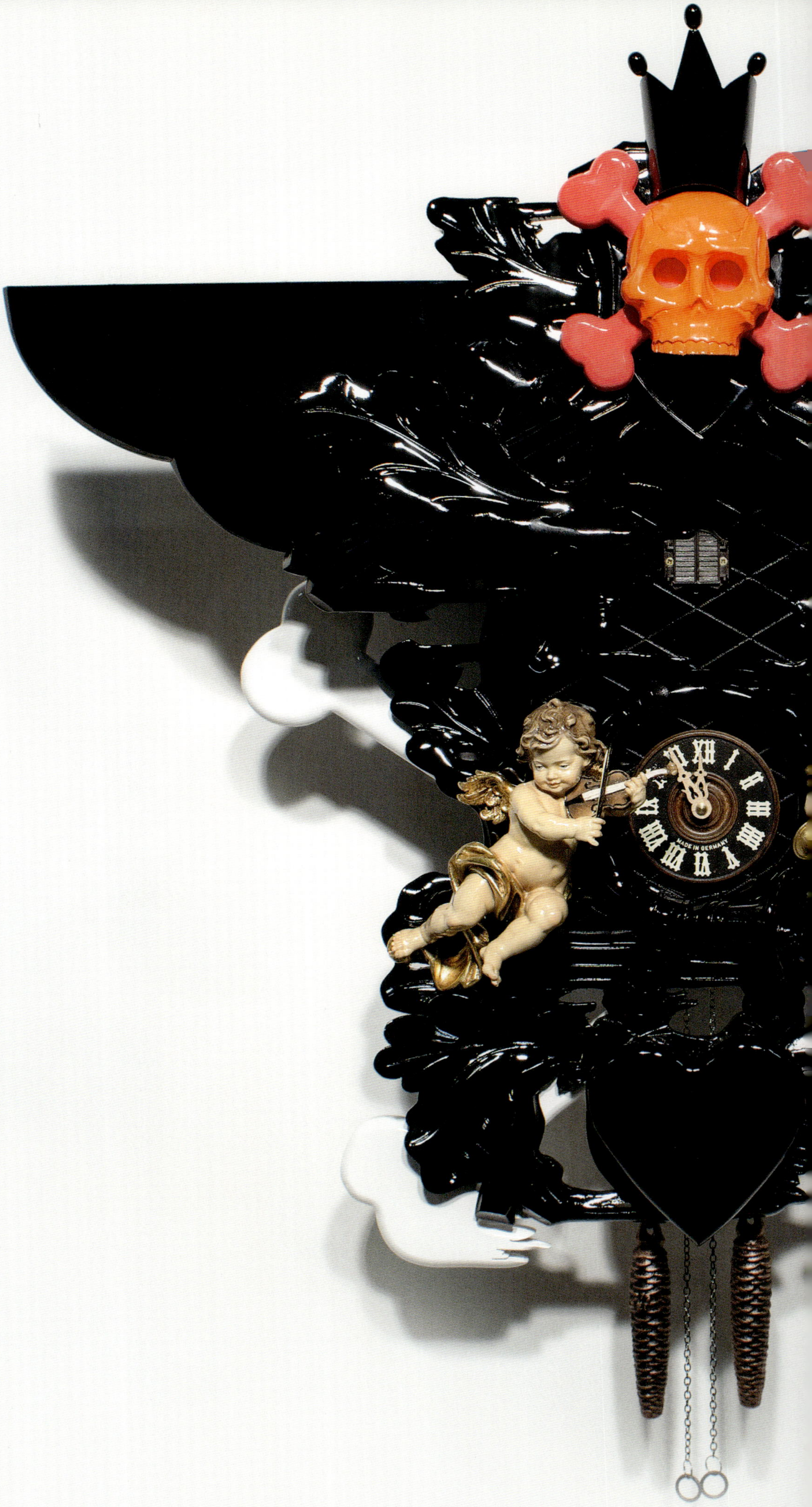
MADE IN GERMANY

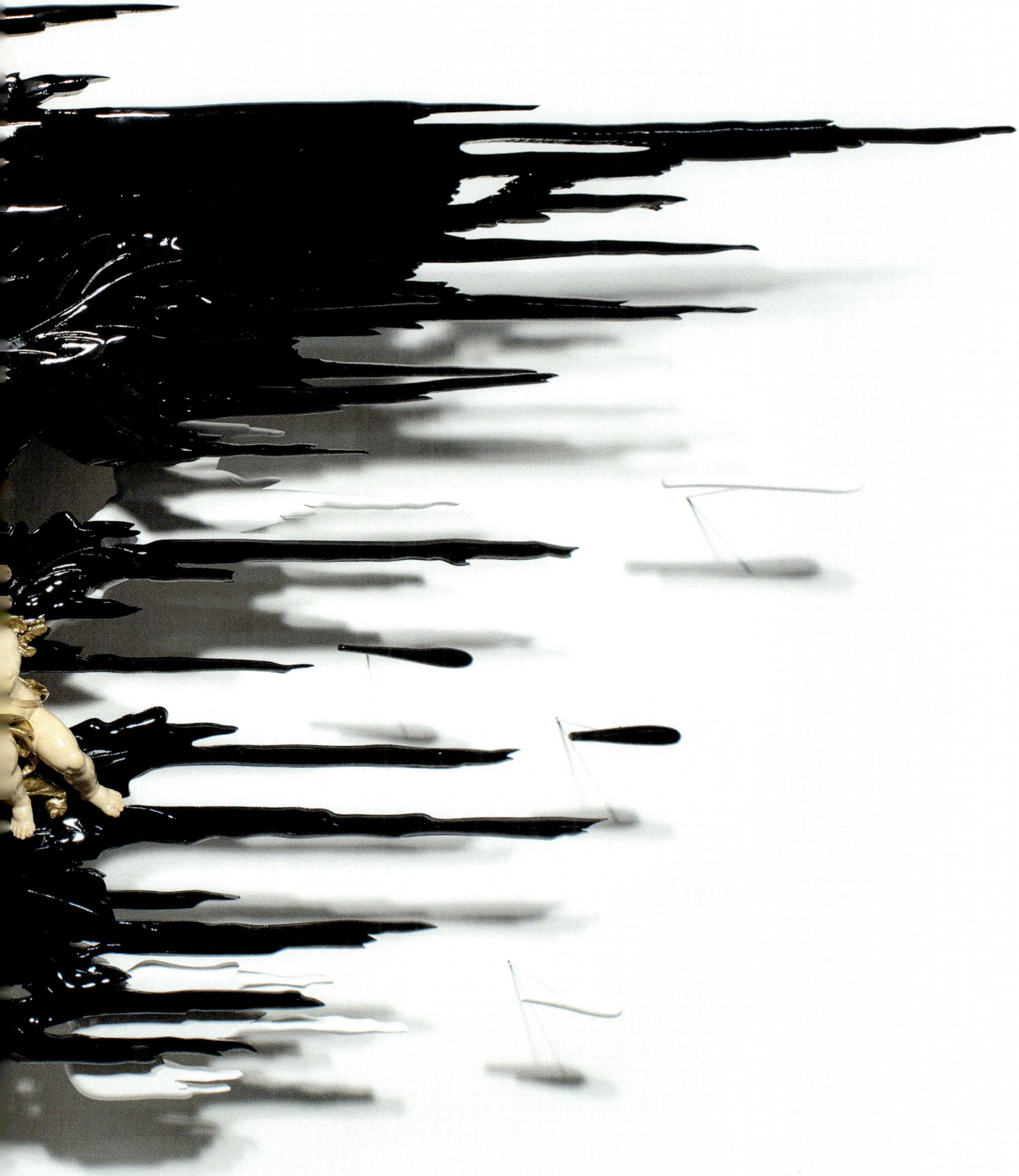

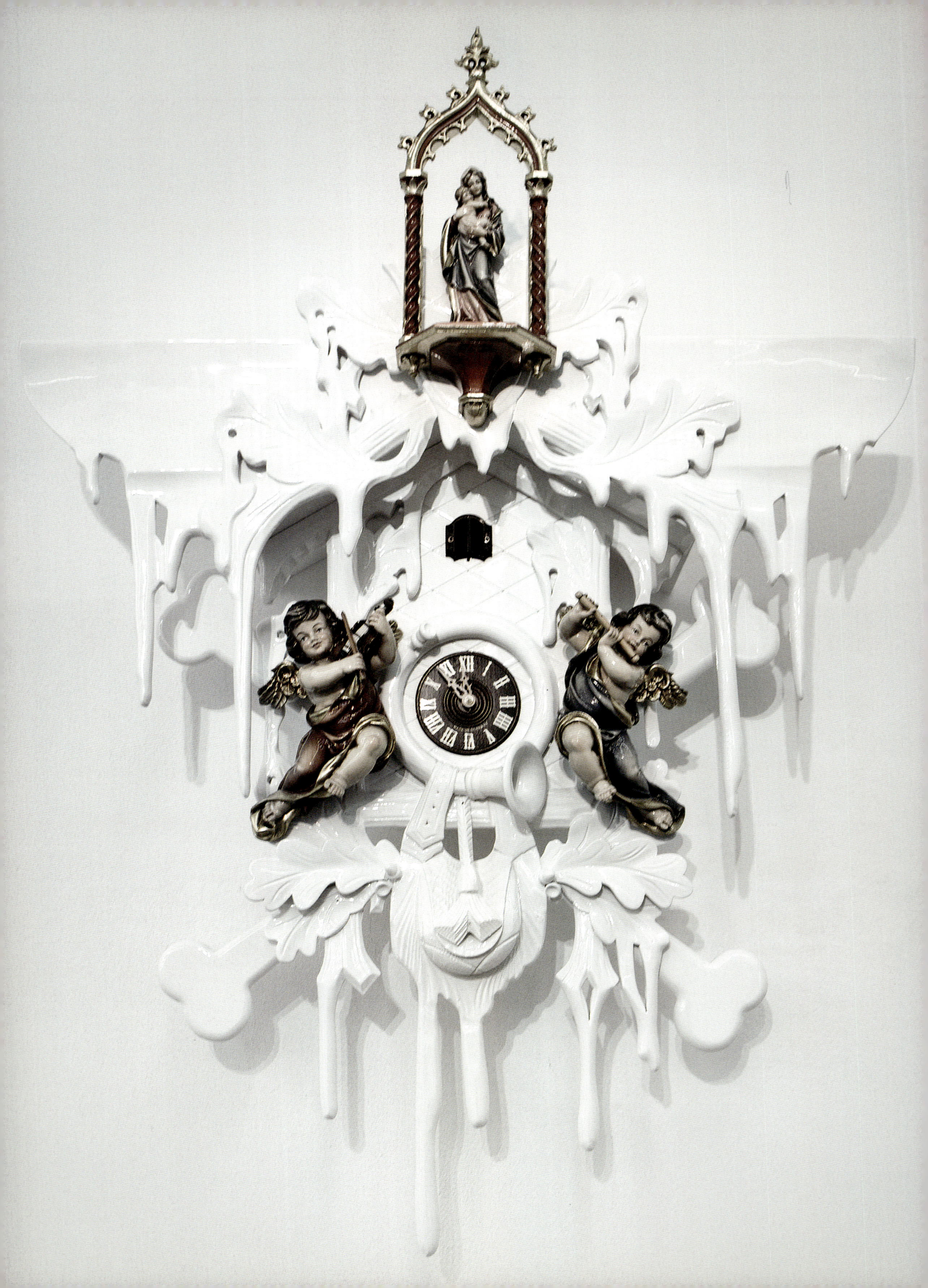

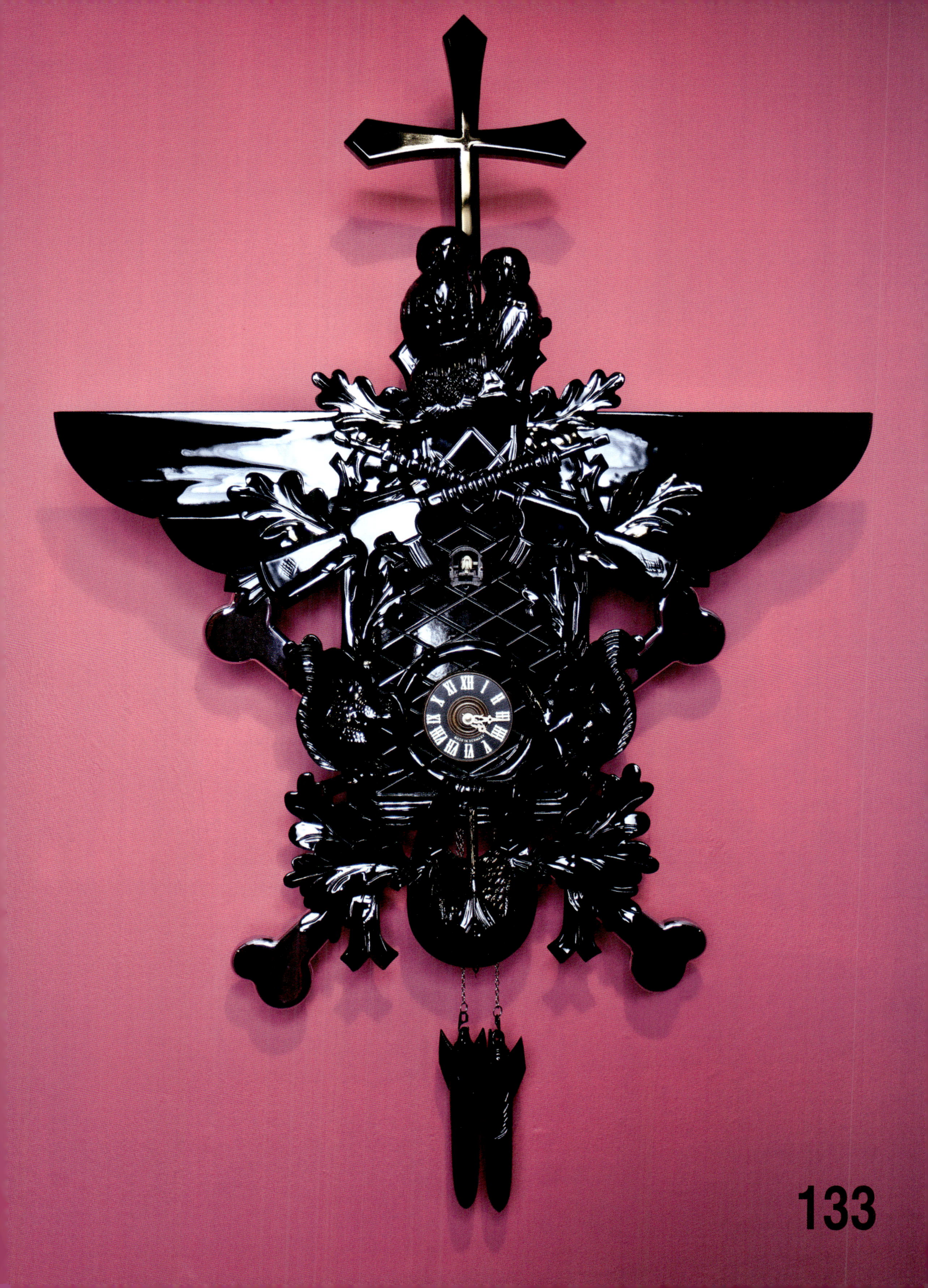

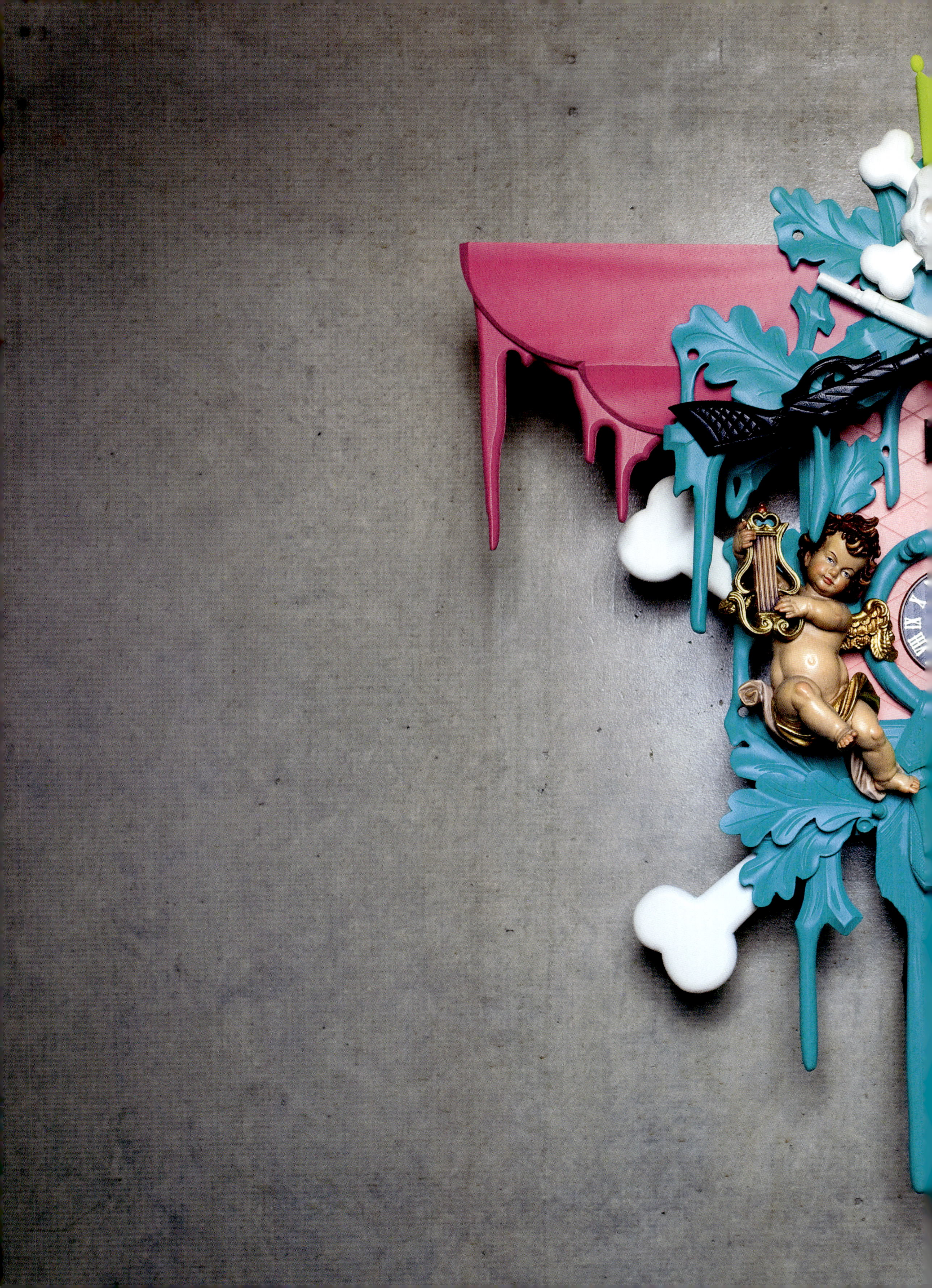

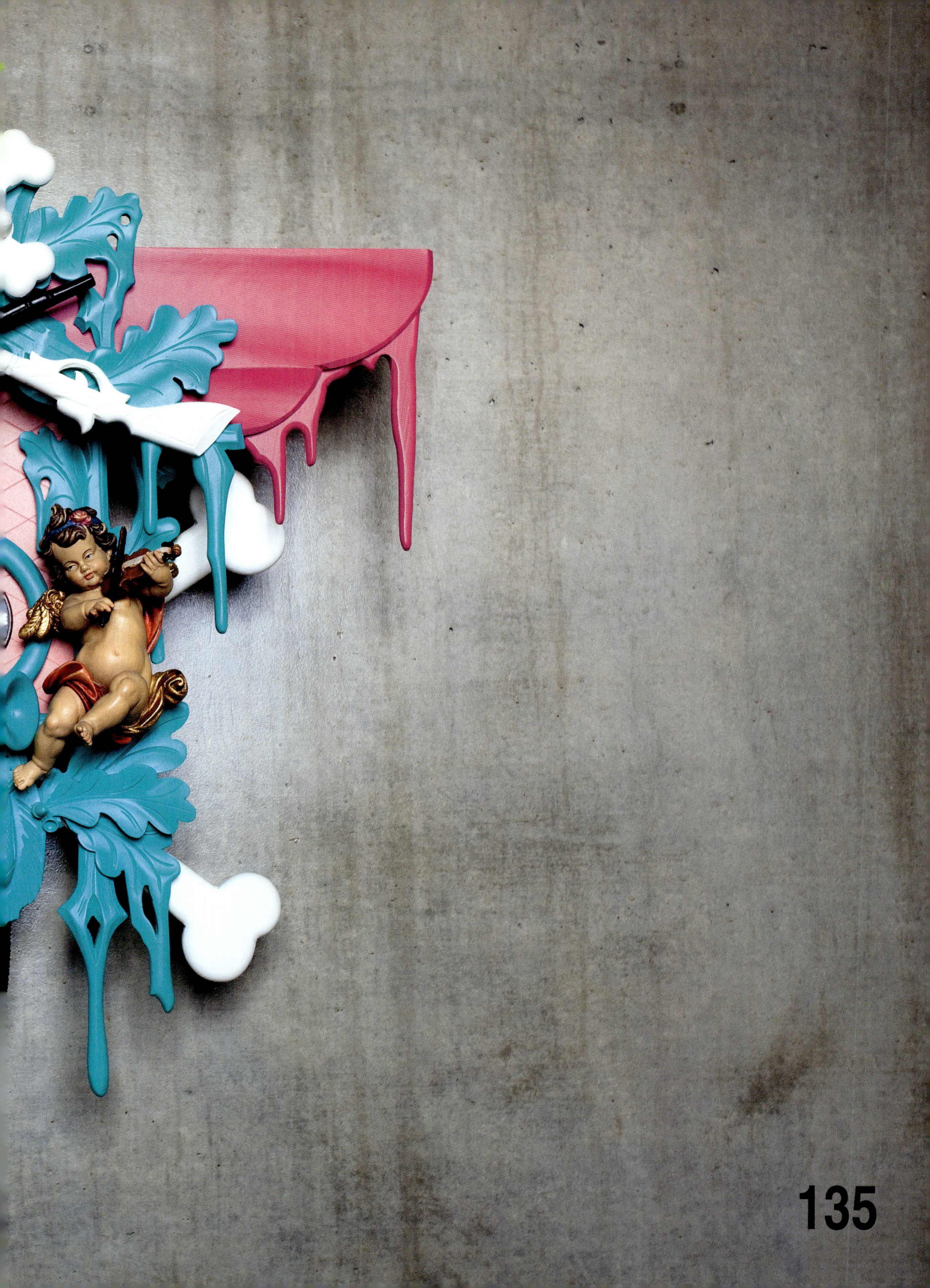

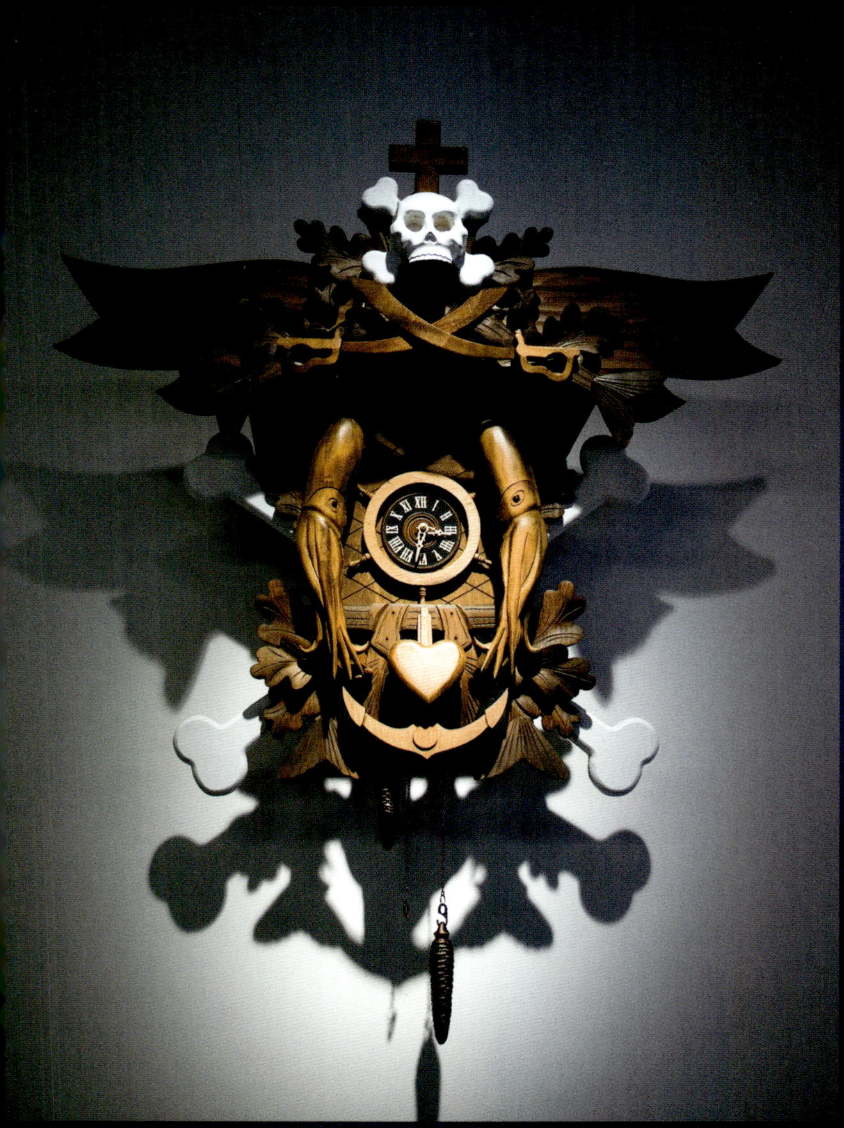

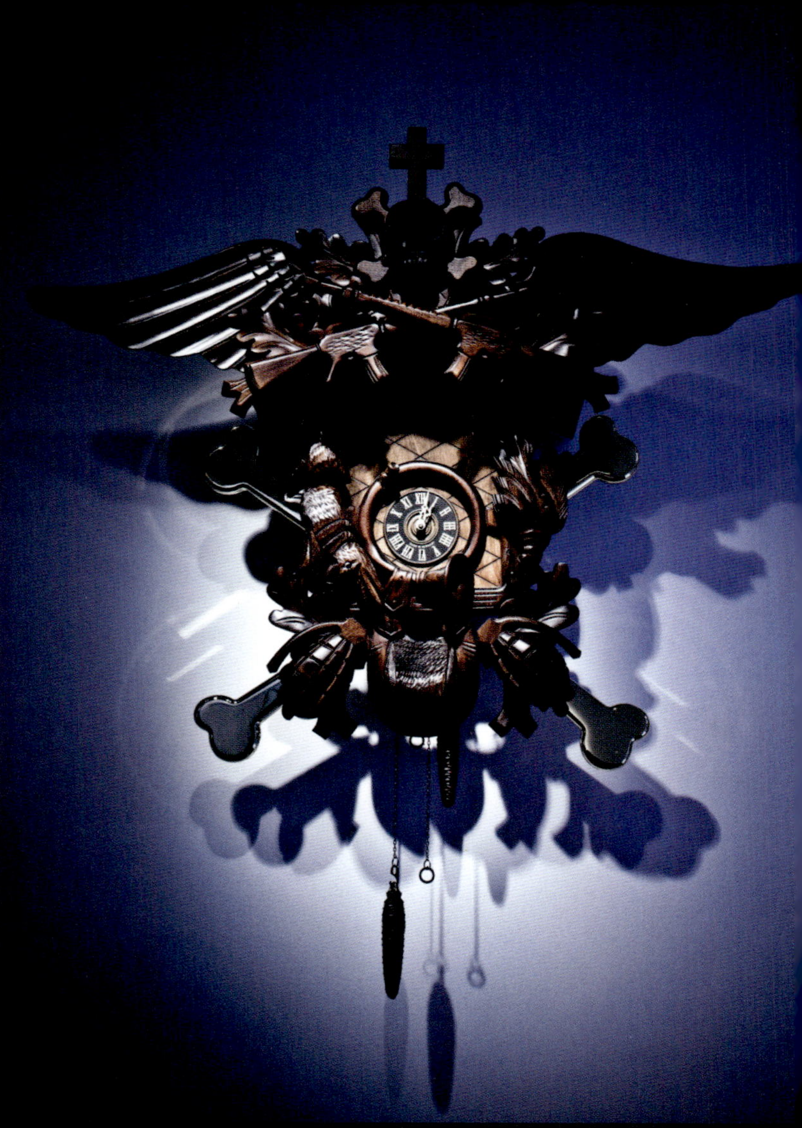

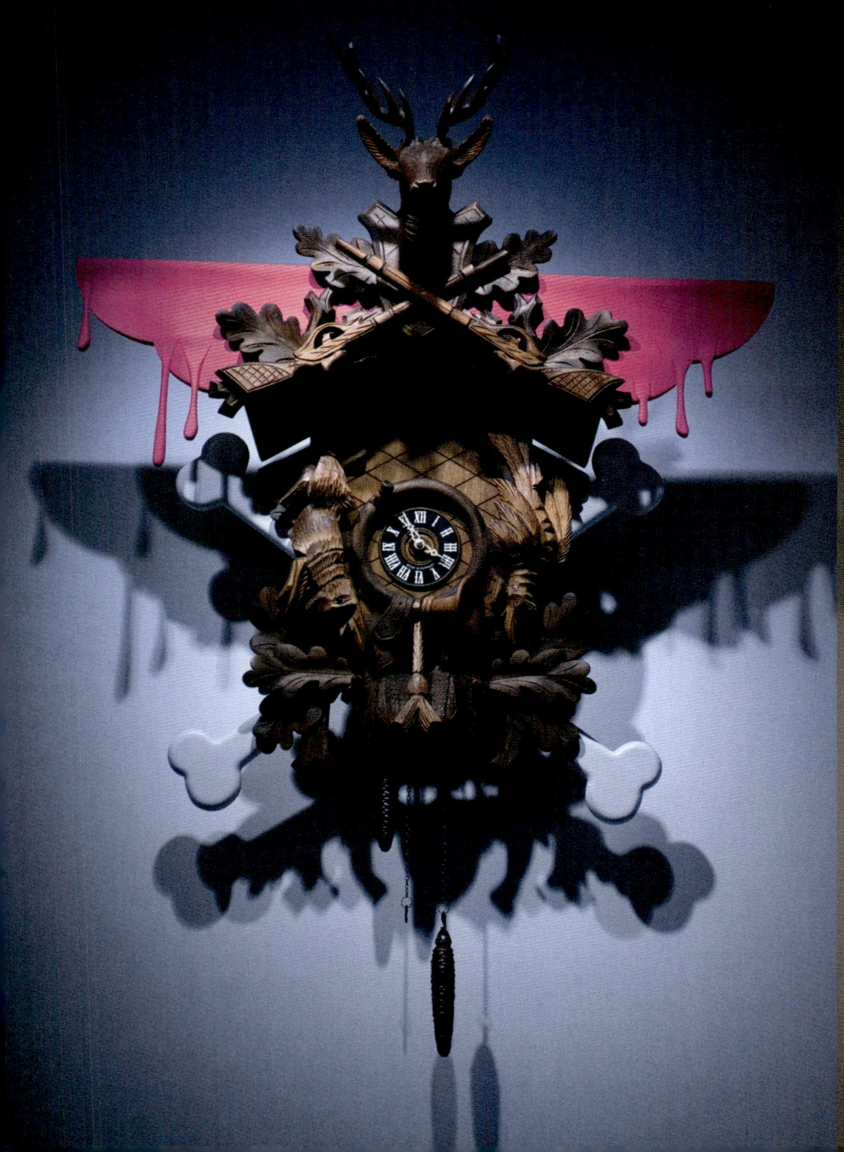

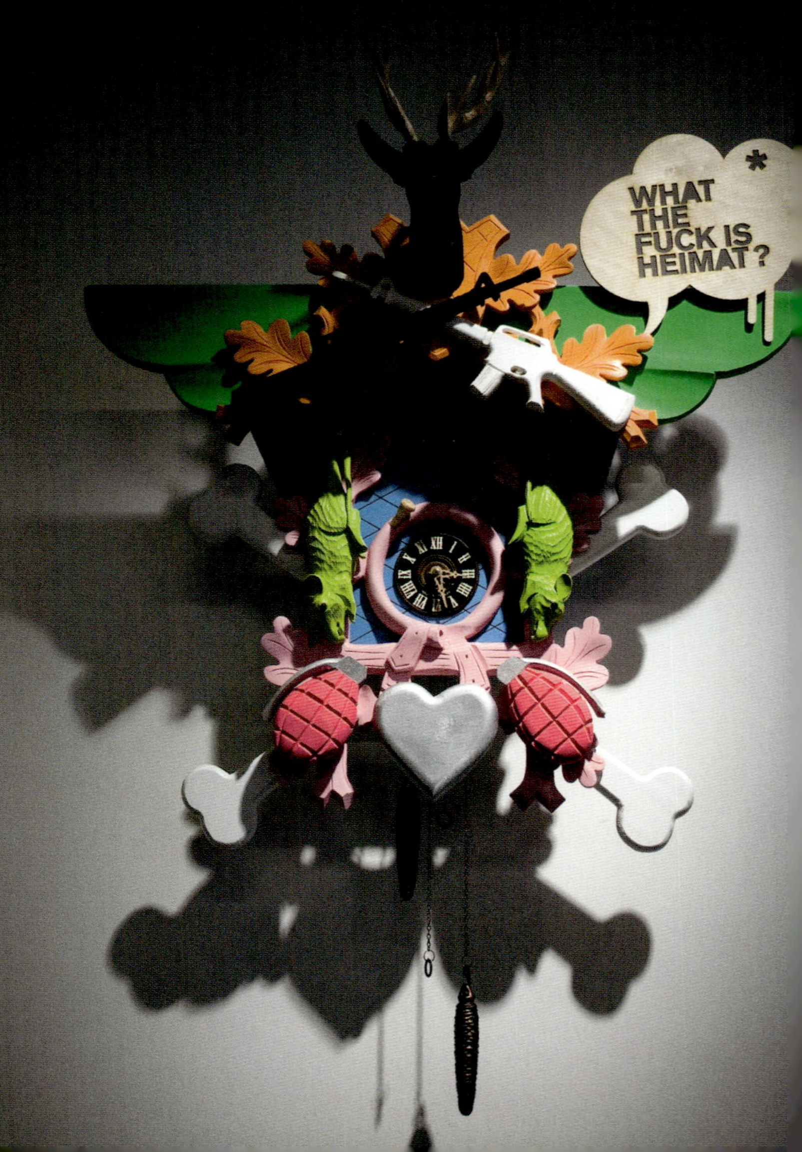
*
WHAT THE FUCK IS HEIMAT?

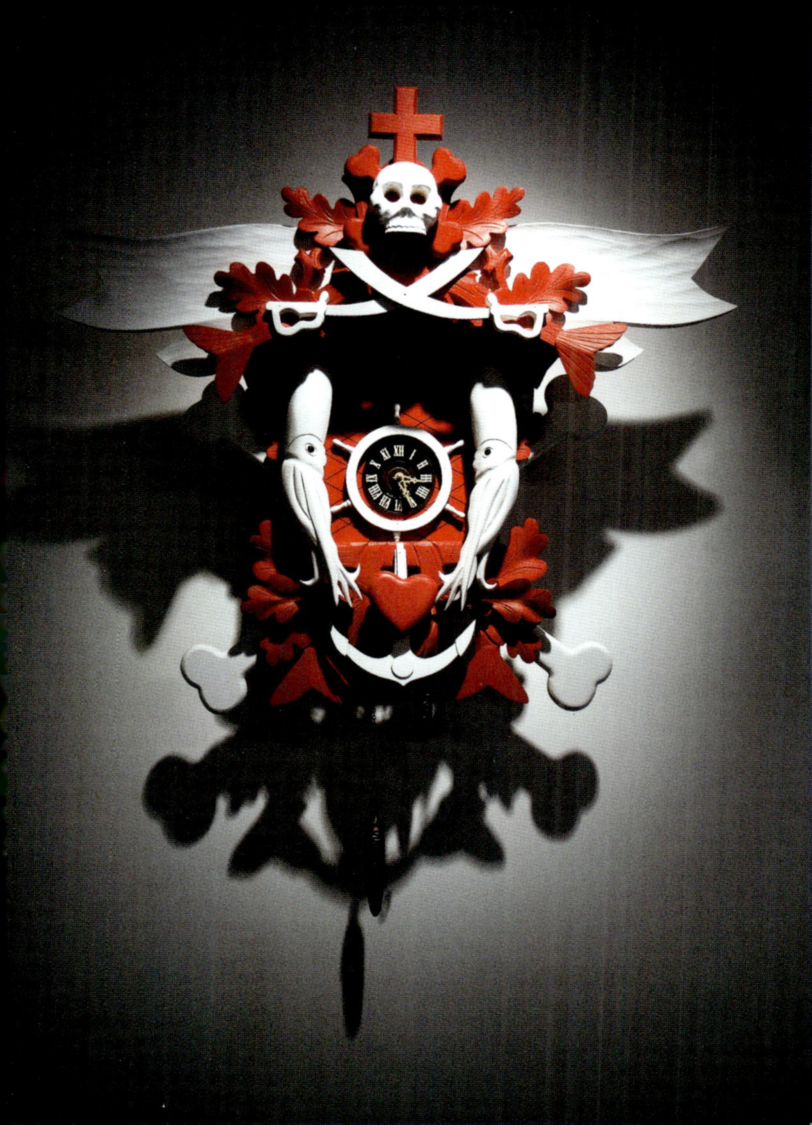

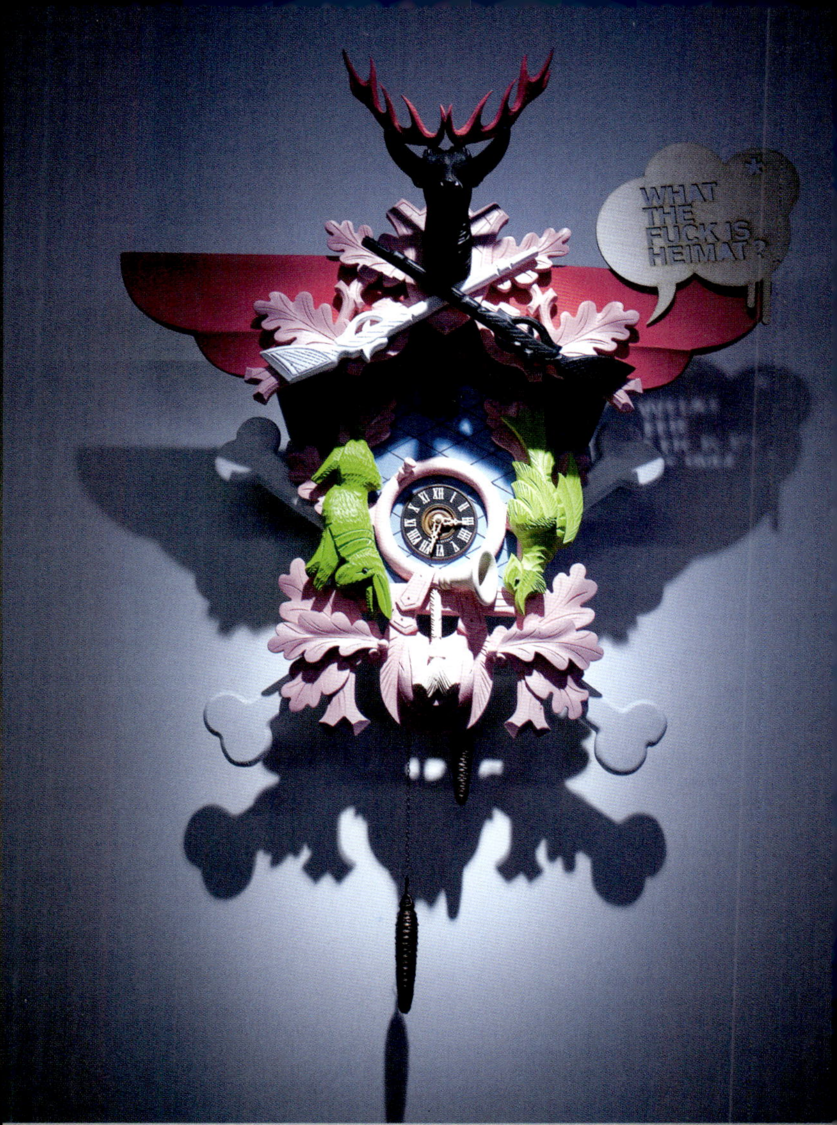
WHAT THE FUCK IS HEIMAT?

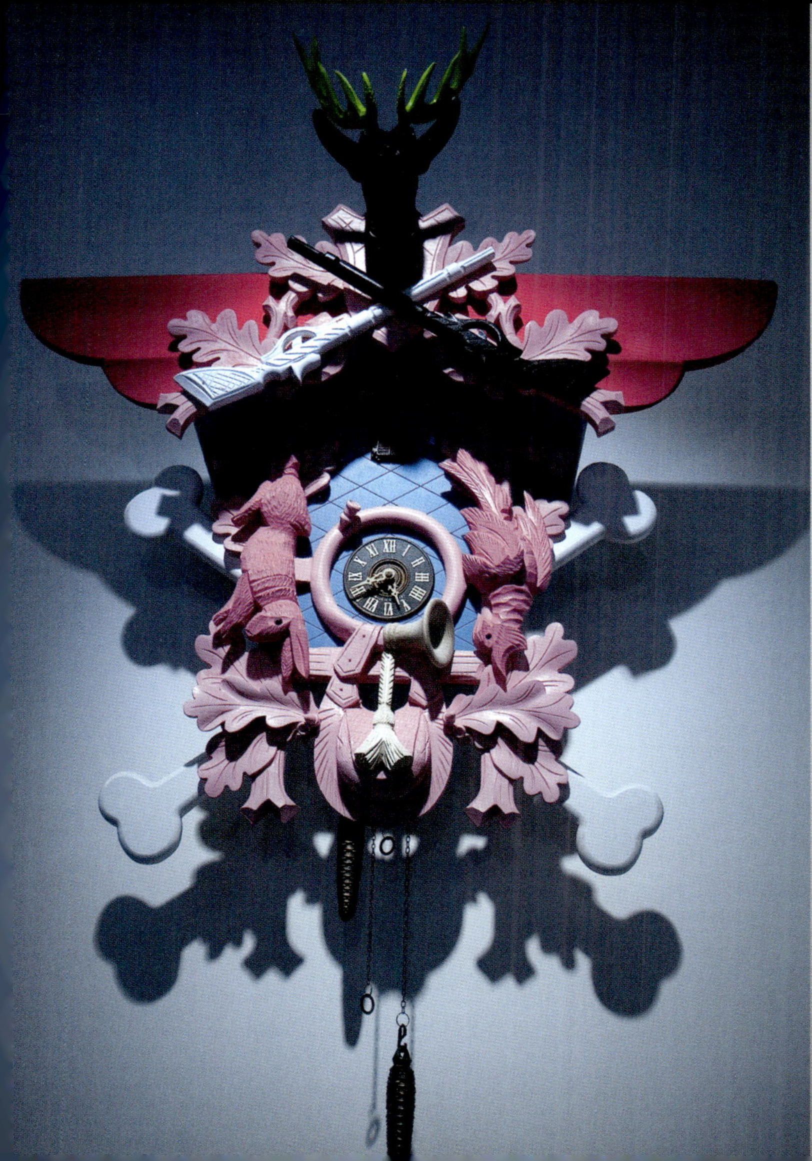

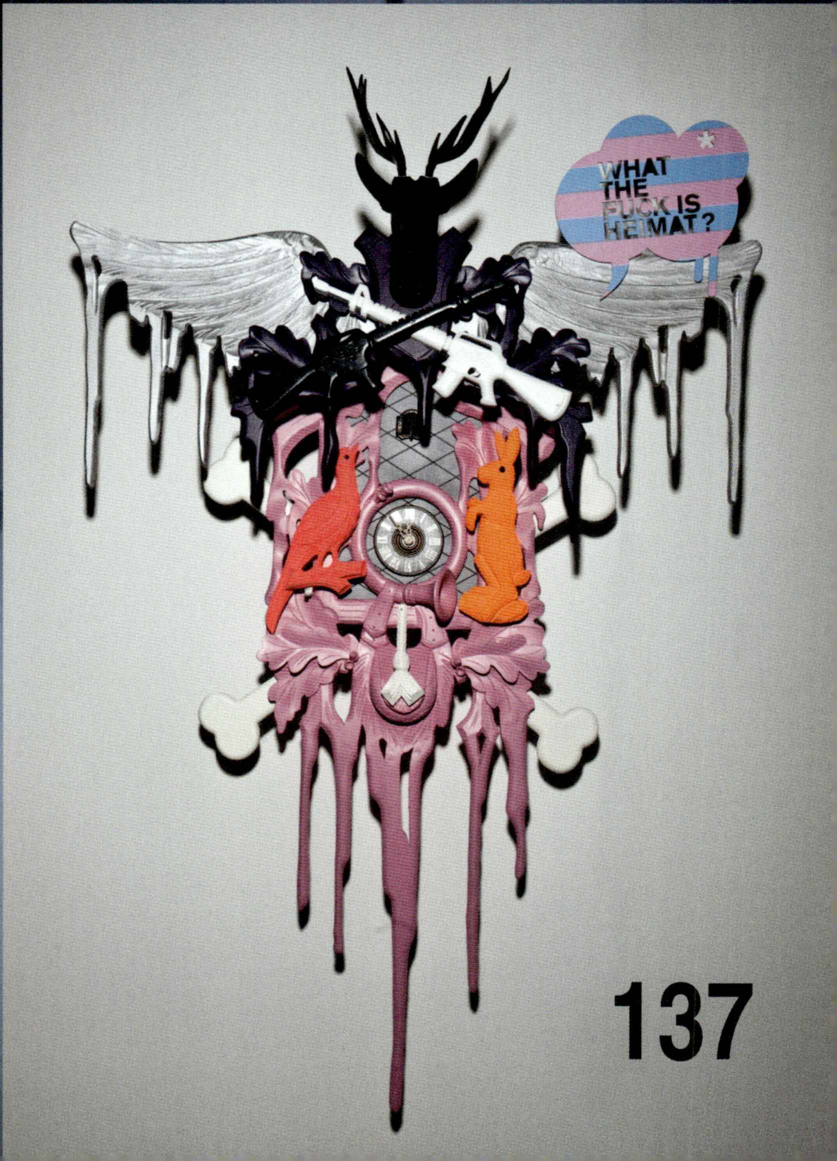
WHAT THE FUCK IS HEIMAT?

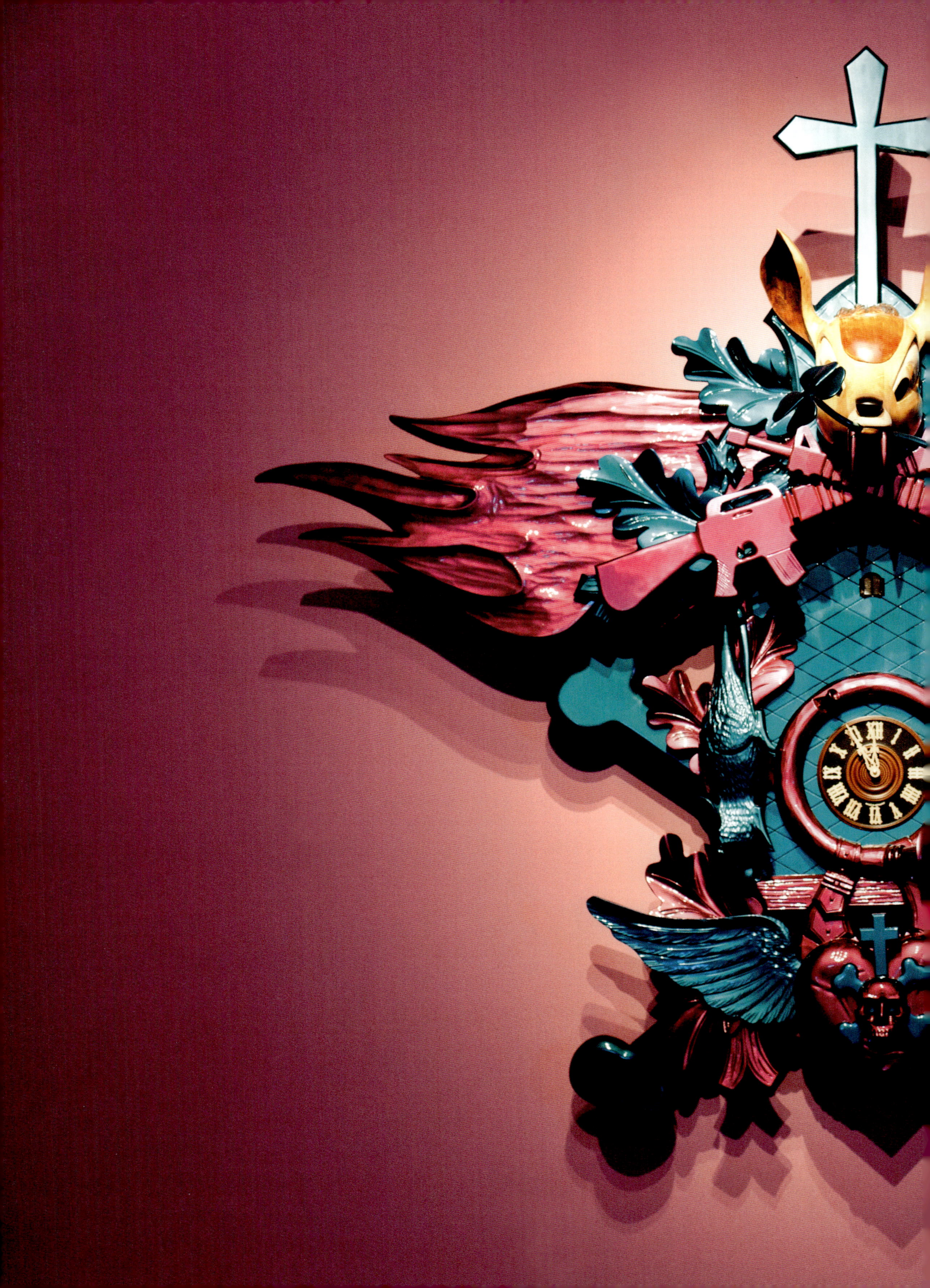

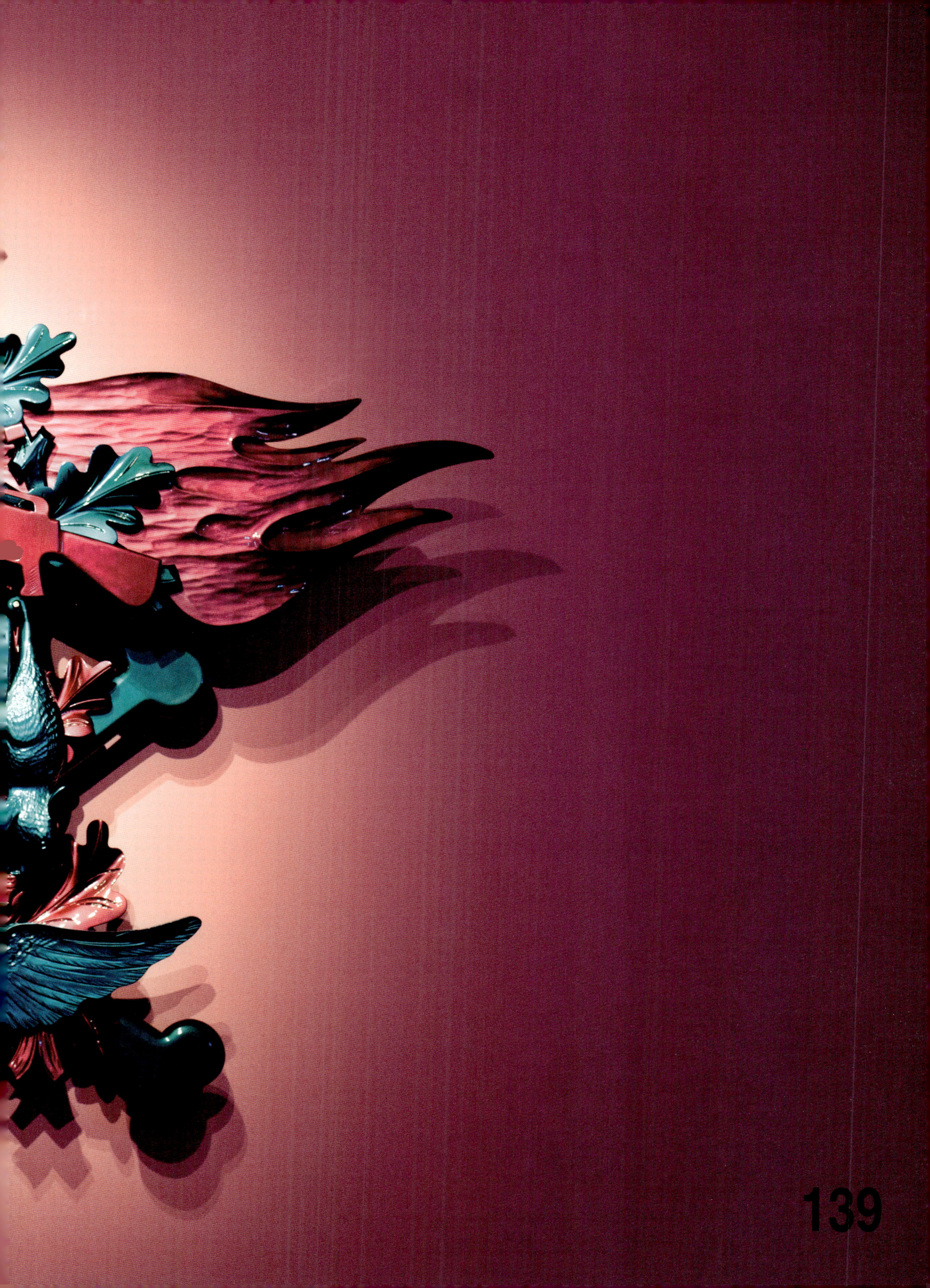

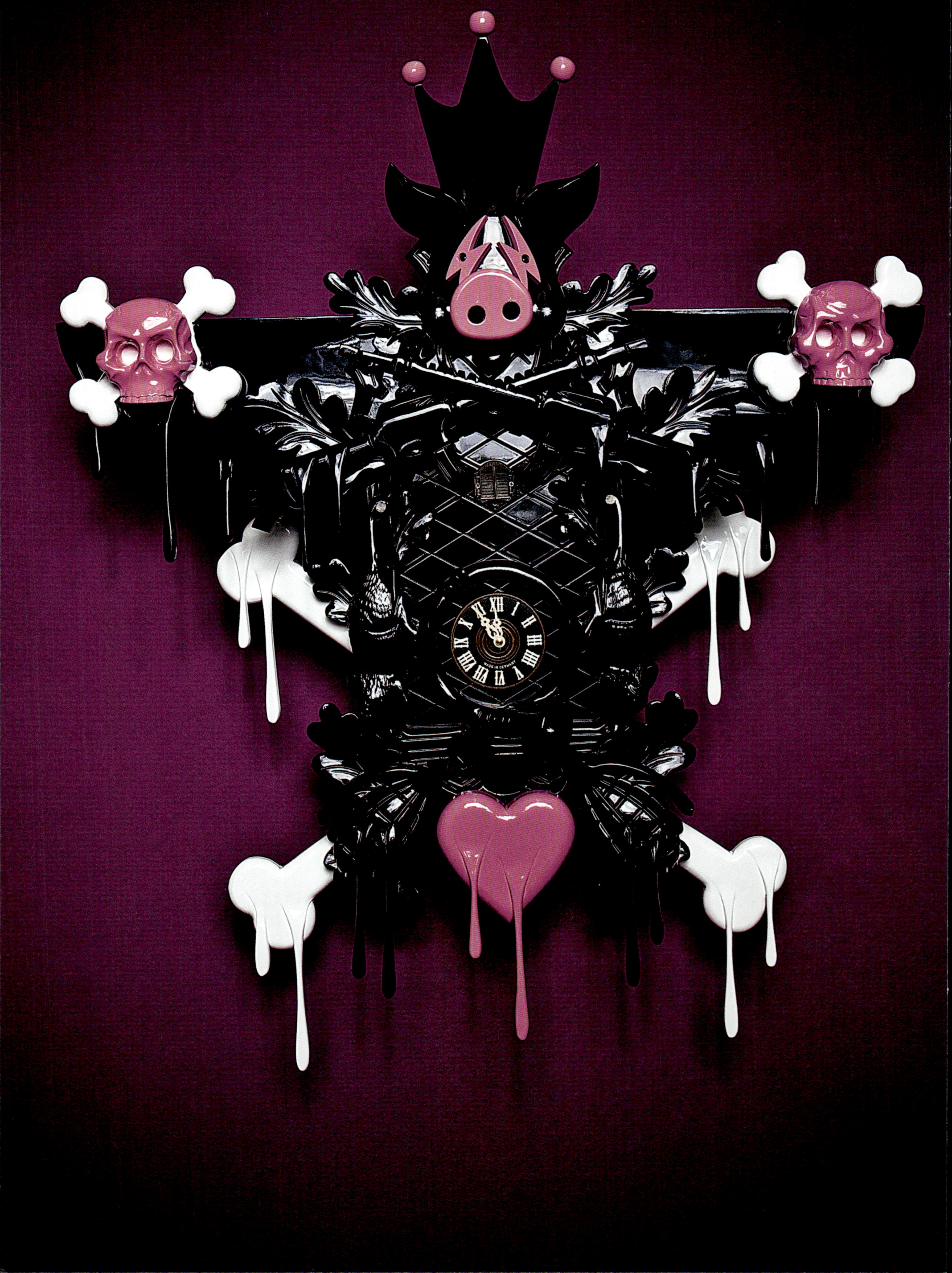

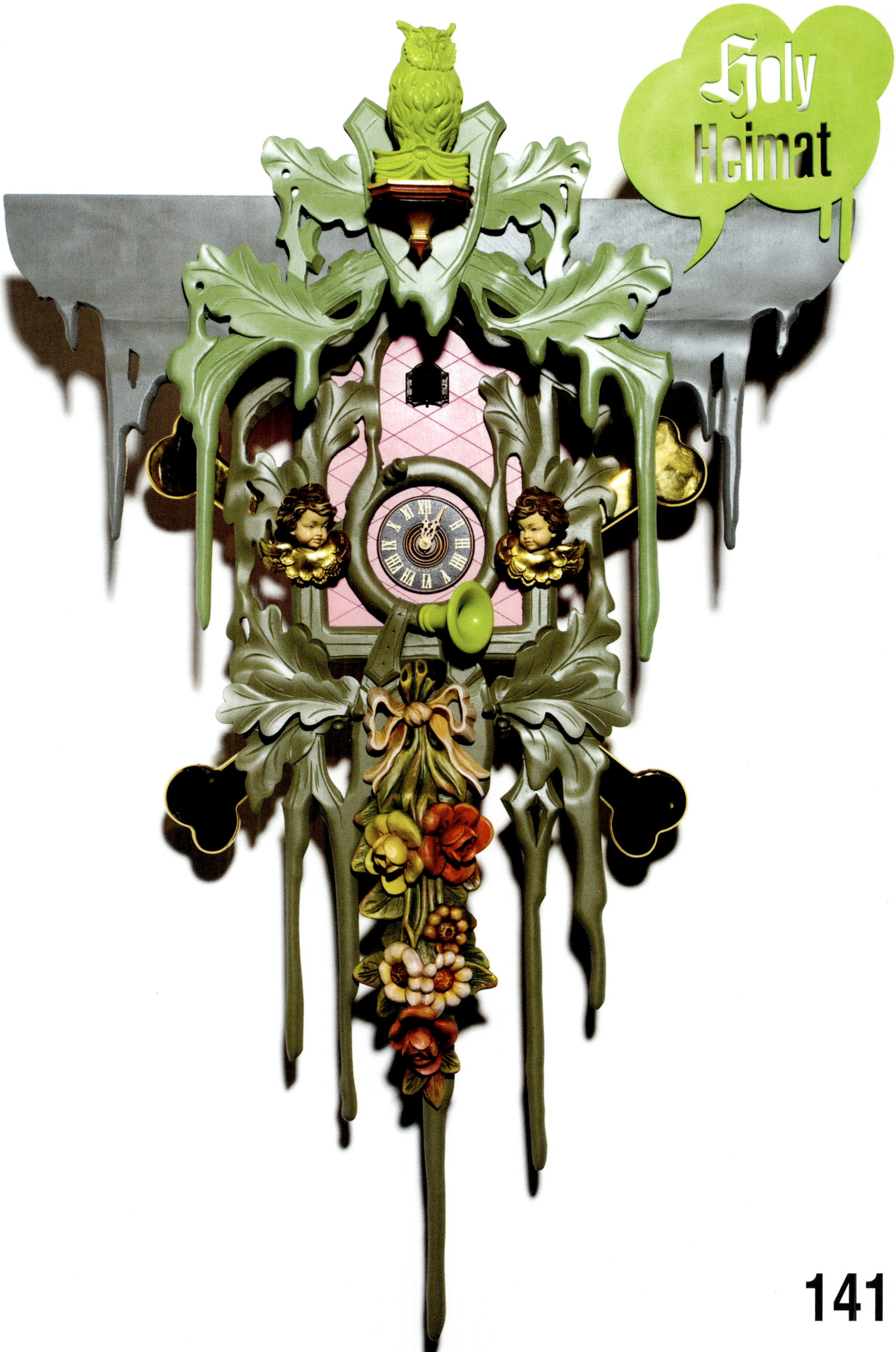
Holy
Heimat

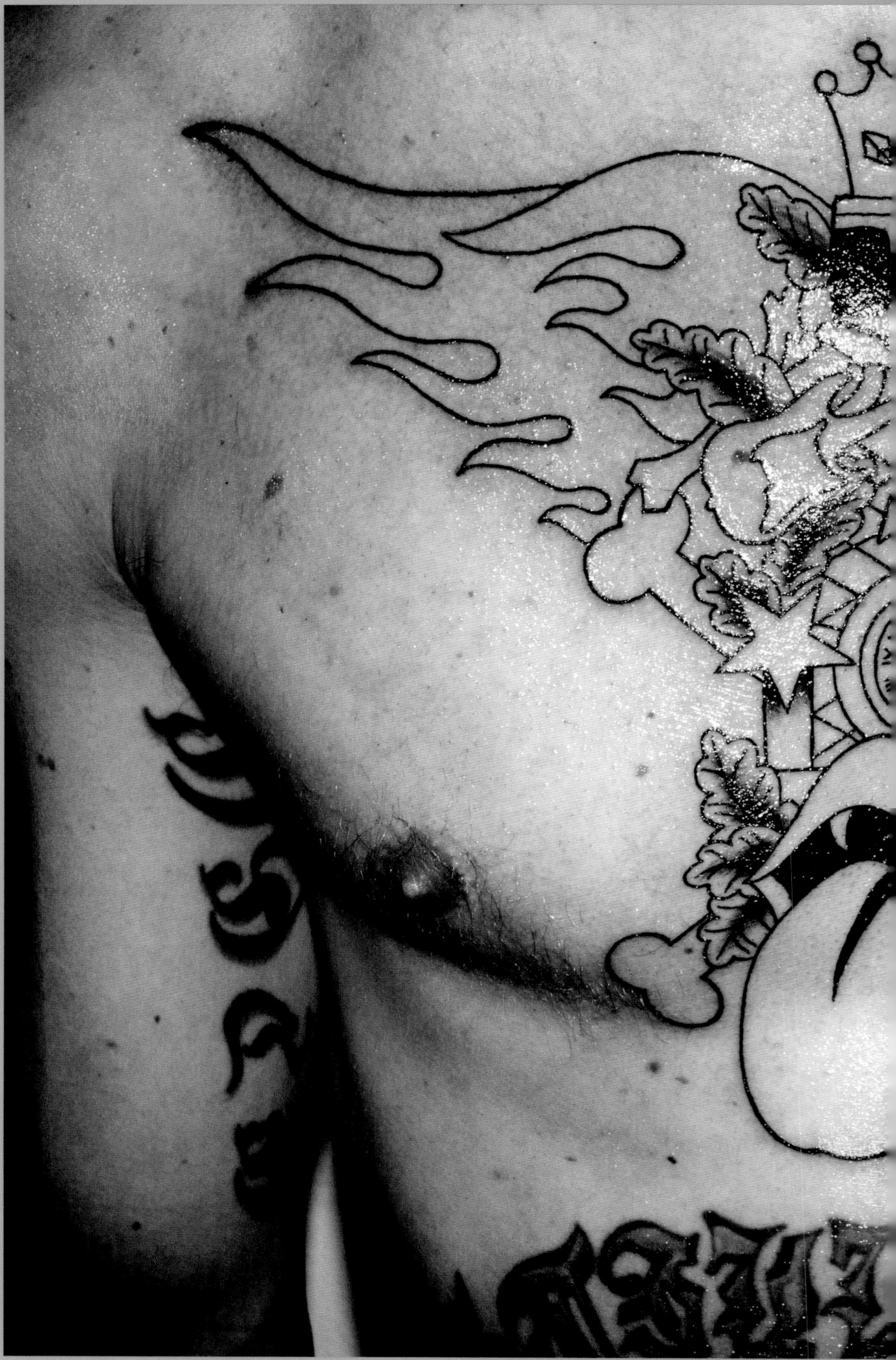

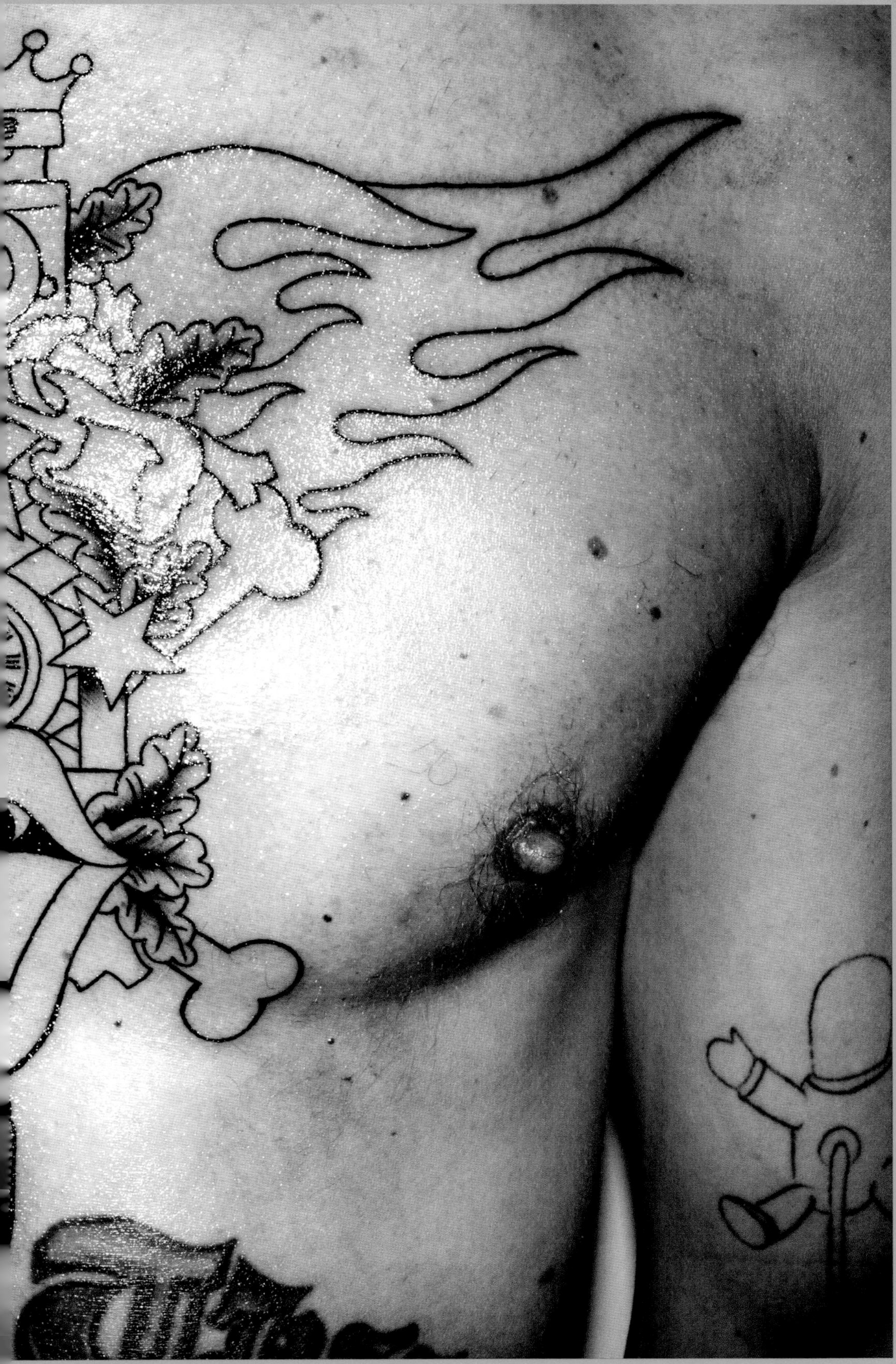

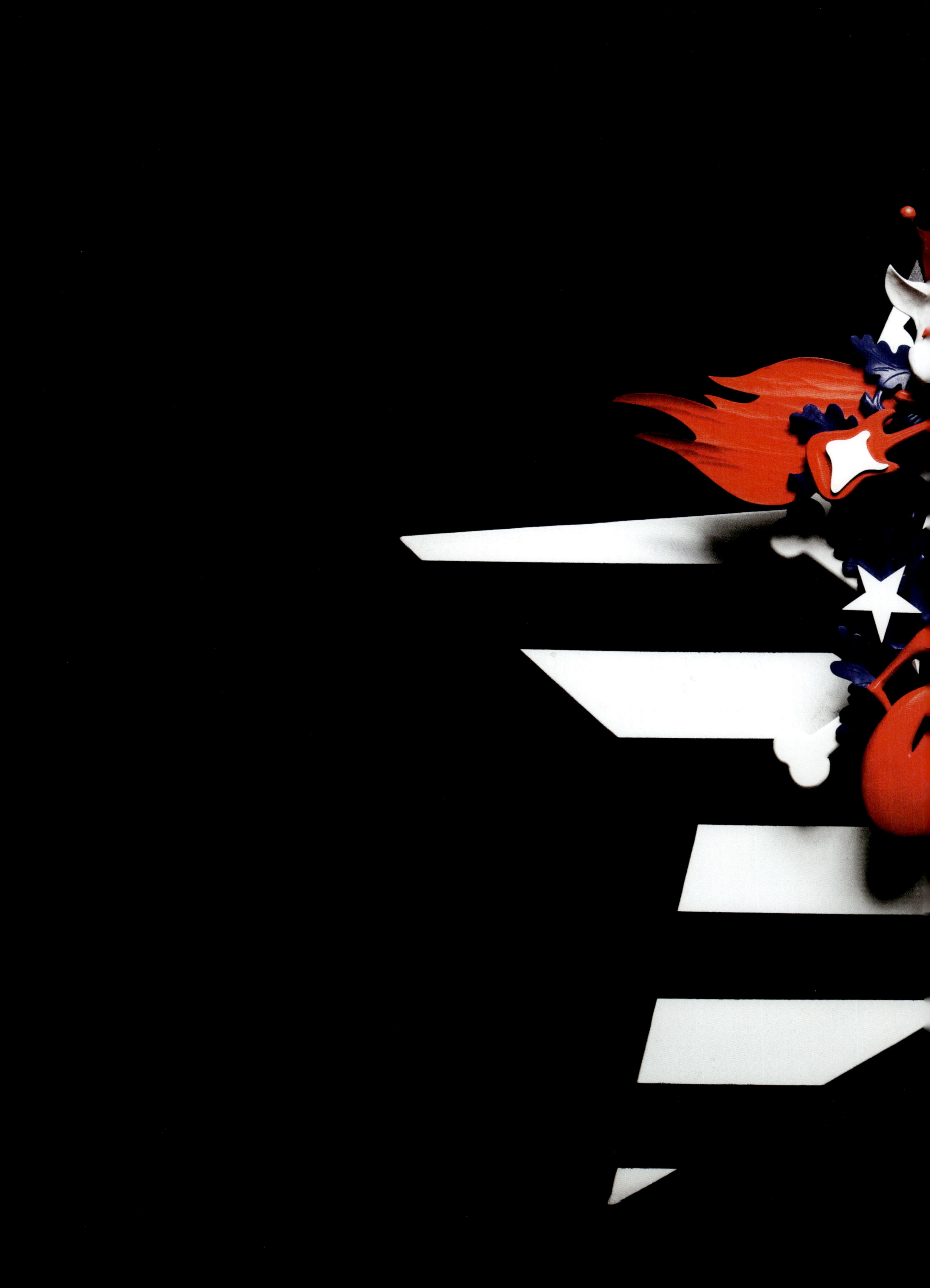

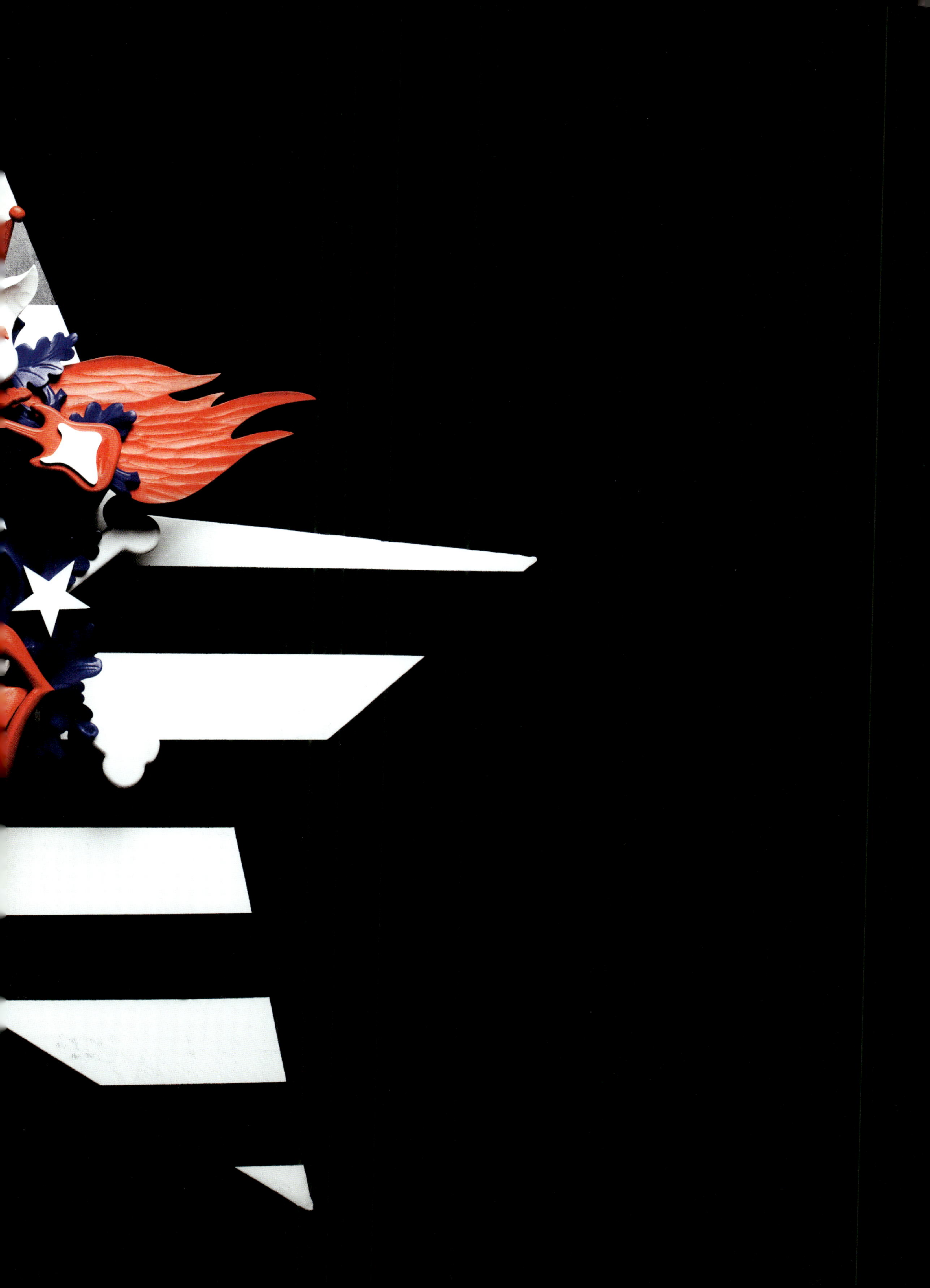

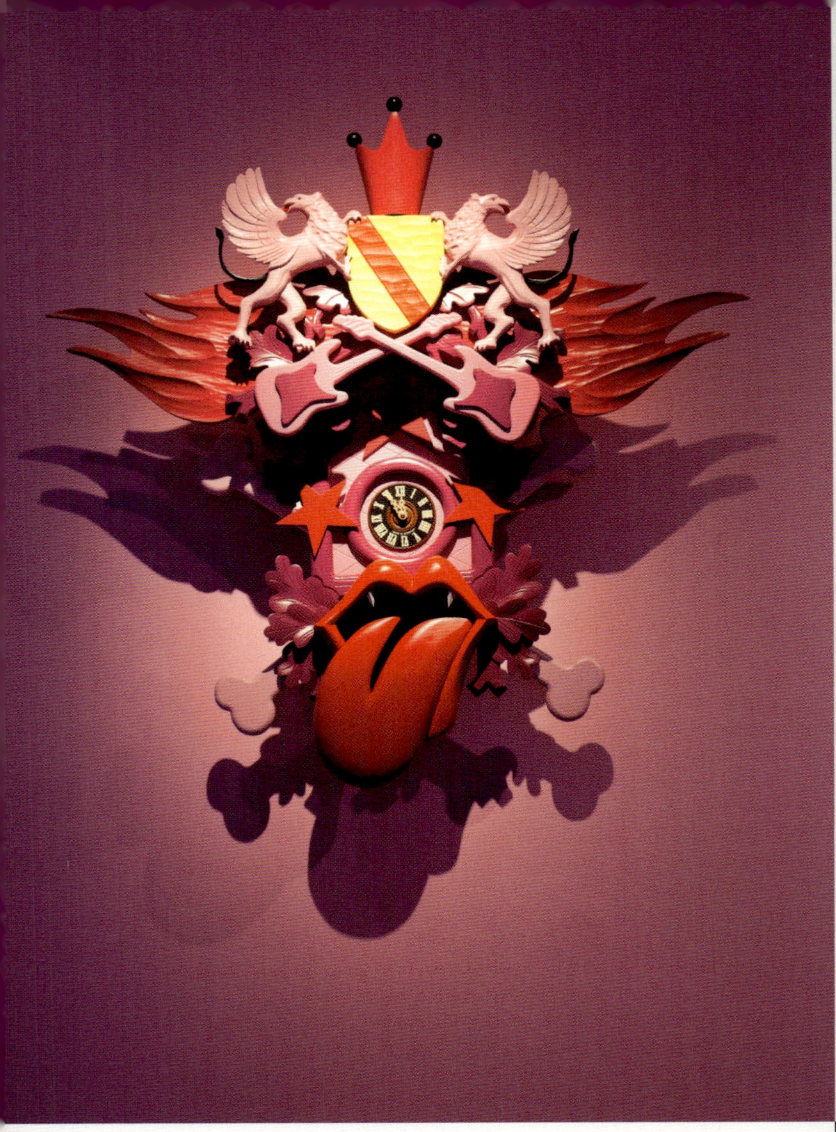

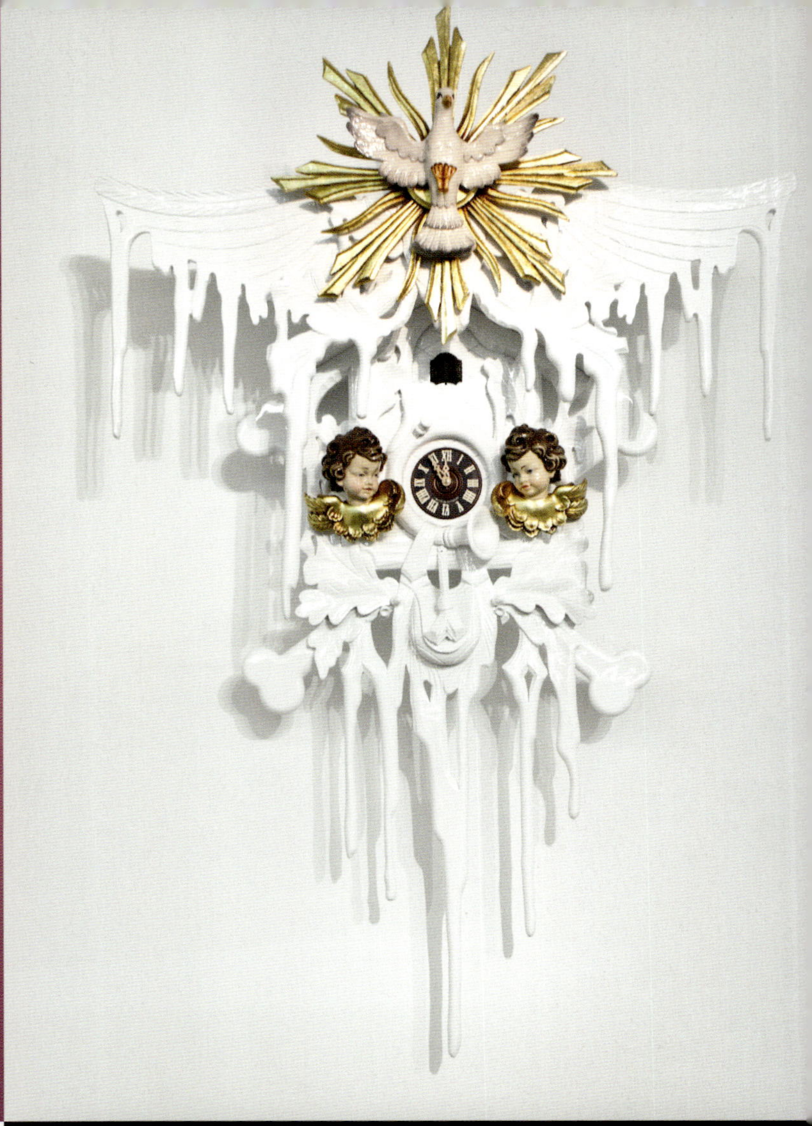

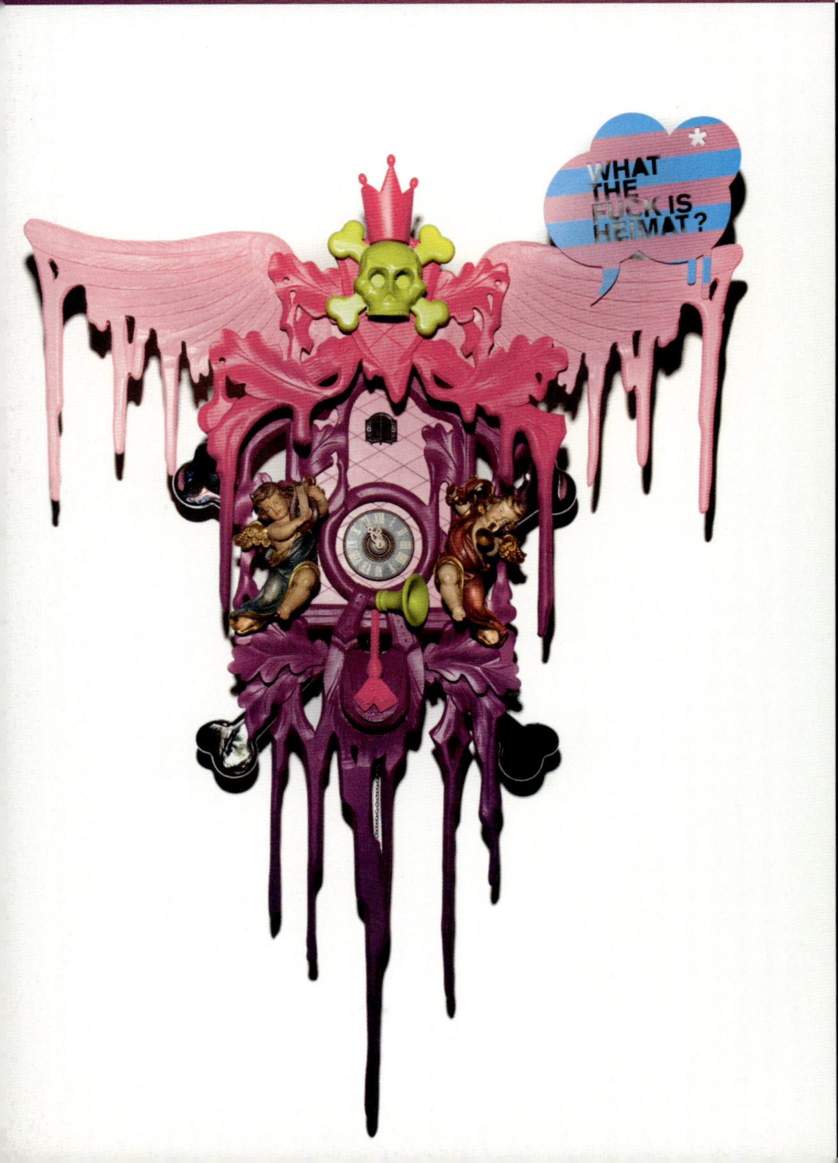
WHAT THE FUCK IS HEIMAT?

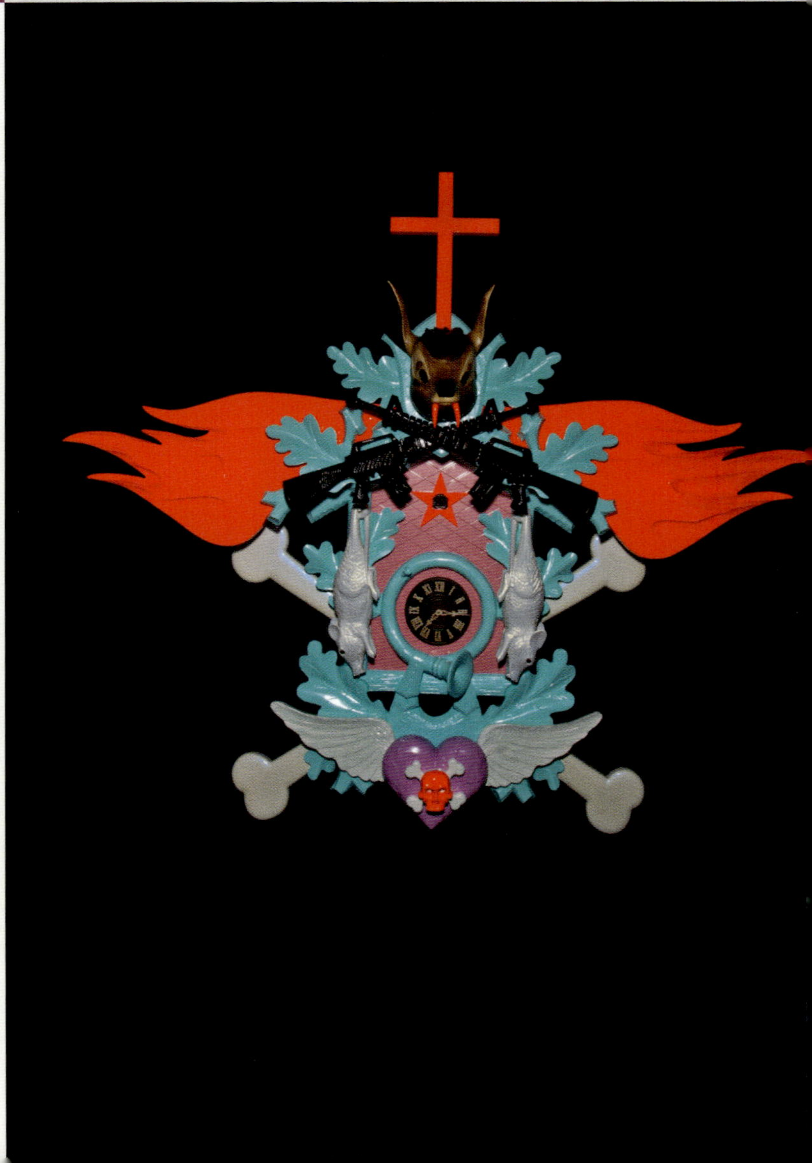

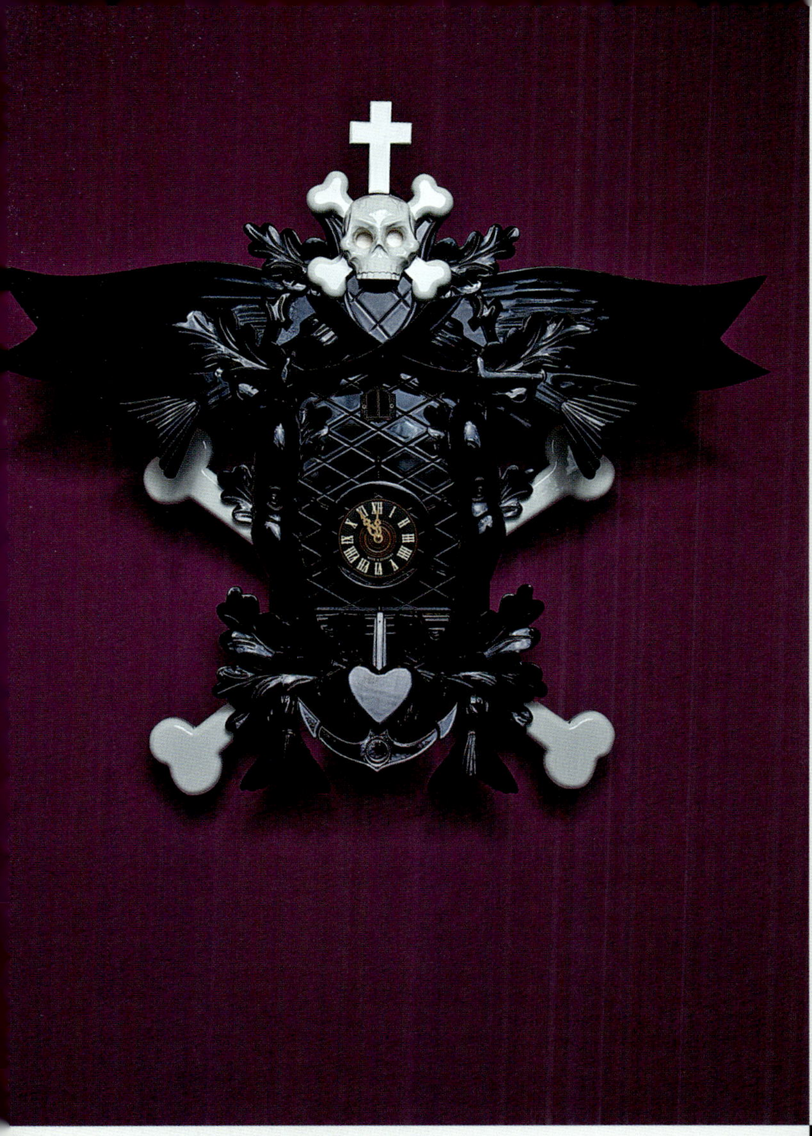

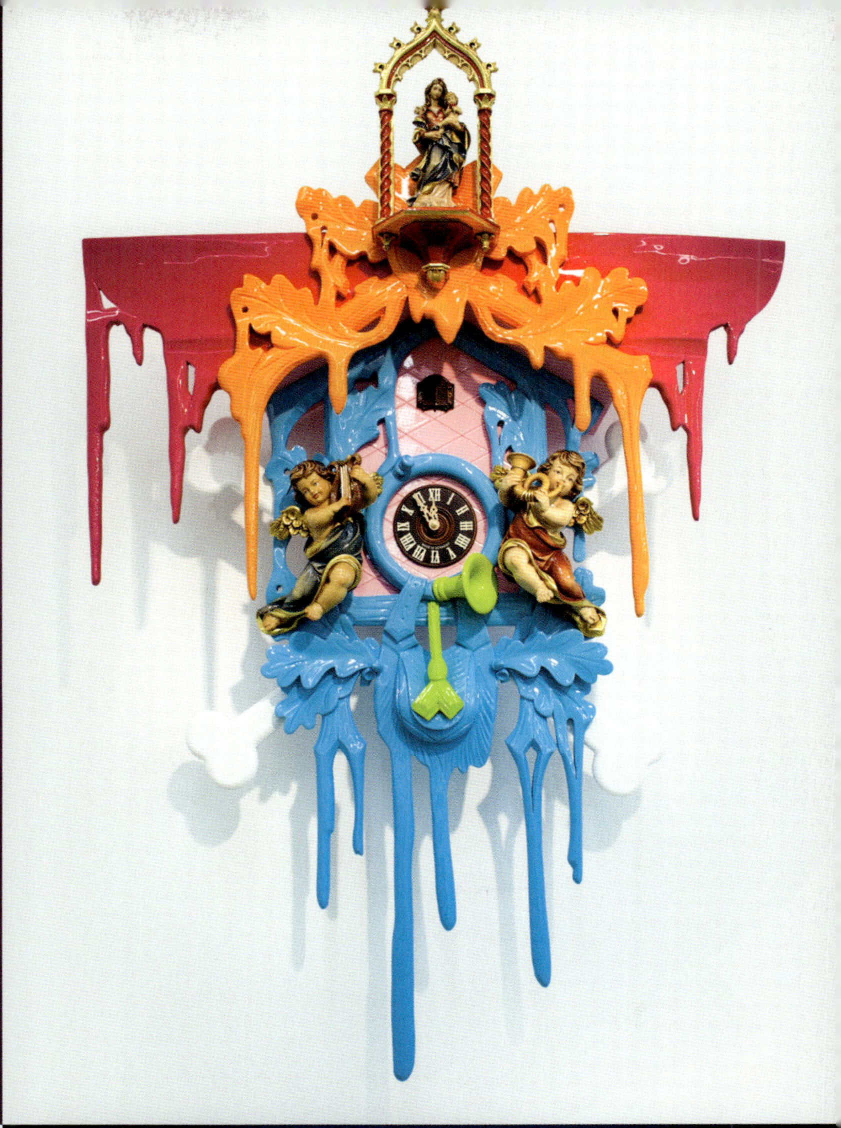

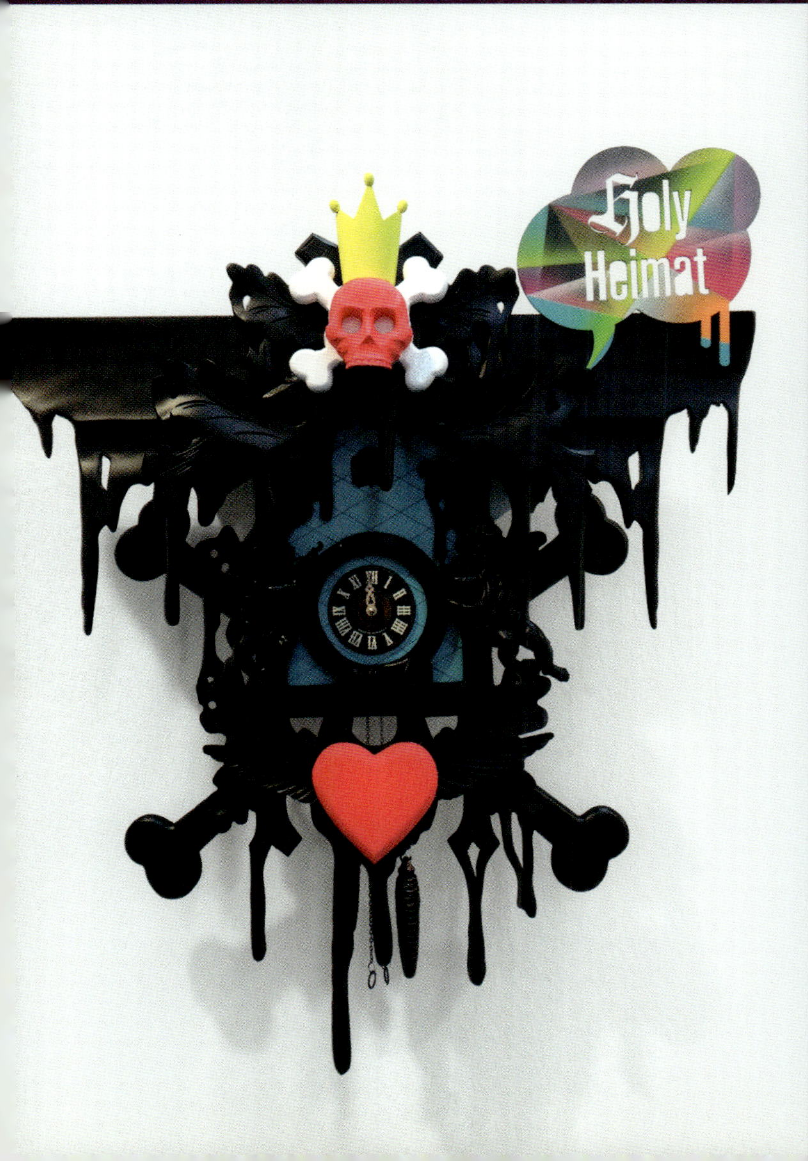
Holy
Heimat

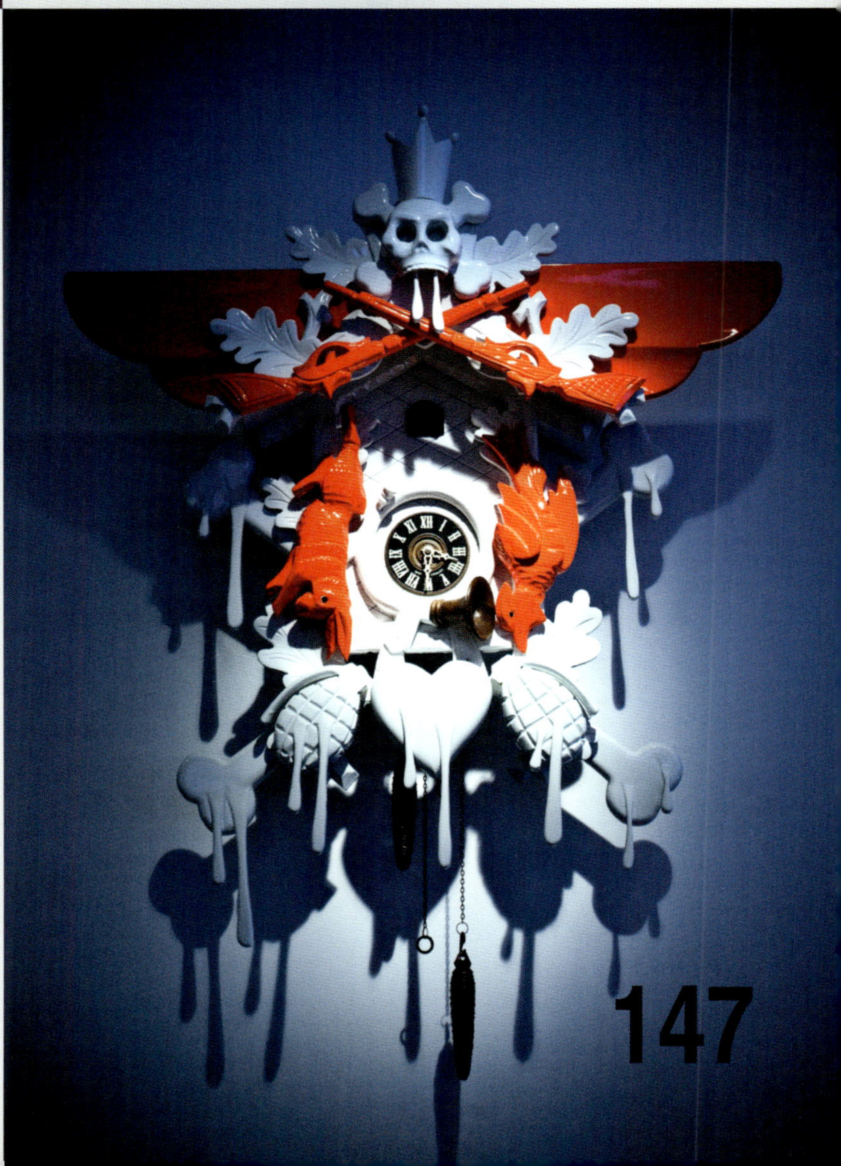

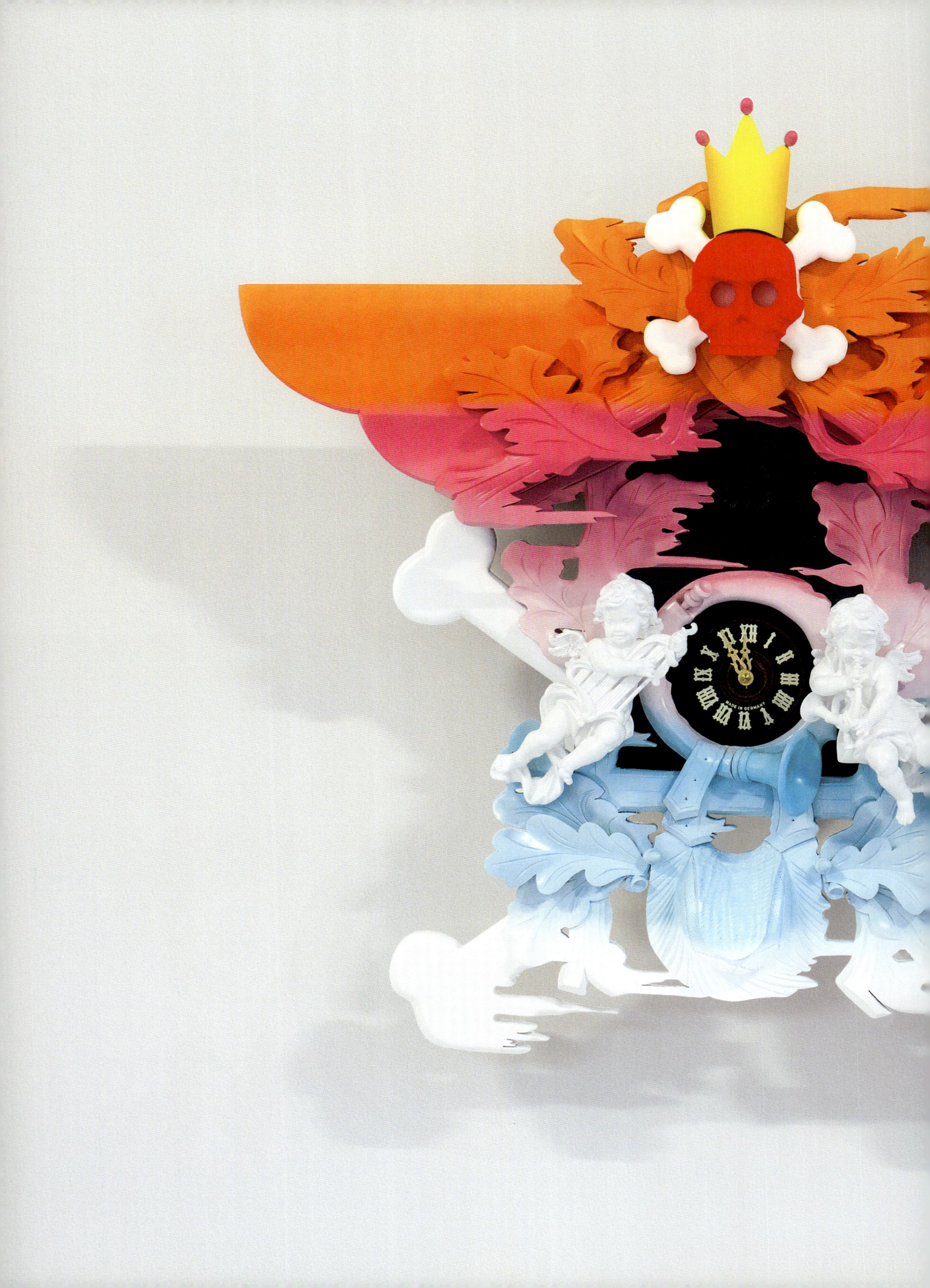

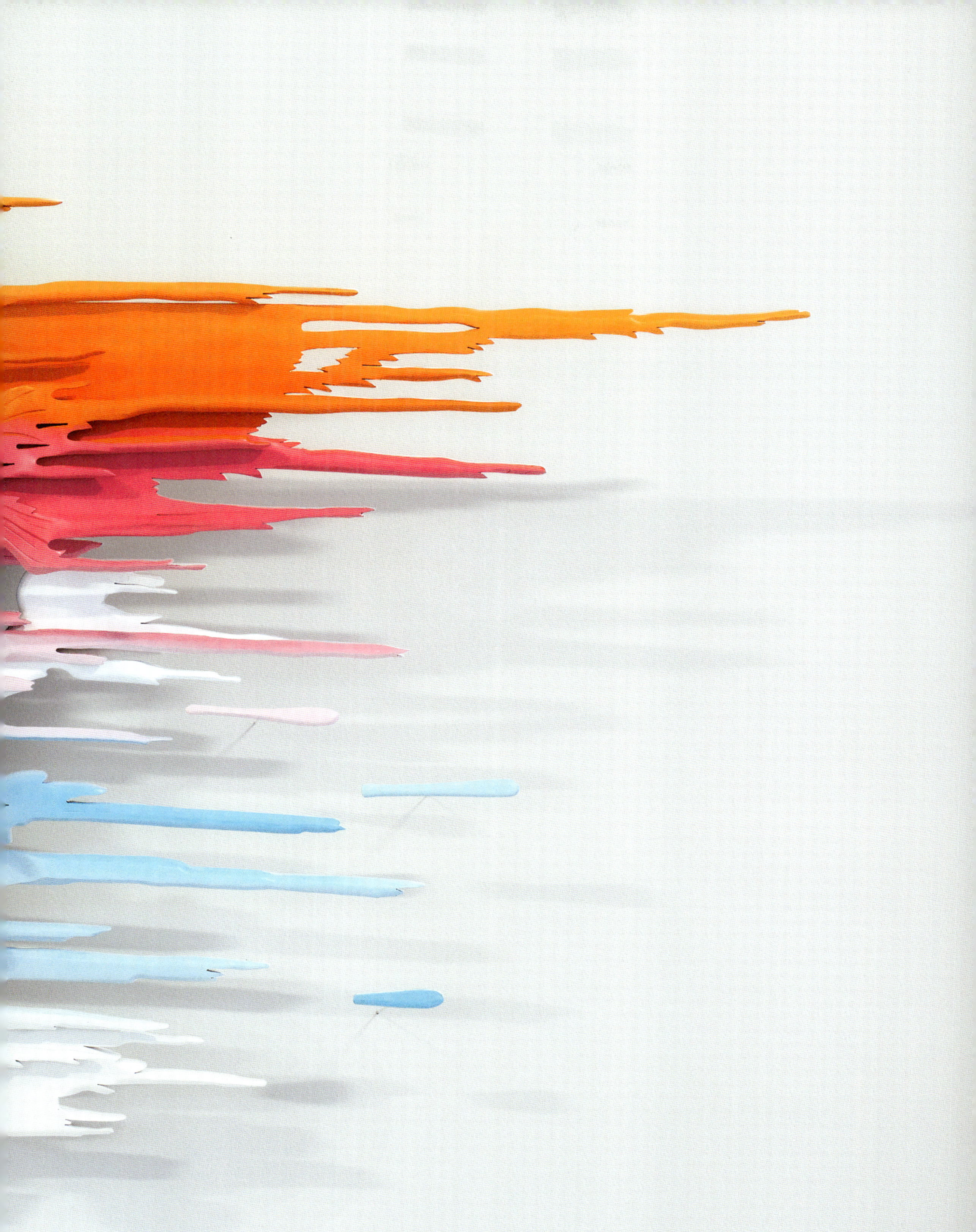

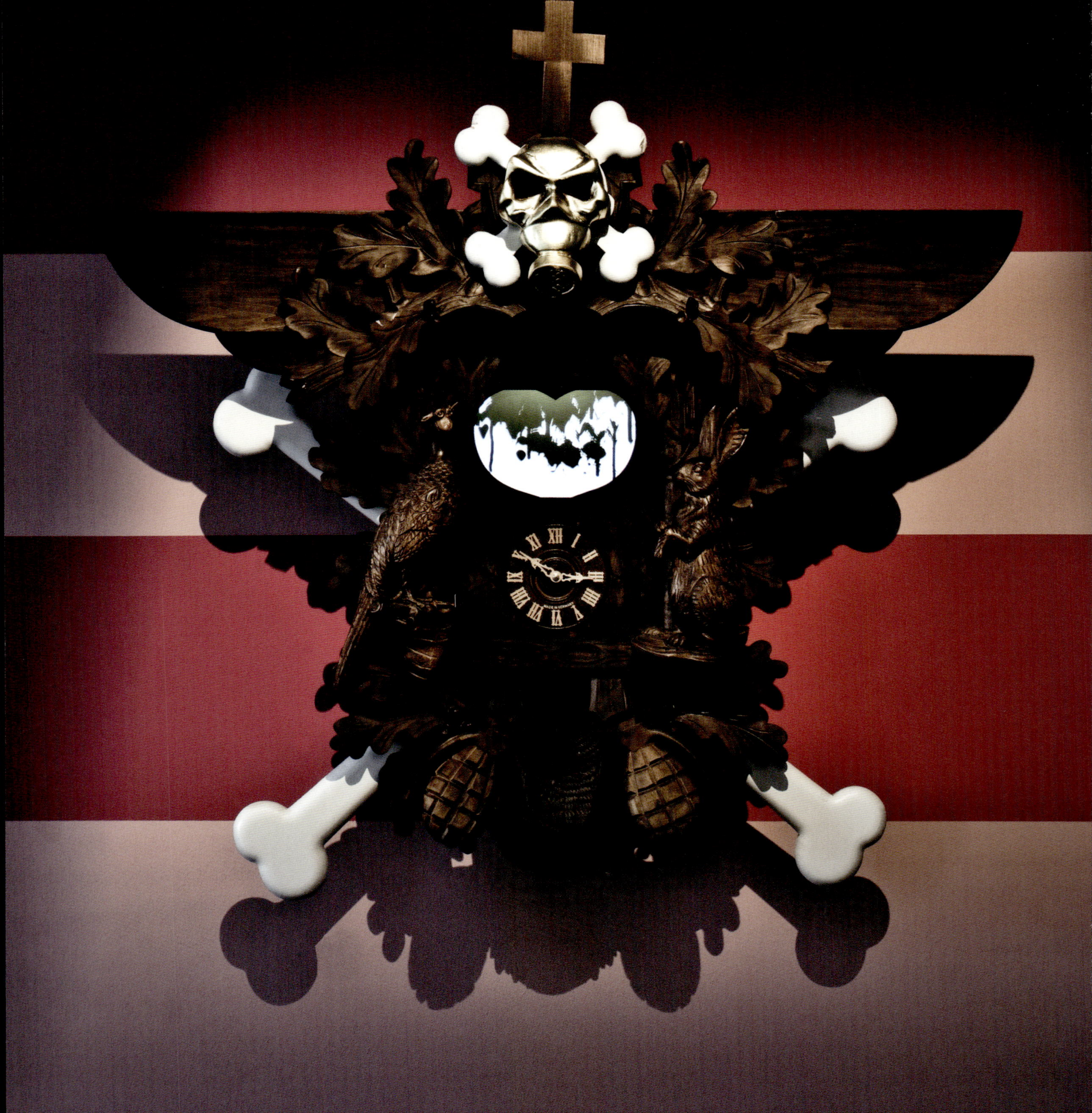

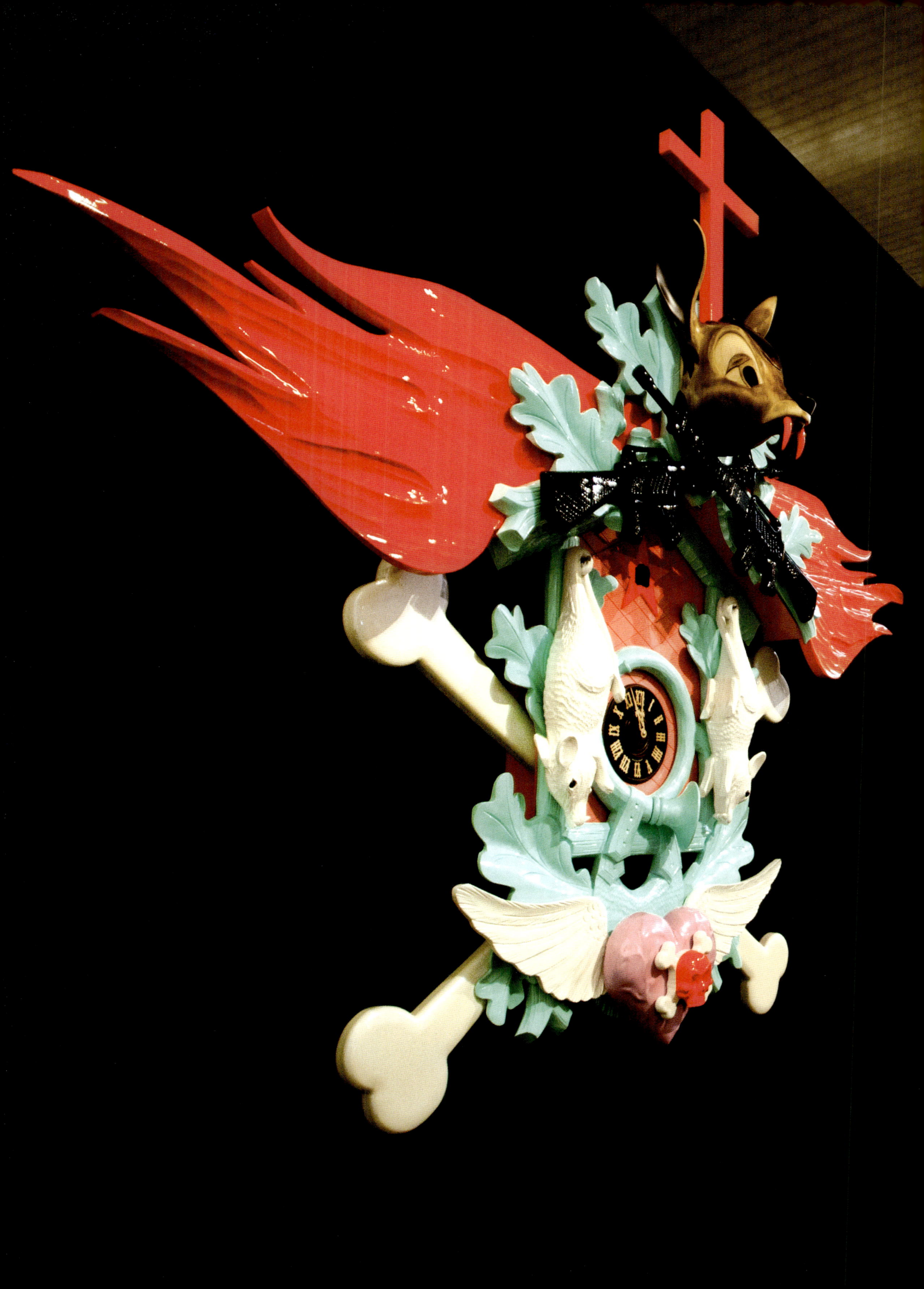

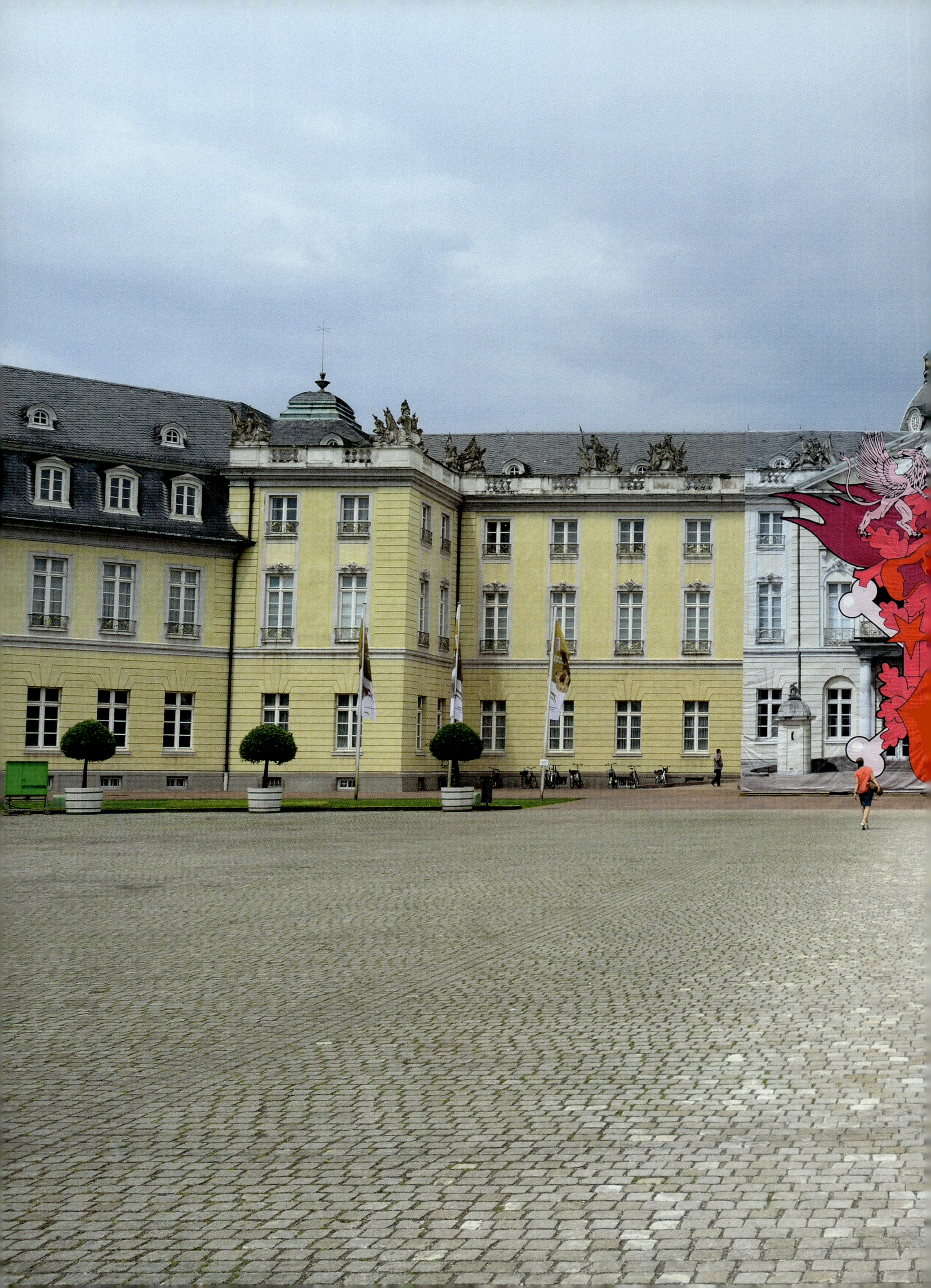

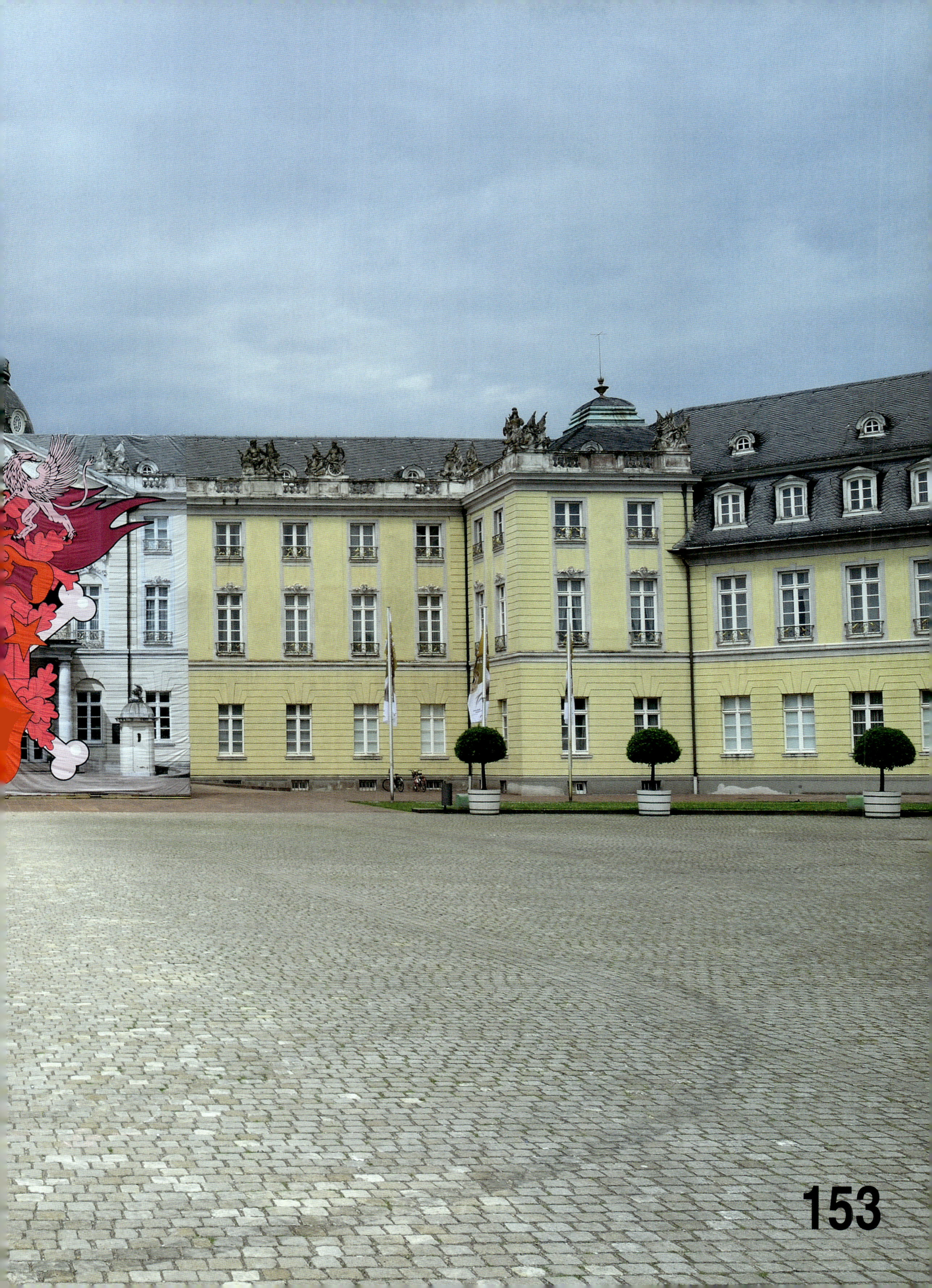

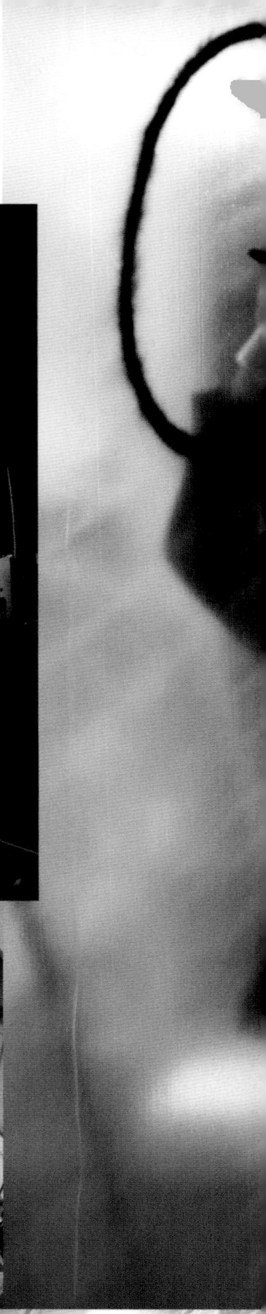

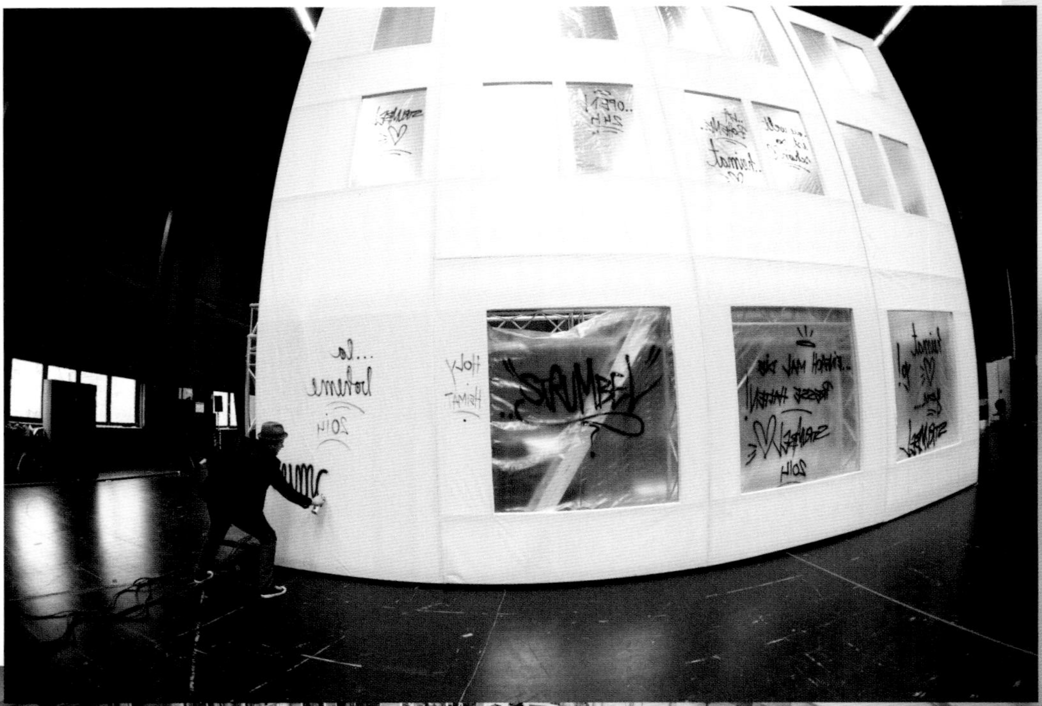

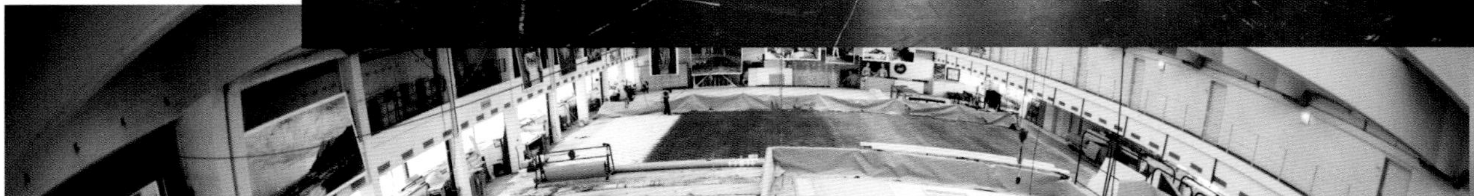

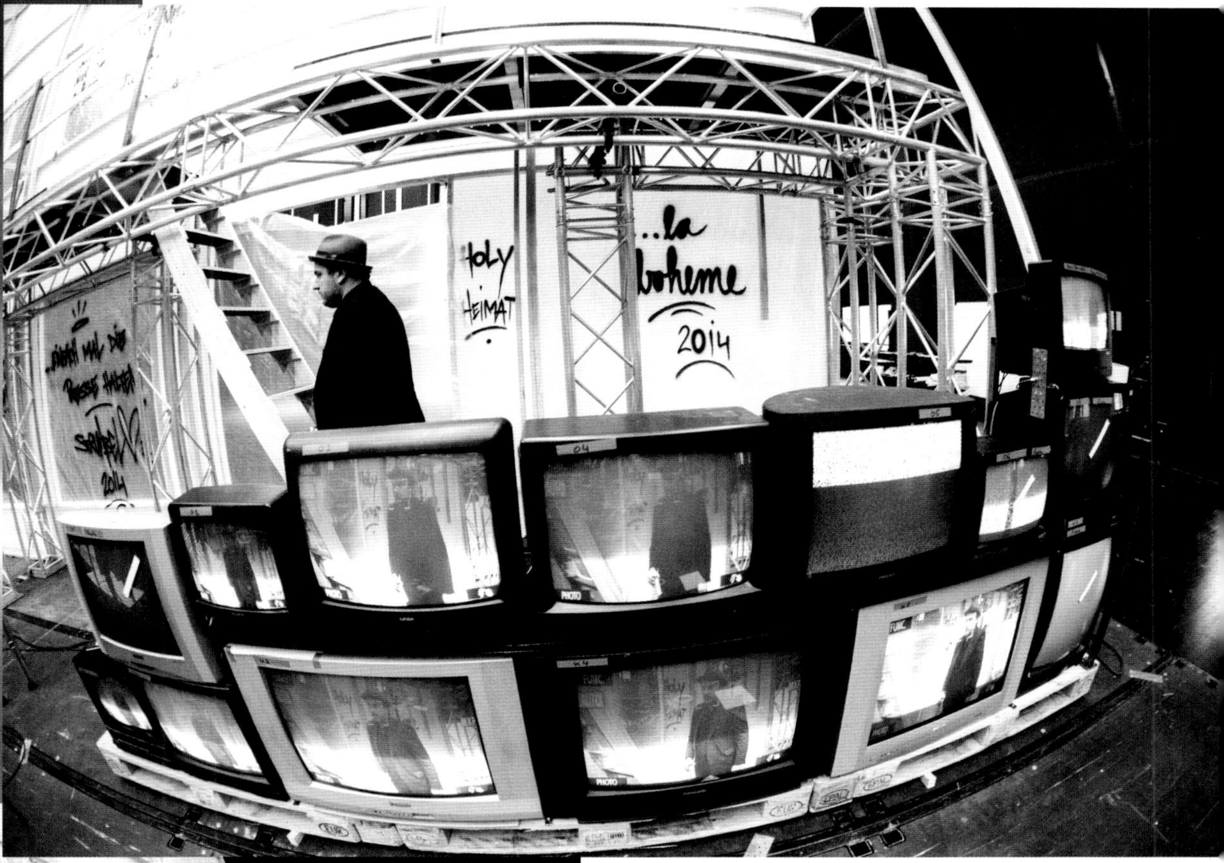
HOLY HEIMAT
...la boheme 2014

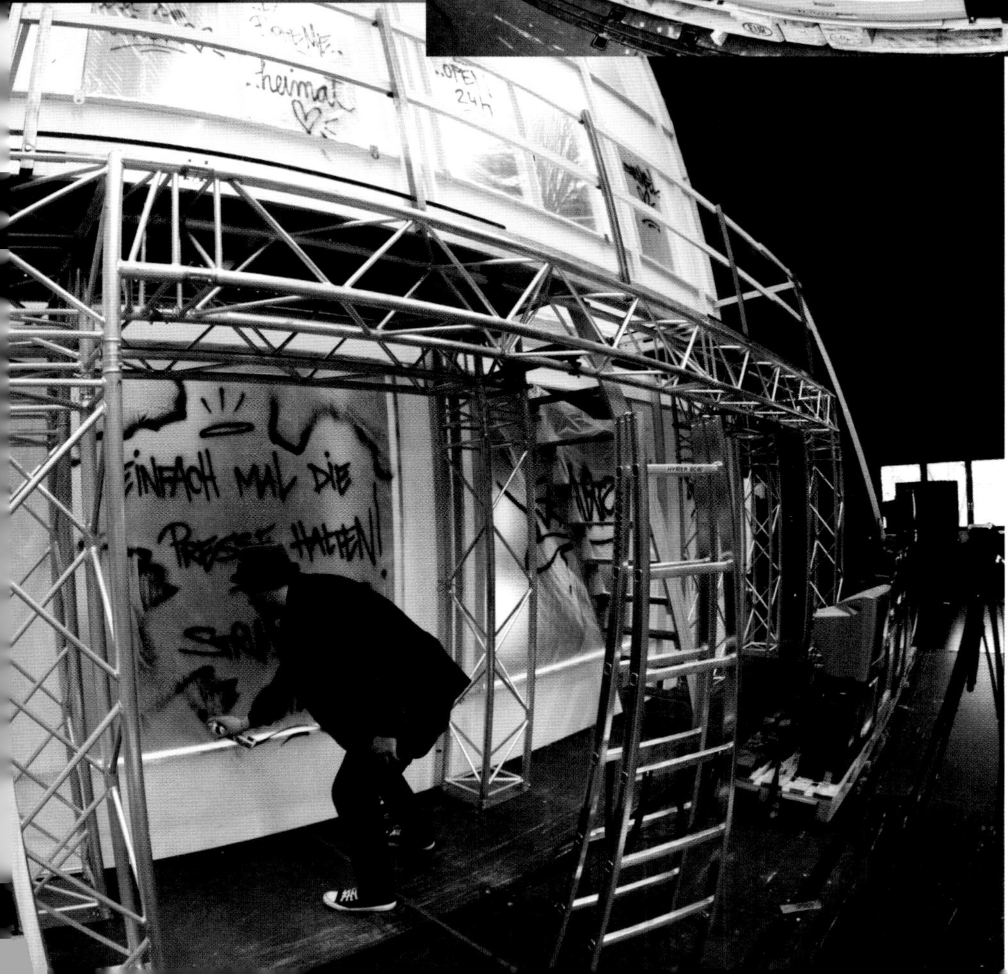
EINFACH MAL DIE PRESSE HALTEN!
..heimat

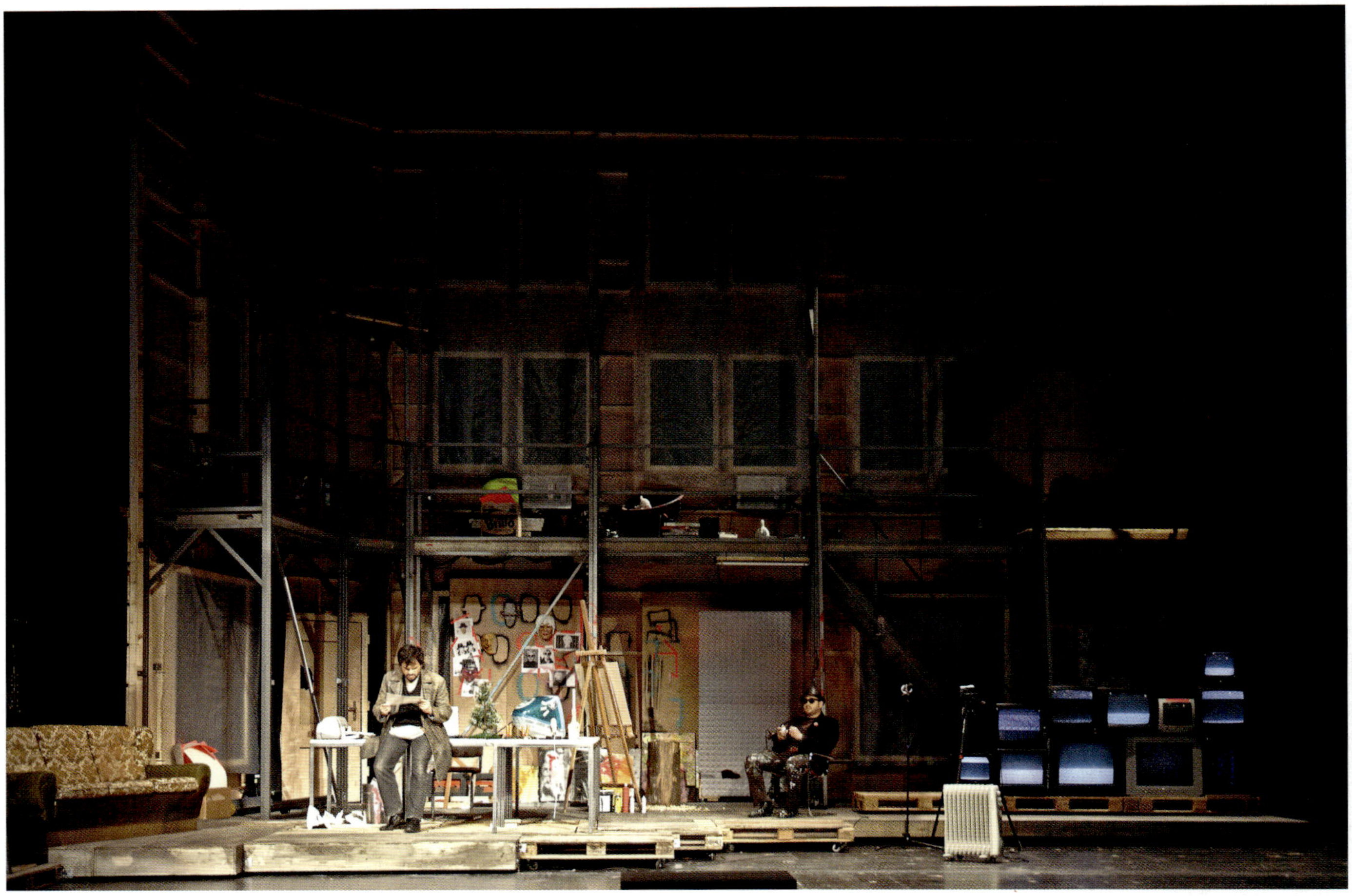

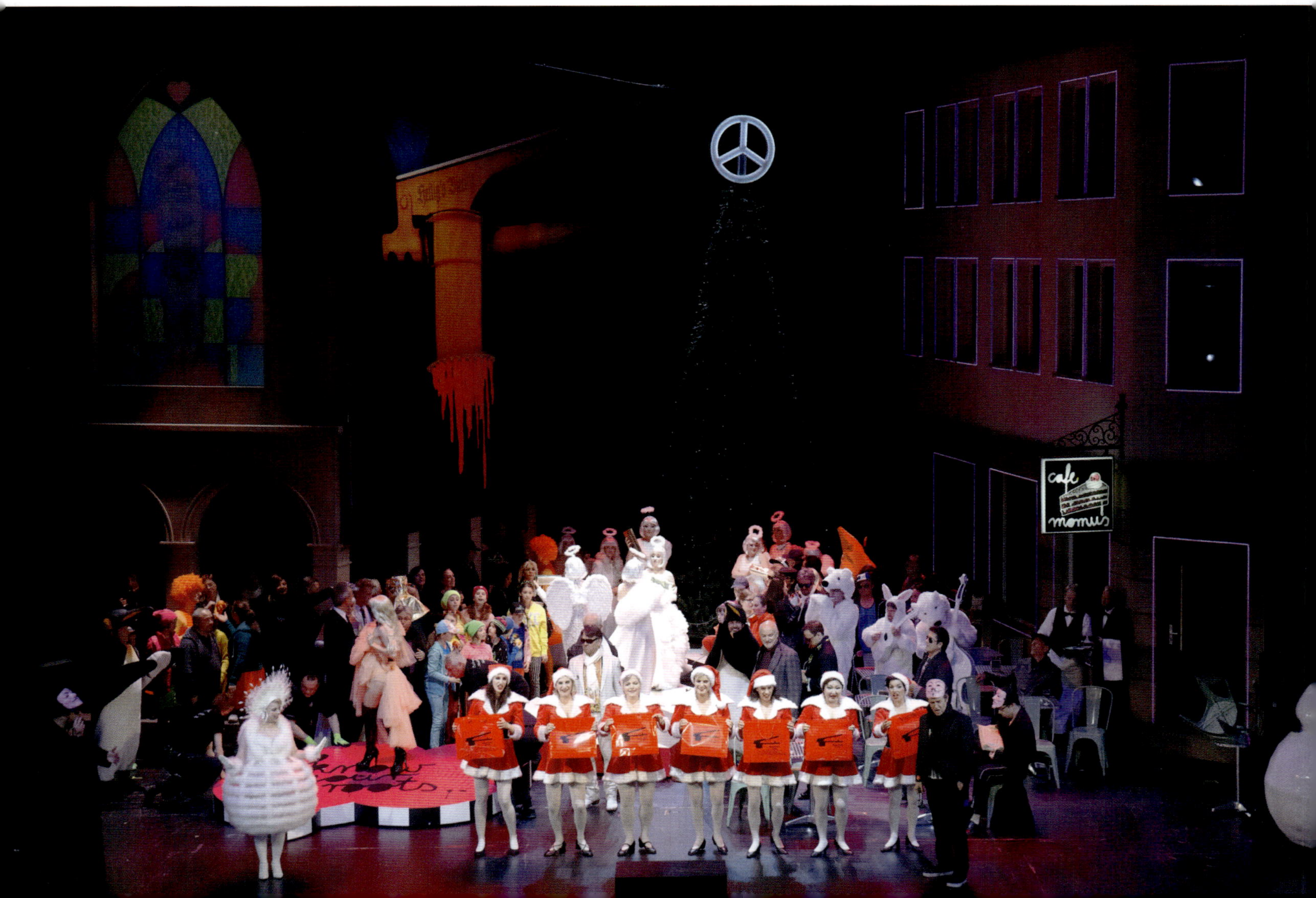
cafe
momus

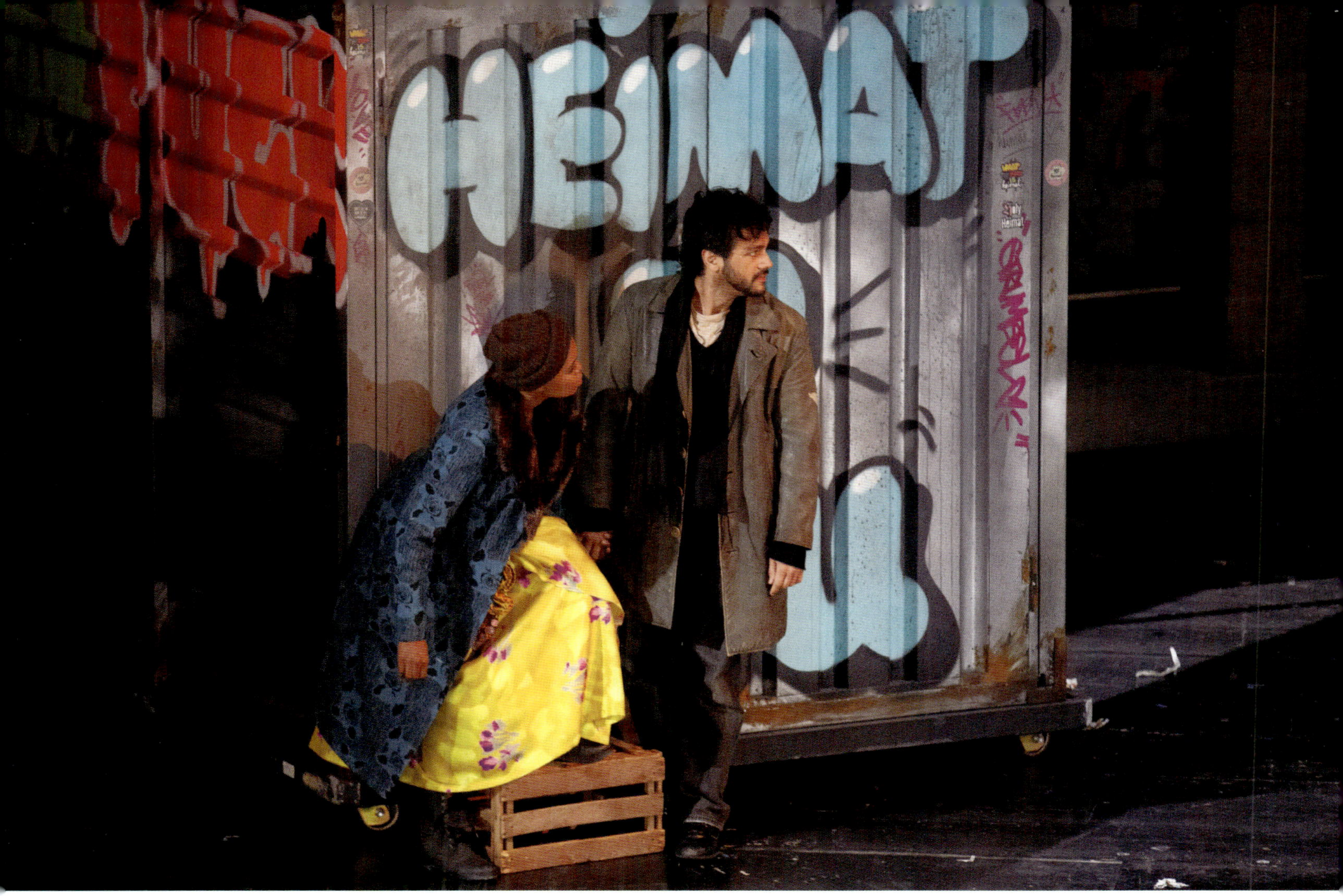
HEIMAT

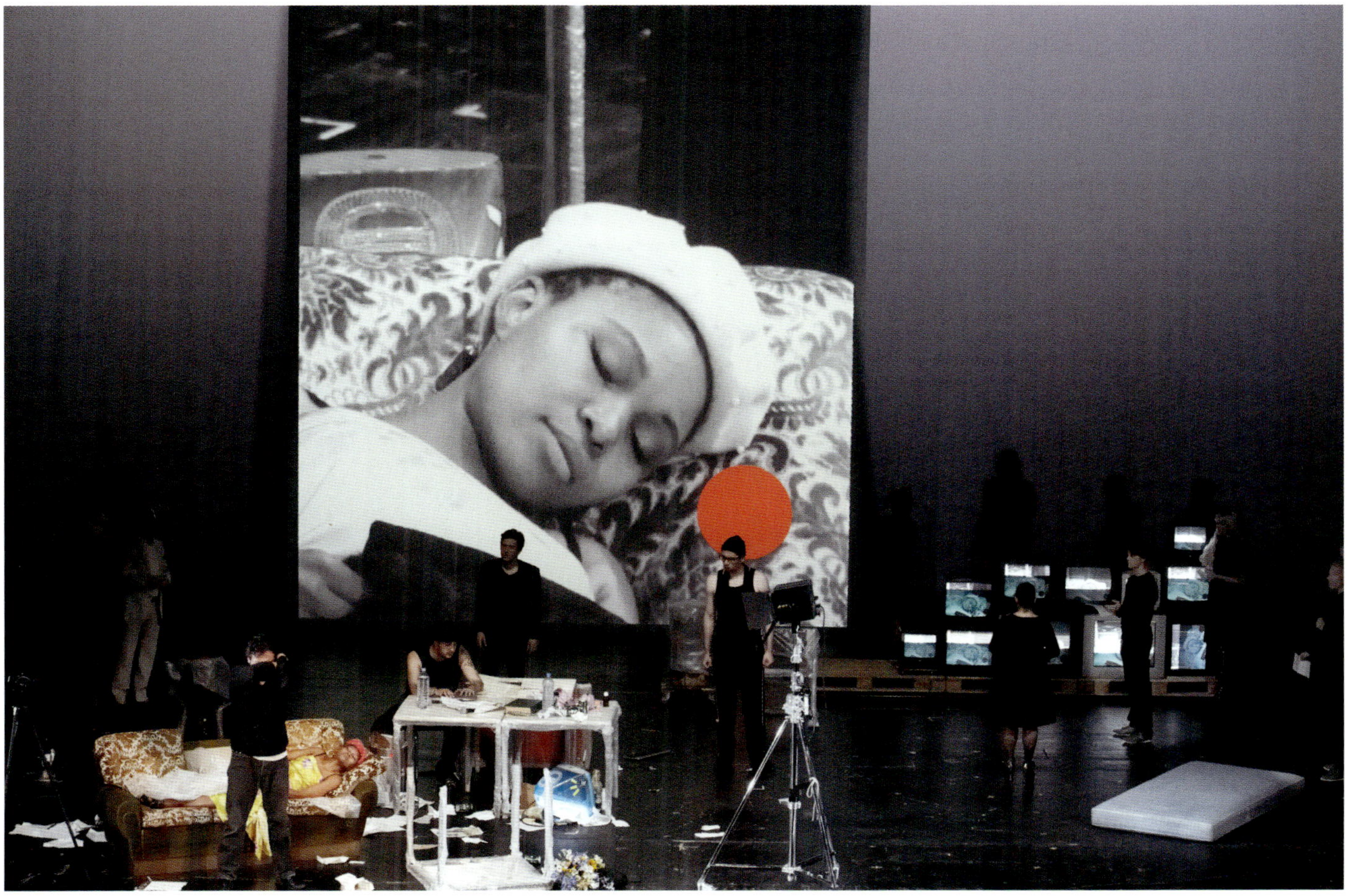

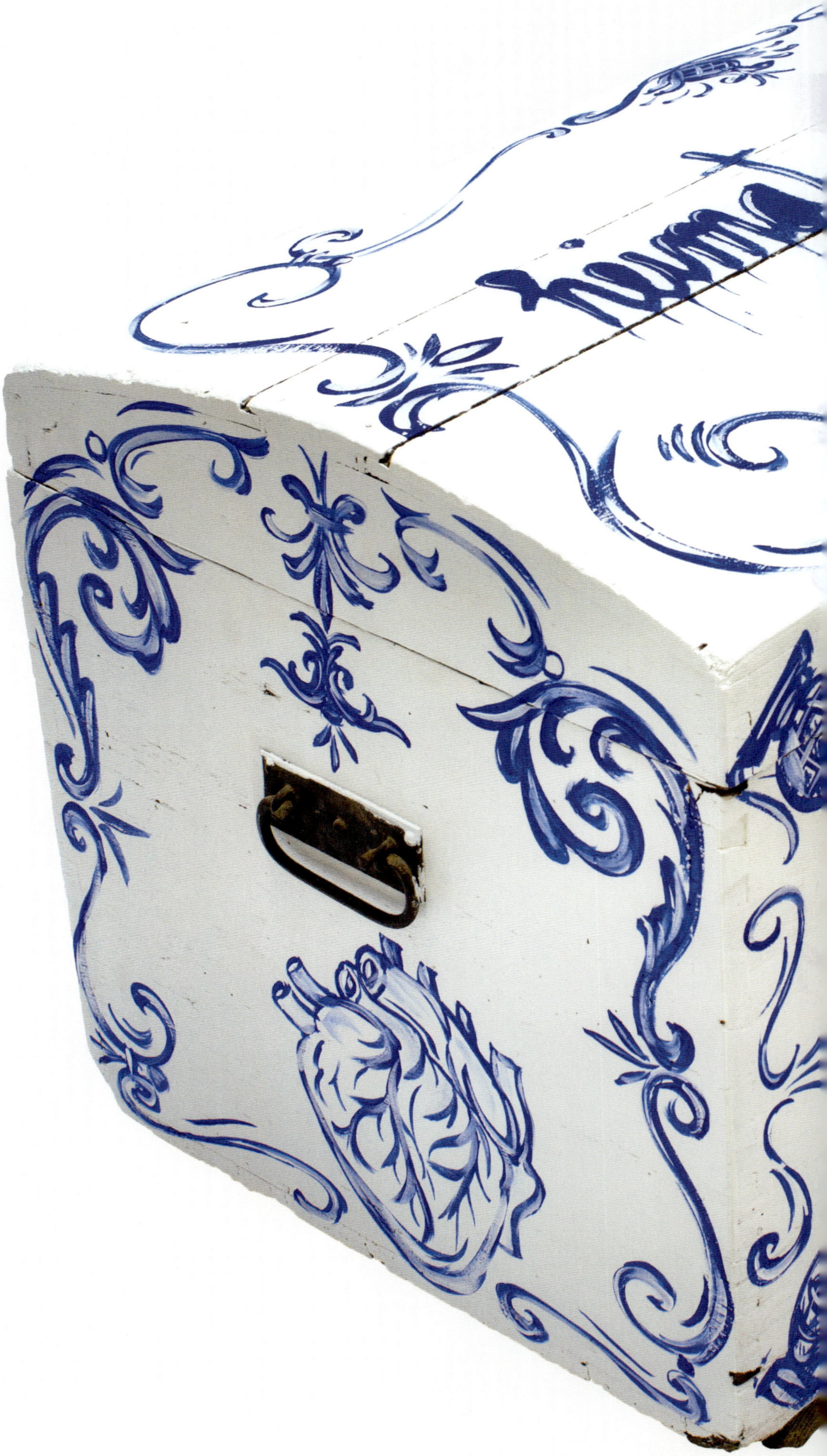

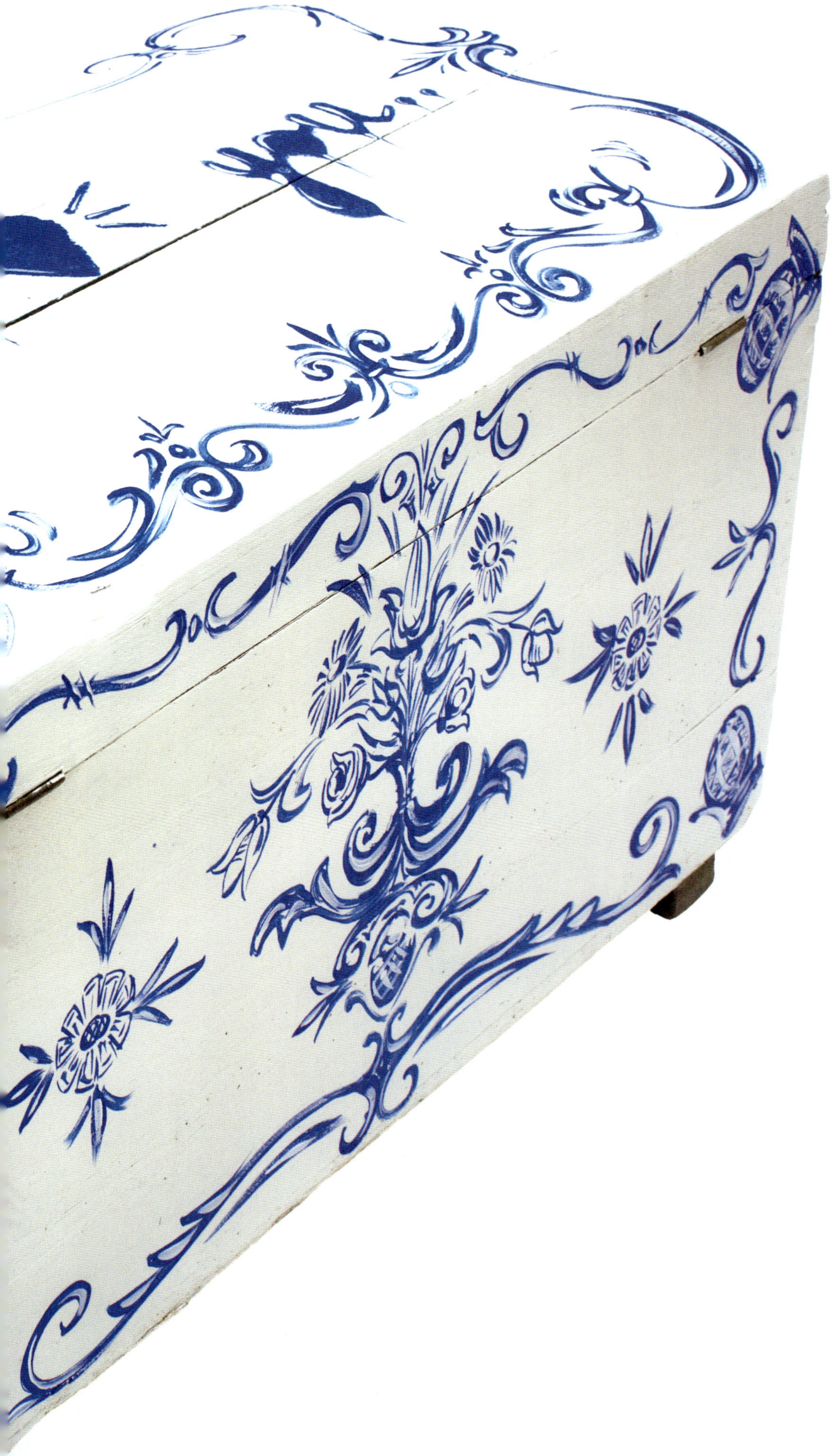

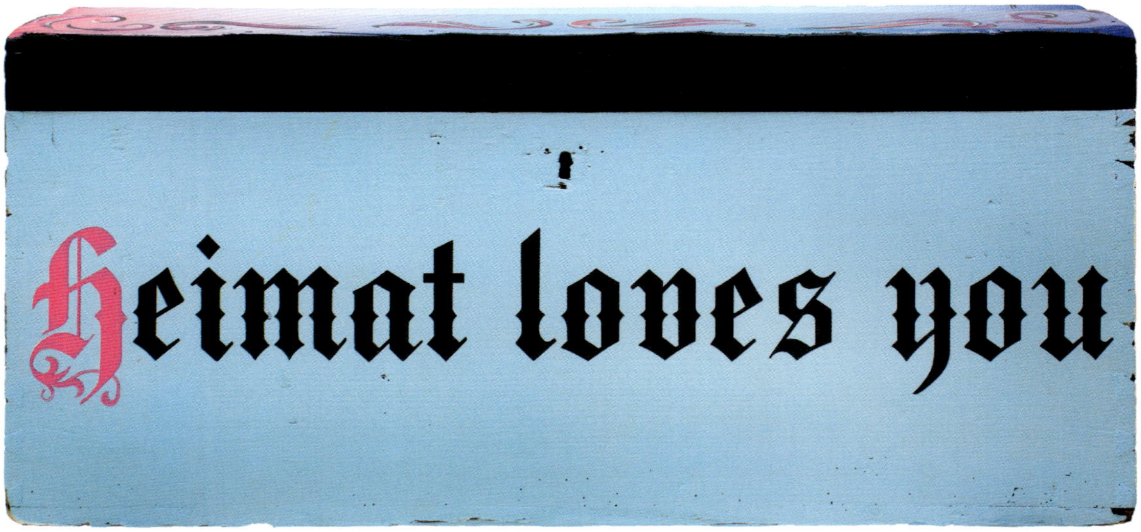
Heimat loves you

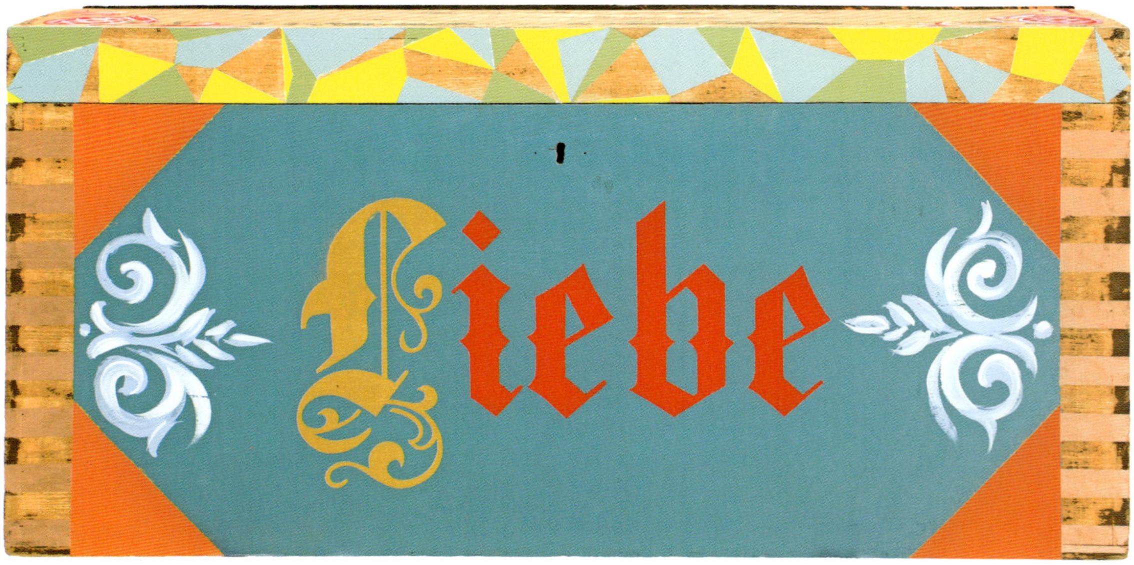
Liebe

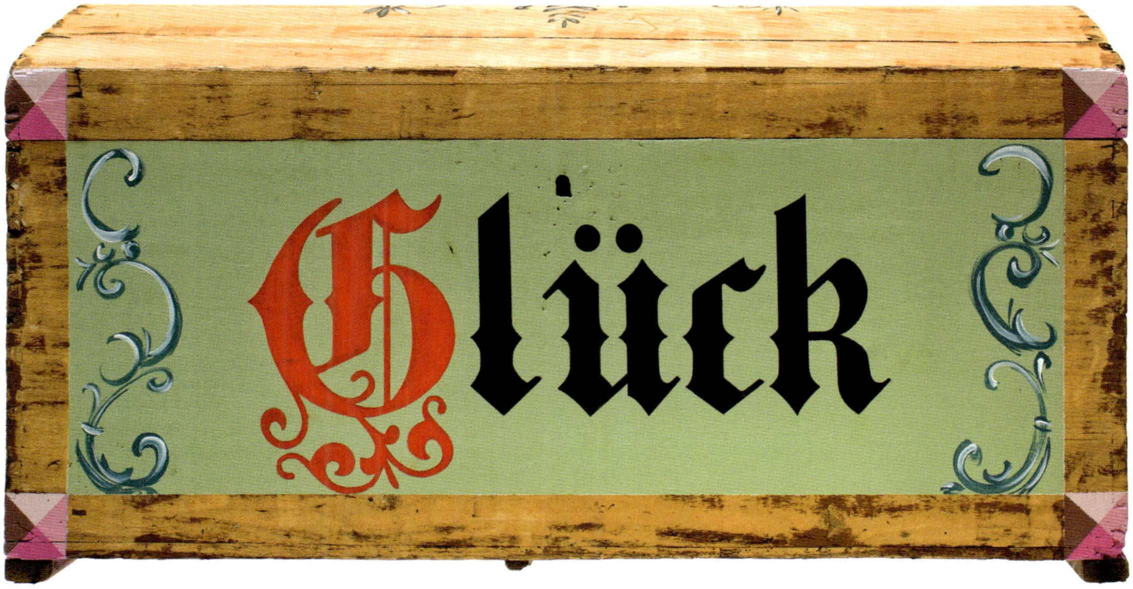
Glück

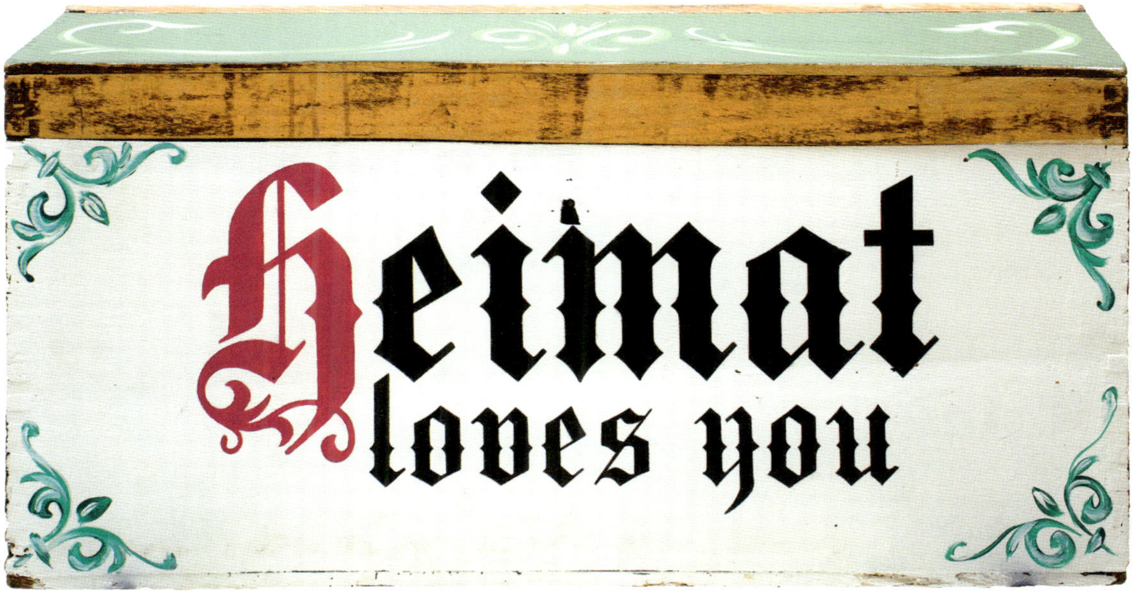
Heimat
loves you

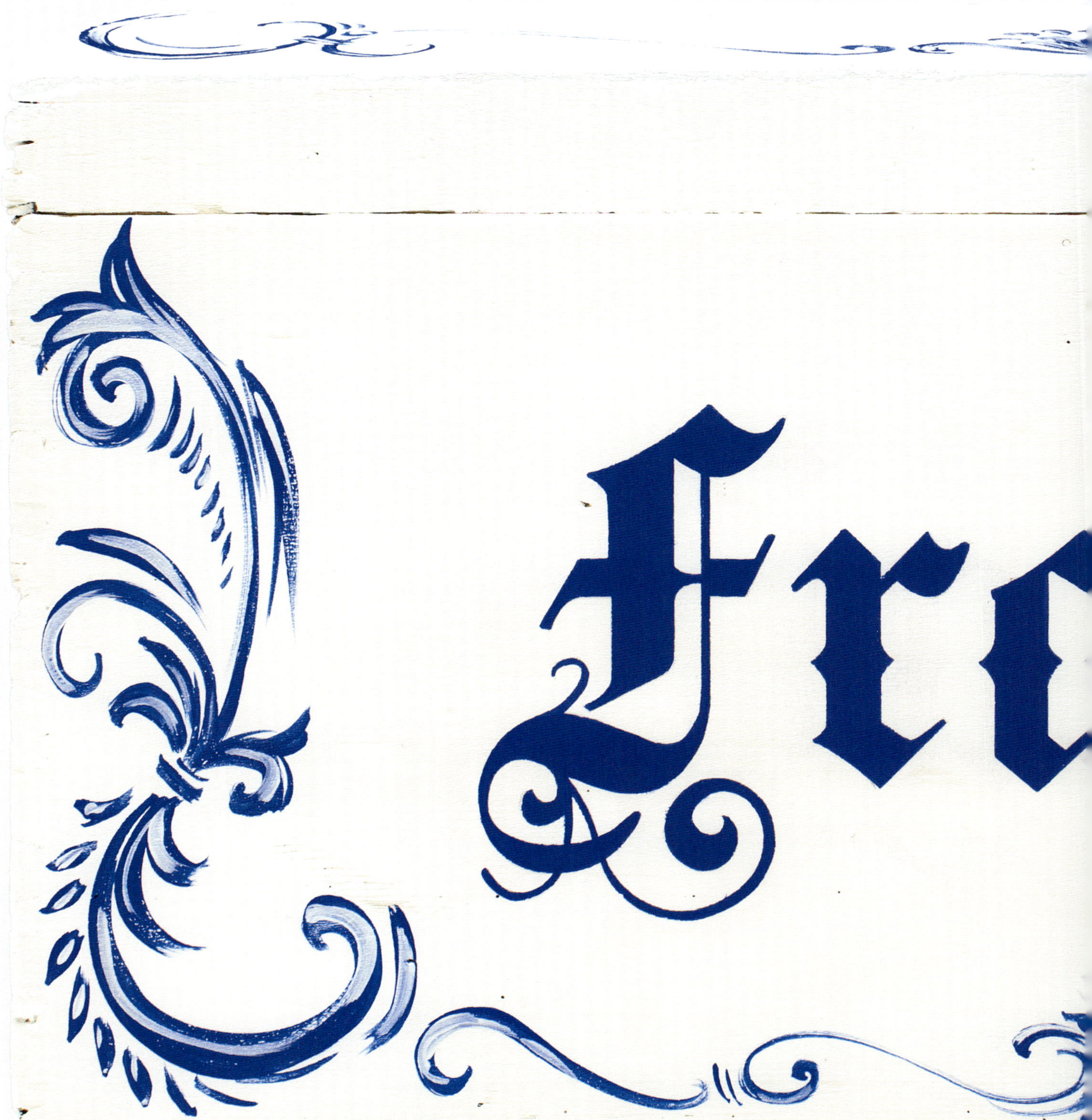
Fro

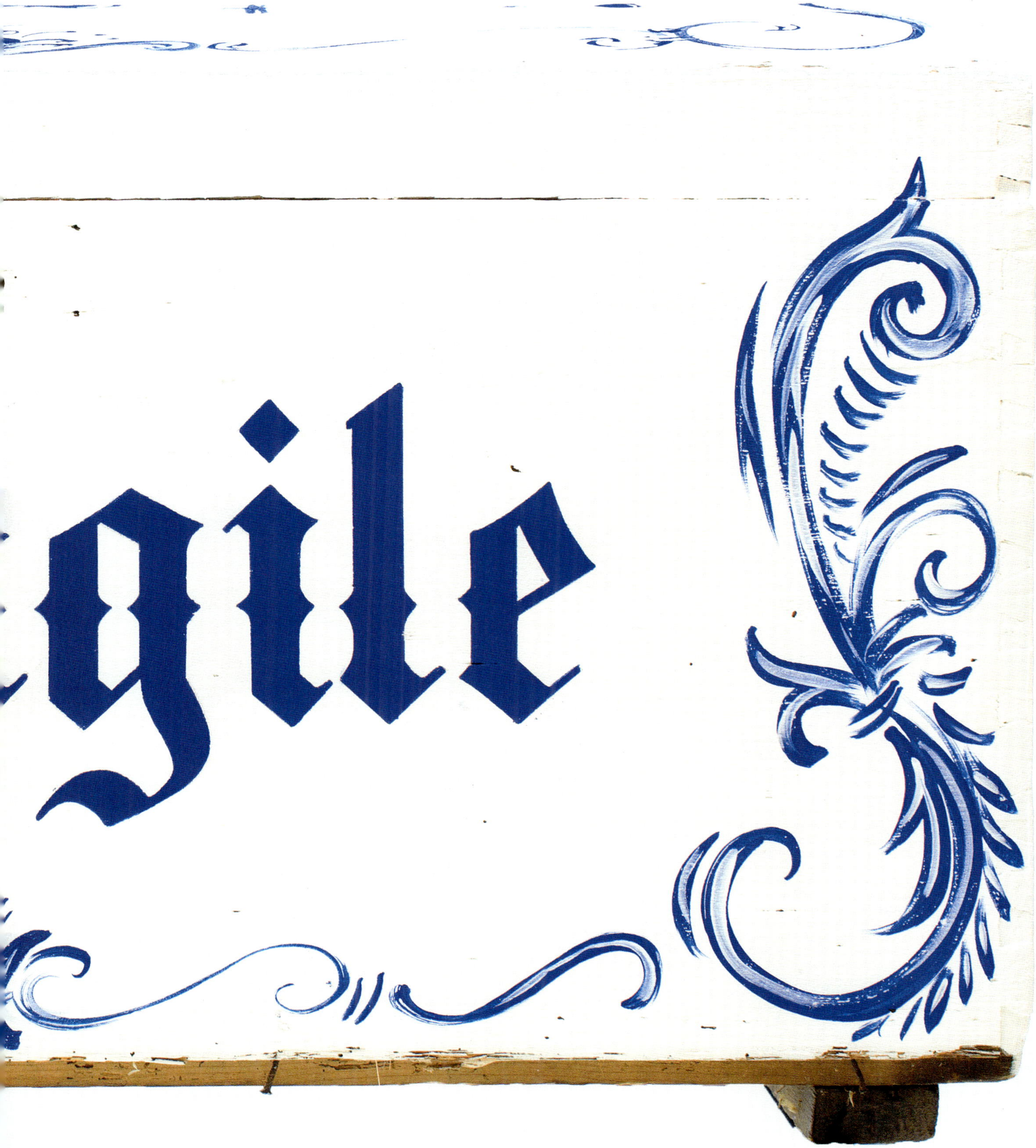
gile

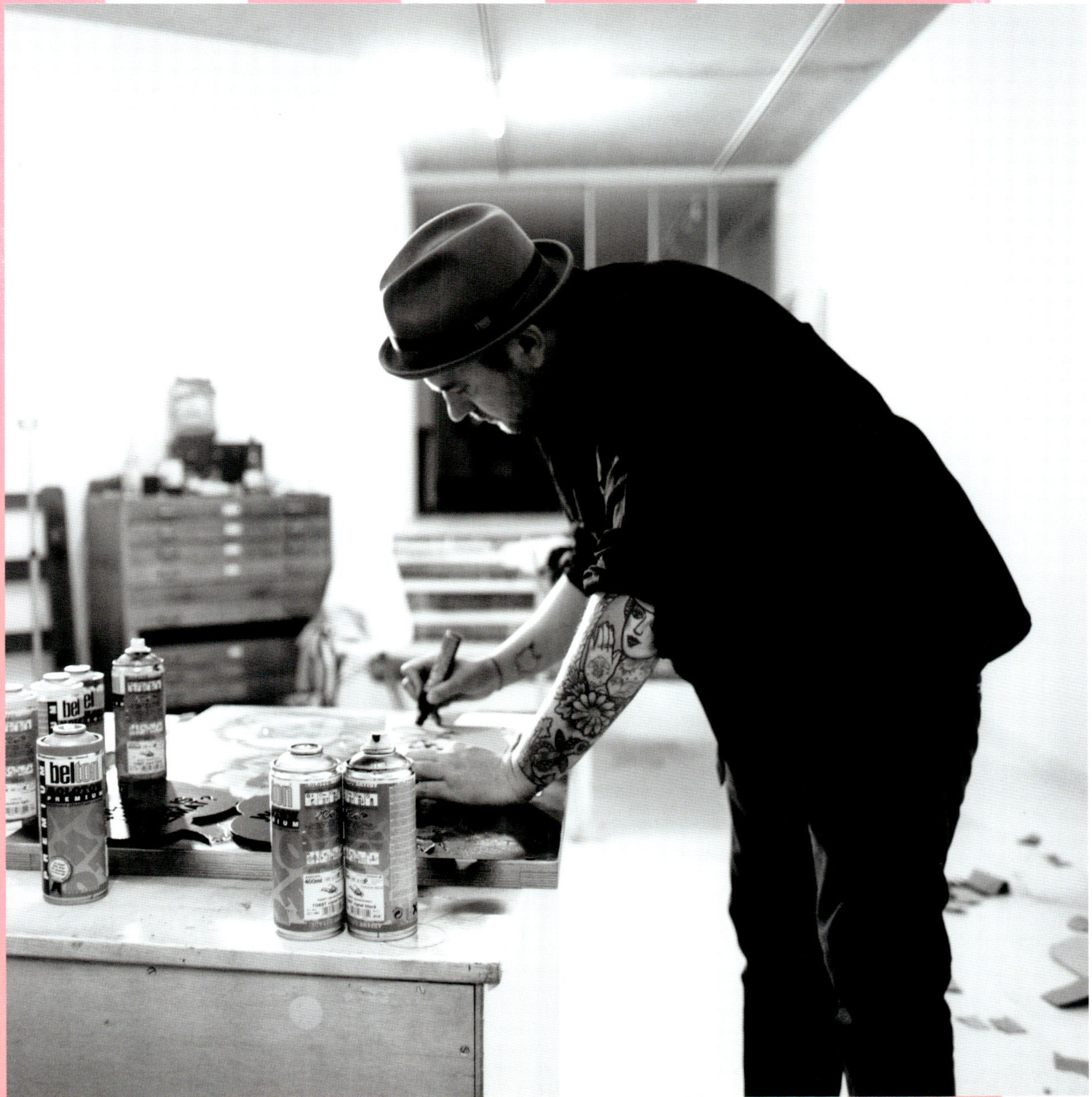

List of Works/Werkliste

9 *Holy Heimat*, 2012
Spray paint on original crucifix with neon tubing
108 x 62 cm
Private collection

10 Installation view, "SWR3 New Pop Festival", LA8 Kulturhaus, Baden-Baden, 2011

11 *Holy Heimat Cross*, 2012
Silkscreen print on paper
80 x 60 cm

12 *Cross*, 2012
Spray paint on original crucifix with neon tubing
75 x 45 cm
Private collection

13 Installation view, Badisches Landesmuseum Karlsruhe, 2012

14/15 Installation view, Kunstverein in Hamburg, 2012

16/17 Installation view, Kunstverein in Hamburg, 2012

18 *Berlin Wall*, 2009
Installation view, Offenburg
Collection Grathwohl

19 *Flying Jesus Cross*, 2012
Spray paint on hand-carved wood
110 x 92 x 13 cm

20 *Cross*, 2011
Spray paint on original crucifix with neon tubing
70 x 50 x 40 cm

21 Installation view, Vicious Gallery, Hamburg, 2010

22 Installation view, church Maria, Hilfe der Christen, Kehl-Goldscheuer, 2011

23 *Heimat*, 2012
Neon tubing
100 x 100 cm
Collection Grathwohl

24/25 Installation view, Circle Culture Gallery Berlin, 2010

27 Poster "SWR3 New Pop Festival", 2011
Silkscreen print on paper
120 x 80 cm

28/29 Installation view, "SWR3 New Pop Festival", LA8 Kulturhaus, Baden-Baden, 2011

30/31 Installation view, "Partners in Crime – Warsteiner", ART Karlsruhe, 2013

33 Installation view, "Edition Church", ART Karlsruhe, 2013

34/35 Installation view, Badisches Landesmuseum Karlsruhe, 2012

36/37 Installation view, Badisches Landesmuseum Karlsruhe, 2012

38/39 *Herr der Schafe*, 2014
Performance, church Maria, Hilfe der Christen, Kehl-Goldscheuer

40/41 Work in progress, church Maria, Hilfe der Christen, Kehl-Goldscheuer, 2011

42/43 Installation view, church Maria, Hilfe der Christen, Kehl-Goldscheuer, 2011

44/45 Work in progress, church Maria, Hilfe der Christen, Kehl-Goldscheuer, 2011

46/47 Installation view, church Maria, Hilfe der Christen, Kehl-Goldscheuer, 2011

57 *Heimat loves you* (detail), 2014
Bronze
103,5 x 57 x 72,5 cm

58/59 *Heimat loves you*, 2014
Bronze
103,5 x 57 x 72,5 cm

60/61 *Macht heimat* (detail), 2011
Installation view, Pure Hotel, Frankfurt

63 *Paper Clouds*, 2014
Mixed media
95 x 68 cm

64 *Paper Clouds*, 2014
Mixed media
95 x 68 cm

67 *Paper Clouds*, 2014
Mixed media
95 x 68 cm

68/69 *Macht heimat*, 2011
Mixed media
Dimensions variable
Courtesy Galerie Springmann, Düsseldorf

70–73 *what the fuck is heimat*, 2013
Spray paint on wood
30 x 30 cm

74/75 Installation view, Badisches Landesmuseum Karlsruhe, 2012

76/77 *what the fuck is heimat*, 2014
Paint on wood
92 x 192 cm
Private collection

78/79 *Die Welt ist schön*, 2014
Spray paint on mixed media
123 x 160 x 45 cm
Private collection

80/81 *Heimat loves you*, 2014
Spray paint on alu dibond
300 x 300 cm
Courtesy Coast Architecture, Waiblingen

82/83 *Heimat loves you*, 2013
Mixed media on wood
86 x 170 cm
Private collection

85 *Don't tell me how to feel motherfucker...*, 2012
Neon
120 x 120 cm
Collection Grathwohl

86/87 *Homework*, 2012
Squirrel on neon tube
40 x 30 x 30 cm
Collection Heitmann

88/89 *Beautiful life*, 2012
Neon on mirror
75 x 135 cm
Private collection

90 *Heimat*, 2010
Neon
100 x 100 cm
Collection Grathwohl

91 *Heimweg*, 2012
Neon
93 x 93 cm
Courtesy Circle Culture Gallery Berlin

92/93 Installation view, Burda Tower, Offenburg, 2014

94 *Know your roots*, 2012
Neon on wood
50 x 50 cm
Private collection

95 *Heimat loves you*, 2010
Neon
100 x 100 cm
Collection Grathwohl

96/97 Installation view, Badisches Landesmuseum Karlsruhe, 2012

99 *Dirty Bambi*, 2012
Spray paint on hand-carved wood
72 x 69 x 50 cm
Private collection

101 *Dirty Bambi*, 2011
Silkscreen print on paper
80 x 60 cm

103 Karl Lagerfeld, Paris, 2008

104/ *Vaterliebe*, 2011
105 Bronze
70 x 200 x 150 cm

106/ *Rolex*, 2010
107 Diasec
80 x 60 cm
Courtesy Städtische Galerie Ostfildern

108/ Installation view, Kunstverein
109 in Hamburg, 2012

110/ *Heimat loves you*, 1–8,
111 2011–2014
Silkscreen print on paper
each 80 x 60 cm
110, bottom left:
in collaboration with
Stefan Marx
Private collection

112 *Woodtagger*, 2014
Silkscreen print on paper
80 x 60 cm
Private collection

113 *Sweet heimat*, 2013
Silkscreen print on paper
80 x 60 cm
Private collection

114/ *what the fuck is heimat*,
115 1–6, 9, 13, 2007–2014
Silkscreen print on paper
each 80 x 60 cm
Private collection

116/ *Clocks*, 1–5, 9, 12, 15,
117 2007–2014
Silkscreen print on paper
each 80 x 60 cm
Private collection

119 The New York Times Magazine, 2011

120 *Clock Baden-Württemberg II*, 2014
Silkscreen print on paper for Monopol Magazine

129 *Clock*, 2013
Spray paint on wood
102 x 85 x 28 cm
Private collection

130/ *Frischer Wind*, 2014
131 Spray paint on wood
70 x 120 x 25 cm

132 *Macht heimat*, 2011
Spray paint on wood
102 x 85 x 28 cm
Private collection

133 *Show Hamburg*, 2010
Spray paint on wood
102 x 85 x 28 cm
Private collection

134/ *Clock*, 2012
135 Spray paint on wood
102 x 85 x 28 cm
Private collection

136/ *Clock Installation*, 2009
137 Spray paint on wood
Dimensions variable
Courtesy Galerie Springmann, Freiburg

138/ *Lucky heimat*, 2012
139 Spray paint on wood
160 x 150 x 57 cm
Private collection

140 *Clock*, 2009
Spray paint on wood
110 x 90 x 28 cm
Private collection

141 *pret a diner*, 2012
Spray paint on wood
120 x 85 x 28 cm
Private collection

142/ *Rock Clock*, 2011
143 Ink on skin
Courtesy Oliver Rath

144/ *Art star*, 2011
145 Spray paint on wood
150 x 150 cm
Private collection

146/ *clock sculptures*, 2009–2013
147 Spray paint on wood
102 x 85 x 28 cm
and 160 x 150 x 57 cm
Private collection

148/ *Frischer Wind Hawaii*, 2014
149 Spray paint on wood
70 x 120 x 25 cm
Courtesy Circle Culture Gallery Berlin

150 *Gold – Rheinschwarz*, 2009
Spray paint on wood
100 x 85 x 28
Private collection

151 *Lucky family*, 2013
Spray paint on wood
160 x 150 x 57 cm
Collection Varol

152/ Installation view,
153 Schloss Karlsruhe, 2012

154/ Work in progress, *La Bohème*,
155 Oper Stuttgart, 2014

156/ Installation view, *La Bohème*,
157 Oper Stuttgart, 2014

158/ *Nonnenkoffer Fragile*, 2014
159 Paint on wood
60 x 100 x 70 cm

160/ *Nonnenkoffer: liebe, glück,*
161 *heimat loves you*, 2014
Paint on wood
each 60 x 100 x 70 cm

162/ *Nonnenkoffer Fragile*, 2014
163 Paint on wood
60 x 100 x 70 cm

165 Strumbel studio

168 *Fachwerk*, 2013
Fine art photographic print, neon paper, wood, mirror
252 x 212 cm

6) Viele der Textelemente in Strumbels Werk lesen sich, als seien sie in Anführungszeichen gesetzt: »Heimat was my first love«, oder sie sind pures Zitat: »who killed bambi?« (Sex Pistols).

7) Einer Sprache ähnlich ist das Schaffen Strumbels auch deswegen, weil es sich ein gewisses Vokabular erarbeitet hat, das in verschiedenen Kombinationen durchkonjugiert wird: Schweinskopf, Sprechblase, Kuckucksuhr, Bollenhut, Heimat, Maschinengewehr ...

8) Das sieht bei Strumbel zum Beispiel so aus: Eine »gefühlsecht« rosa, weiß und braun bemalte Kuckucksuhr wird geremixt mit anderen »kitschigen« Sprachen, der des Pop, des Agit-Prop und des Religiösen. So ist an der oberen linken Ecke der Uhr eine Sprechblase befestigt, auf der »Rock your Heimat« geschrieben steht. »Bekrönt« ist die Uhr von einem kleinen Schweinekopf, auf den ein gelbes Kreuz montiert ist. Unter diesem Kopf kreuzen sich zwei Maschinengewehre. Unter dem unteren Teil der Uhr ereignet sich eine weitere »Kreuzung«, sind dort doch zwei weiße Knochen in der Form eines Kreuzes angebracht. Vielsprachig ist auch dieses »x«: Es kann für das Kreuz auf einem Wahlzettel stehen, für die Einstufung von Pornografie, für das Wegstreichen von Text ...

9) So lässt Strumbel seine Kruzifixe, zum Beispiel sein weißes, auf das ein gelber Jesus genagelt ist, schon einmal von dünnen leuchtenden Neonröhren umrunden.

10) »heimat loves you« (Stefan Strumbel).

erstrahlen. Heiligkeit und Profanität gehen hier Hand in Hand – und forderte nicht schon Walter Benjamin in den 1930er Jahren in seiner *Passagenarbeit*, dass man »profane Texte wie heilige lesen« solle?![10]

Raimar Stange

1) 2007/2008 ließ Stefan Strumbel einen vergoldeten Porsche mit einem überdimensionierten roten Bollenhut mit der Aufschrift »Sexy! Der Nordschwarzwald« als Imagewerbung durch Berlin fahren. Aber: Der Porsche »stammt« nicht aus dem Schwarzwald, und der Bollenhut ist eigentlich im Kinzigtal im mittleren Schwarzwald »zu Hause«. In präziser Unschärfe führt die Arbeit *Goldporsche mit Bollenhut* den Begriff der »Heimat« als Konstrukt vor.

2) »DON'T TELL ME HOW TO FEEL motherfucker« ist dann auch auf einem Print und in einer Neon-Arbeit von Strumbel zu lesen.

3) In seinen Neonarbeiten greift Strumbel des Öfteren auf Tattoo-Motive zurück, etwa wenn er einen Anker mit dem Wort »Heimat« kombiniert.

4) Stefan Strumbel startete seine »Laufbahn« 1993 mit dem Anfertigen von Sprühbildern und Murals. 1996 brachte ihm dies seine erste juristische Verhandlung wegen »Sachbeschädigung durch Graffiti« ein.

5) Anno 2011 übernahm Strumbel die Neugestaltung des Innenraums der Dorfkirche in Kehl-Goldscheuer.

Radikant (2009) fest, dass wir in einer Epoche leben, »in der die tausendjährigen Besonderheiten im Namen der wirtschaftlichen Effektivität wegradiert werden«. Was also bleibt, ist, wieder sei Bachtin zitiert, »das ›fremde‹ Wort in intonatorischen Anführungszeichen« zu setzen und dabei diese Sprache »vielsprachig« neu zusammenzumixen. »Travestie«, »Parodie« und »Ironie« zerstören so »die ungeteilte Macht« der Massenkultur, eben weil sie, nochmals Bachtin, »das Bewusstsein aus der Macht des direkten Wortes lösen«, und Möglichkeiten aufzeigen, Realität anders zu erleben. Der in der (künstlerischen) »Travestie«[8] verlachte Kitsch beispielsweise hat dann nämlich einen anderen »Gebrauchswert« als den ihr von der »Kulturindustrie« zugedachten.

V. Neon

Das Neonlicht ist seit den »Roaring Twenties« das nun schon klassische Medium für Werbung im Außenraum. Diese Karriere begann 1912 in Paris, als dort Georges Claude und Jacques Fonseque die erste Werbeschrift für ein Friseurgeschäft installierten. 1923 dann wurde in Los Angeles die Neonwerbung in den USA eingeführt. Legendär und heute noch populär ist die Neonbeleuchtung in Las Vegas, dem Mekka aller Glücksspieler. Trotz dieser eher profanpoppigen Funktion des Neonlichts haben überraschend wenig Pop-Artisten sich mit diesem auseinandergesetzt; eher haben Künstler, die der Minimal Art und der Arte Povera nahestehen, Neon in ihrer Arbeit genutzt, so zum Beispiel Richard Serra, Mario Merz, Keith Sonnier und Bruce Naumann. Das »erleuchtete Licht« der Neonröhren hat aber, trotz seines profanen Einsatzes als Werbemedium, durchaus auch seine religiöse Seite[9] und kann eben einerseits als »neon god they made« (Simon & Garfunkel) der Kritik am Fetisch Konsum dienen, dank seiner strahlenden Immaterialität aber auch als konkrete Metapher für »Erleuchtung« wahrgenommen werden. So schrieb Richard Serra schon 1967 den Satz »god is a loving father« in Neon an die Wand, und Maurizio Nannucci ließ 1990/1991 die Schöpfungsworte »FIAT LUX« in grellem Neonlicht

III. Camp?

In ihrem legendären Essay »Anmerkungen zu ›Camp‹« (1964) beschreibt die US-amerikanische Kulturkritikerin Susan Sontag das Phänomen »Camp« noch als eines, das nur wenigen kulturellen Insidern vorbehalten ist. Und das nicht auf alle Dinge anwendbar sei. Die Methode des »Camp« bestehe eben darin, »alles in Anführungsstriche zu setzen«[6], sodass ein »guter Geschmack des schlechten Geschmacks« ausgewählt Schrecklichem noch ästhetische Qualitäten zu entlocken vermag. Heute, in einer Periode, in der Stilbewusstsein sich dank Pop-Kultur, Mode und Internetbildung (Wikipedia & Co.) zu einem hedonistischen Massenphänomen aufschwingen konnte, ist auch »Camp« zu einer Methode für Jedermann geworden. Das einst elitäre Phänomen ist zu einer marktreifen Strategie geworden, die nahezu alles dazu machen kann »was es nicht ist« und somit im Name eines fröhlichen Zynismus und unter dem Motto »es ist gut, weil es schrecklich ist« delektiert werden kann. Nicht zuletzt der Kitsch hat in den letzten Jahrzehnten von diesem dekadenten »Prozess der Zivilisation« (Norbert Elias) profitieren dürfen.

IV. Travestie?

»Travestie«, »Parodie« und »Ironie« zählen, so der russische Literaturforscher Michail M. Bachtin, zu den Formen der »indirekten Rede«. Diese »indirekte Rede«, dieses Reden in »Anführungsstrichen«, leistet vor allem eines: »das Verlachen einer fremden Sprache und eines fremden direkten Wortes«, wie Bachtin schreibt (*Ästhetik des Wortes*, 1979). Dieses »indirekte« Verlachen ist stets dann gefragt, wenn eine »direkte« Kritik an der fremden Sprache[7] nicht möglich erscheint. Und diese Unmöglichkeit ist immer dann der Fall, wenn es ein Draußen nicht (mehr) gibt, wenn die Herrschaft des »Fremden« total(itär) ist. Genau dies ereignet sich in der globalisierten Herrschaft der industriellen Massenkultur, die als allumfassende Sprache jedwede andere Sprache zu dominieren, ja zu verdrängen vermag. So stellt Nicolas Bourriaud in seinem Buch

In seinem Vortrag »Funktionalismus heute« (1965, publiziert 1966) geht Adorno sogar so weit, diesen Selbstbetrug gar als Moment der Freiheit zu behaupten: »Sogar im falschen Bedürfnis der Lebendigen regt sich etwas von Freiheit; das, was die ökonomische Theorie einmal Gebrauchswert gegenüber dem abstrakten Tauschwert nannte.«

II. Kitsch?

Kommen wir also zum »Gebrauchswert« des Kitsches. Denn um Kitsch, um »einen aus Sicht des Betrachters minderwertigen, sehnsuchtsartigen Gefühlsausdruck« (Wikipedia) handelt es sich wohl bei dem um die Begriffe »Volk«, »Nation« und »Heimat« gestrickten Sentiment. Dieser »Gebrauchswert« des »Falschen« liegt – Adorno reflektiert dies genau – darin, Menschen überhaupt noch die Möglichkeit einer existenziell-emotionalen Rückversicherung zu geben. Wie das Tattoo[3] diesen Versuch durch Einschreibung in die eigene Körperlichkeit unternimmt, wie das Graffiti[4] – Jean Baudrillard beschreibt es in seinem Aufsatz »Kool Killer oder Der Aufstand der Zeichen« (1978) präzise – dieses Unternehmen mithilfe der (illegalen) »Einsprayung« in öffentliche und private Besitztümer und Zeichensysteme praktiziert, so trachten die massenhaft produzierten Güter des »Kitsches« danach, diese Rückversicherung im Reich des käuflichen Objekts der Begierde zu erlangen. Die sich dabei ereignenden Artefakte sind bekannt, in »Deutschland« sind es zum Beispiel die Kuckucksuhr, der mehr oder weniger röhrende Hirsch, der Trachtenhut ... Längst aber gibt es den »Kitsch« nicht nur in seiner möchtegern-folkloristischen Spielart, sondern auch in seiner gleichsam »undergroundigen«, vermeintlich »trashigen« Version. Auch deren Formulierungen sind bekannt: der Totenkopf, die knallrote herausgestreckte Zunge, das Wort »Fuck«. Und da ist die religiöse Form des Kitsches, bestehend etwa aus diversen Kruzifixen und Madonnenfiguren. Gemeinsam ist allen Ausprägungen des »Kitsches« nicht nur, dass mit ihnen sehr viel Geld verdient wird, sondern, wie gesagt: dass Menschen an sie glauben – Religiöses deutet sich an allen Ecken und Enden an![5]

»Home Sweat Heimat«

Überlegungen zum Werk von Stefan Strumbel in fünf Fragmenten und zehn Fußnoten

I. Heimat?

Begriffskonstruktionen wie »Volk«, »Nation« und »Heimat« sind selbstverständlich ideologischer Natur, ihnen entspricht beinahe nichts in der sogenannten »Realität«[1], zumal diese längst eine globalisierte geworden ist. Ihre ideologische Funktion liegt vielmehr darin, darüber hinwegzutäuschen, dass eine moderne Gesellschaft sich aus unterschiedlichen Individuen und »Klassen« zusammensetzt, aus »Klassen«, die vor allem durch ihre unterschiedlichen Möglichkeiten, zu Wohlstand und Macht zu gelangen, charakterisiert sind. Vermeintliche Homogenität tritt in Formulierungen und Sehnsüchten wie »Heimat« an die Stelle eines Auslebens von tatsächlich die Zivilgesellschaft prägenden Interessengegensätzen und sozialen Ungerechtigkeiten. Und diese Sehnsüchte werden nicht zuletzt von der industriell organisierten Massenkultur inklusive ihrer Medien alltäglich bedient. Ist nun der angeblich »mündige Bürger« tatsächlich so dumm, dass er diesen Schwindel nicht erkennt? Übersieht er also seine eigene soziale und damit auch individuelle Realität? Nein![2] Der Philosoph Theodor W. Adorno erklärt das Phänomen der Durchsetzungskraft von solch verlogenen Begriffskonstruktionen in seinem Aufsatz »Résumé über Kulturindustrie« (1963) folgendermaßen: »Nicht nur fallen die Menschen, wie man so sagt, auf Schwindel herein, wenn er ihnen sei's noch so flüchtige Gratifikationen gewährt; sie wollen bereits einen Betrug, den sie selbst durchschauen; sperren krampfhaft die Augen zu und bejahen in einer Art Selbstverachtung, was ihnen widerfährt, und wovon sie wissen, warum es fabriziert wird. Uneingestanden ahnen sie, ihr Leben werde ihnen vollends unerträglich, sobald sie sich nicht länger an Befriedigungen klammern, die gar keine sind.«

brown, is remixed with other “kitschy” languages, those of pop, agit-prop and religion. Attached to the top left-hand corner of the clock is a speech bubble saying “Rock your Heimat”. “Crowning” the clock is a small pig’s head surmounted by a yellow cross. Below this head are two crossed machine guns. There is a further “crossing” beneath the lower part of the clock: two white bones are attached, forming a cross. This “x” is also multilingual: it may stand for the cross on a voting slip, for the classification of pornography, for the deletion of text ...

9) Thus Strumbel surrounds his crucifixes, for instance his white one to which a yellow Jesus is nailed, with thin, shining neon tubes.

10) “heimat loves you” (Stefan Strumbel).

1) In 2007/08, Stefan Strumbel arranged for a gilded Porsche with an oversized red *Bollenhut* (traditional hat with pom-poms) to drive through Berlin bearing the inscription, "Sexy! The Northern Black Forest" as an advertising image. But the Porsche does not "come from" the Black Forest at all, and the "home" of the *Bollenhut* is actually the Kinzigtal in the centre of the Black Forest. With precise inaccuracy, the work *Goldporsche mit Bollenhut* (Golden Porsche with *Bollenhut*) presents the *Heimat* concept as a mere construct.

2) A print and a neon work by Strumbel bear the words: "DON'T TELL ME HOW TO FEEL motherfucker".

3) In his neon works, Strumbel often references tattoo motifs, for instance when he combines an anchor with the word *Heimat*.

4) Stefan Strumbel began his "career" in 1993 with sprayed pictures and murals. In 1996, this led to his first prosecution for "damage to property by means of graffiti".

5) In 2011, Strumbel redecorated the interior of the village church in Kehl-Goldscheuer.

6) Many of the textual elements in Strumbel's work read as though they were in quotation marks: "Heimat was my first love", or are actual quotations: "who killed bambi?" (Sex Pistols).

7) One of the ways in which Strumbel's work is similar to a language is that it has developed a certain vocabulary, which is deployed in various combinations: pig's head, speech bubble, cuckoo clock, pom-pom hat, *Heimat*, machine gun ...

8) An example of the form that this takes in Strumbel's work: a cuckoo clock, painted with "authentic feeling" in pink, white and

is to place "the 'foreign' word in intonatory 'quotation marks'" and in the process to remix this language "multilingually". "Travesty", "parody" and "irony" thus destroy "the undivided power" of mass culture, precisely because—Bakhtin again—they "release the consciousness from the power of the direct word" and point to possible ways of experiencing reality differently, so that kitsch, for example, mocked in the (artistic) "travesty",[8] acquires a different "use value" from that assigned it by the "culture industry".

V. Neon

Since the "Roaring Twenties", neon has been the classic medium of outdoor advertising. This practice began in Paris in 1912, when Georges Claude and Jacques Fonseque installed the first neon advertising sign above a barber's shop there. In 1923, neon advertising was introduced to the USA, in Los Angeles. The neon lights in Las Vegas, the mecca of all gamblers, are legendary and still popular. Despite this rather mundane and trendy use of neon lighting, surprisingly few pop artists have explored it: it has tended to be used more by artists associated with Minimalism and Arte Povera, such as Richard Serra, Mario Merz, Keith Sonnier and Bruce Naumann. Despite its secular use as an advertising medium, however, the "illumined light" of the neon tubes certainly also has a religious aspect[9] and can therefore not only, as the "neon god they made" (Simon & Garfunkel), serve to critique the fetish of consumerism but also, thanks to its radiant immateriality, be seen as a concrete metaphor for spiritual "enlightenment". As early as 1967, Richard Serra accordingly wrote the sentence "god is a loving father" on a wall in neon, and in a 1990/91 work by Maurizio Nannucci the words of creation, "FIAT LUX", shone out in garish neon light. Here the sacred and the profane go hand in hand—and did not Walter Benjamin, back in the 1930s, demand in his Arcades Project that we should "read profane texts as if they were sacred"?![10]

Raimar Stange

III. Camp?

In her legendary essay "Notes on 'Camp'" (1964), the American cultural critic Susan Sontag describes the "camp" phenomenon as one that is still the preserve of only a few cultural insiders, and that is not applicable to all things. Of its approach, she writes that "Camp sees everything in quotation marks",[6] so that "a good taste of bad taste" is able to find aesthetic qualities even in what is truly awful. Now that—thanks to pop culture, fashion and education via the Internet (Wikipedia, etc.)—an awareness of style has become a hedonistic mass phenomenon, "camp" has also become a method for everyone. That once elitist phenomenon has become a marketable strategy that can make almost anything "what it is not" and so can be enjoyed with cheerful cynicism and on the principle that "it's good because it's awful". Kitsch in particular has benefited in recent decades from this decadent "civilizing process" (Norbert Elias).

IV. Travesty?

According to the Russian literary scholar Mikhail M. Bakhtin, "travesty", "parody" and "irony" are all forms of "indirect speech". What this "indirect speech", this speaking in quotation marks, chiefly does is "to laugh at a foreign language and a foreign, direct word", as Bakhtin writes (*Toward the Aesthetics of the Word*, 1979). This "indirect" mockery is always needed when "direct" criticism of the foreign language[7] does not seem possible. And this impossibility always exists when there is not, or no longer, an Outside, when the rule of the "foreign" is total(itarian). This is precisely what happens under the globalized rule of industrial mass culture, which, as the all-embracing language, is able to dominate, indeed suppress, any other language. In his book *The Radicant* (2009), Nicolas Bourriaud states that we live in an epoch "in which special characteristics, developed over thousands of years, are swept away in the name of economic efficiency". All that remains, to quote Bakhtin once more,